우울할 땐 뇌과학

최신 뇌 과학과 신경생물학은
우울증을 어떻게 해결하는가

우울할 땐

뇌 과 학

앨릭스 코브 지음 정지인 옮김

1 check list

2 serotonin
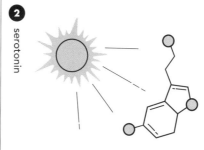

3 smile ~

4 whooo o o

5 turn off
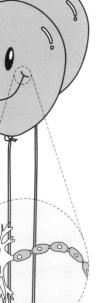

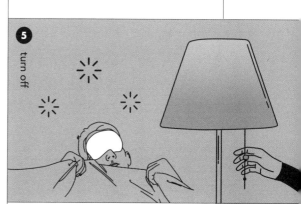

The Upward Spiral

6 exercise
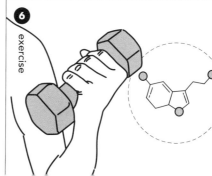

심심

모든 일이 뇌를 바꾼다

— 대니얼 J. 시겔, UCLA 의과대학 정신의학과 교수

뇌 여행에 관한 이 훌륭한 안내서를 쓴 유능한 길잡이 앨릭스 코브는 첫 페이지에서부터 삶을 개선할 실질적인 지식과 유용한 도구를 알려준다. 생각하는 방식을 어떻게 바꿔야 하는지에서 그것을 하나하나 실천에 옮기기 위한 구체적인 행동까지. 그런데 이런 지식과 도구가 실제로 도움이 될까?

지금은 마음을 어떻게 사용하느냐에 따라 뇌도 변한다는 사실이 널리 알려져 있다. 주의를 집중하거나 의도적으로 생각을 특정 방향으로 이끌거나 분명한 목적을 품고 감정을 평온하게 가라앉히는 모든 일이 뇌를 바꾼다. 이것이 바로 **신경가소성**neuroplasticity의 정수다. 마음을 사용하는 방식을 포함해 사람이 하는 모든 경험은 실제로 뇌의 활동을 변화시키고 평생에 걸쳐 뇌를 리모델링한다는 것이 바로 신경가소성이 의미하는 바다.

정신과 의사인 나는 사람들이 뇌의 작동 방식을 자세히 알면 인생을 나아지게 할 만한 특별한 능력을 소유하게 된다는 사실을 경험으로 잘 알고 있다. 이 책은 바로 그런 신경학적 지식을 활용해 관계를 회복하고, 걱정과 불안을 줄이며, 우울한 생각과 기분의 무게를 덜어주는 효과적이고 실질적인 방법을 다룬다.

이 흥미로운 책을 읽는 것은 응용 뇌 과학이라는 아주 중요한 세계에 발을 들여놓는 일이다. 게다가 그 세계를 안내하는 사람은 세계적으로 유명한 뇌 과학 프로그램을 이끌었을 뿐 아니라, 스스로 걱정과 불안과 우울로 치닫는 부정적 성향을 바로잡는 뇌의 능력을 매우 자세하고 절실하게 경험한 사람이다.

지나치게 생각을 곱씹거나 마음속으로 끊임없이 자신을 깎아내리는 사람, 심각한 우울증에 빠져 있는 사람뿐 아니라 뇌 지식을 활용해 삶을 좀 더 잘 이해하고 즐기고 싶은 사람이라면 이 책이 좋은 선물이 될 것이다.

이 책은 첨단 과학을 기반으로 하면서도 아주 단순명료하게 서술되었다. 또 현재까지 나와 있는 연구 성과들을 집대성해 일상에서 손쉽게 적용 가능한 도구로 해석해냈는데 그 참신함이 내게도 큰 즐거움을 안겨주었다. 나는 뇌에 중점을 둔 신경심리학자이자 심리치료사, 정신 건강 분야의 교육자인지라 이 책 내용이 이미 너무나 익숙한 것이었음에도 책을 읽으며 많은 걸 새롭게 배우고 여러 번 웃을 수 있었다. 정보와 함께 재미도 가득한 책이다.

뇌의 각 영역이 서로 힘을 모으면 걱정을 줄이고 행복을 증진할 수 있음을 가르쳐주는 이 책의 서두에서 독자에게 환영의 말을 건넬 기회를 얻어 행복하고 영광스럽다. 툭하면 우울과 불안으로 치닫는 하강나선에 빠지던 사람도 이제 상승나선을 타고 삶의 기쁨과 명쾌함으로 올라갈 수 있을 것이다.

오늘날의 과학은 신경과학 지식을 활용하면 마음을 다루는 방식을 바꾸고 그럼으로써 안녕과 기쁨, 관계를 새롭게 꾸려갈 수 있음을 입증하고 있다. 이 얼마나 멋진 일인가. 이에 대한 자세한 방법을 지금부터 이 책이 알려줄 것이다.

우울증에 관한 가장 과학적인 고찰

위스콘신주 매디슨. 대기실에서 30대 초반 여성이 남편과 함께 서류를 작성하고 있다. 한 과학자가 차분히 여성의 발목에 전극들을 붙인 다음 그녀를 MRI 기기로 안내한다. MRI는 철컥거리고 윙윙거리는 시끄러운 소리를 내며 여성의 뇌 활동을 기록하고, 그녀는 전기충격을 예고하는 작은 화면을 보고 있다. 여성이 기계 안에 누워 곧 경험할 따끔함에 두려움을 느끼자 예상했던 뇌 영역들에 불이 켜진다. 이는 주로 걱정과 불편함을 담당하는 뇌 회로들이다.[1] 나중에 과학자는 그녀를 불러 한 번 더 MRI 스캔을 실시했다. 이번에는 검사를 받는 동안 남편이 그 여성의 손을 잡고 있도록 했다. 여성은 이번에도 똑같은 충격과 경고를 받았지만 뇌의 반응은 전과 달랐다. 걱정 회로와 불편함 회로의 활동이 둘 다 진정된 것이다.

일본에서는 한 젊은이가 고정 자전거에 앉아 페달을 밟는 동안 과학자들이 적외선 센서로 그의 뇌 혈류를 관찰하는 실험을 진행했다. 겨우 15분 동안 자전거를 탔을 뿐인데도 감정 조절을 담당하는 뇌 회로의 활동량과 신경전달물질인 세로토닌의 수치가 높아졌다.[2]

피츠버그의 한 병원에서는 척추 수술 후 회복 중인 환자들이 머무는 각 병실에 일조량이 얼마나 되는지 측정했다. 의사들은 햇빛이 환한 병실로 옮긴 환자들이 갑자기 통증에 대한 내성이 높아져 진통제를 덜 요구한다는 것을 알아냈다.[3]

위의 연구들을 보면 우울증의 신경과학이 어떤 깨달음을 주는지 짐작할 수 있을 것이다. 신경과학은 뇌를 연구하는 학문으로 우리의 생각과 감정, 행위의 생물학적 근거 등을 연구한다. 지난 몇십 년간의 연구로 우울증을 초래하는 뇌 회로를 바라보는 시각이 엄청나게 달라졌고, 그에 따라 우울증에 대처하는 방법도 훨씬 많이 알게 되었다.

간단히 말하면 우리 뇌는 상호작용을 주고받는 정교한 신경 회로로 가득 차 있다. 걱정 회로도 있고 습관 회로도 있다. 결정을 내리는 회로와 고통을 느끼는 회로도 있다. 잠과 기억, 기분, 계획 세우기, 즐거움 등을 담당하는 회로도 있는데, 이 모두가 서로 의사소통한다. 우울증이 있는 사람이나 없는 사람이나 갖고 있는 회로는 모두 같지만 각 회로가 구체적으로 조율되는 방식은 사람마다 다르다. 우울증이라는 병은 그 모든 회로가 상호작용한 결과 생기는 활동 패턴 중 하나다. 별일 아닌 것처럼 들릴지 모르나 그 힘이 미치는 효과는 대단히 파괴적이다.

때때로 삶의 모든 일이 어렵고 무의미하게 느껴질 때가 있다. 누구나 이따금씩 느끼는 이런 감정은 뇌의 복잡한 회로에서 자연스럽게 배어나오는 부산물이다. 그리고 대부분의 사람에게는 속삭임처럼 잠시 들다가 사라지는 감정이다. 그러나 작은 신경생물학적 차이 때문에 어떤 사람에게는 이런 감정이 들러붙어서 사라지지 않는다.

다행히 위에서 언급한 연구들을 비롯해 그와 비슷한 수십 가지 연구가 생활의 작은 변화만으로도 특정 회로의 활동과 화학 성질을 실제로 변화시킬 수 있음을 감동적으로 증명해주었다. 지금 우리는 어떤 회로들이 우울증을 유발하는지 알고 그 회로들을 바로잡는 방법 또한 안다. 뇌 활동과 뇌 화학이 달라지면 우울증의 경로도 달라진다.

우울증이라는 하강나선

살면서 우울감을 조금이라도 느껴본 사람이라면 누구나 "우울증의 하강나선에 빠진다"는 말이 어떤 의미인지 알 것이다. 어느 금요일 밤, 파티에 초대를 받았는데 일순 '그 파티 별로 재미없을 것 같은데'라는 생각이 머리를 파고들고 그래서 그냥 가지 않기로 결정한다. 대신 깊은 새벽까지 소파에 앉아 텔레비전을 본다. 그러니 다음 날은 늦잠을 자게 되고 기운도 별로 없다. 전화하는 사람 하나 없어 고립감은 더욱 깊어지고 그럴수록 사람들과 어울릴 가능성은 더욱 줄어든다. 딱히 흥미로워 보이는 일도 없어 주말 내내 누워서 뒹굴기만 한다. 어느새 자신이 불행하고 외롭다는 느낌이 든다. 어떻게 하면 그 상태에서 벗어날지 도무지 모르겠다. 어떤 판단을 내려도 다 잘못되었다는 느낌이 들기 때문이다. 이런 상태가 바로 우울증이라는 늪의 아슬아슬한 가장자리다.

소용돌이처럼 우리를 휩쓸어 늪의 바닥으로 끌어내리는 하강나선이 작동하는 이유는 우리에게 일어난 일과 우리가 내린 결정이 뇌 활동을 변화시켰기 때문이다. 뇌 활동이 불리한 쪽으로 변하면 부정적인 생각이 눈덩이처럼 불어나면서 통제를 벗어나는 상황이 벌어지고, 이는 뇌의 부정적인 변화를 더욱 악화시키는 방향으로 이어진다. 다행한 일은 대부분의 사람이 다양한 뇌 회로의 활동을 통해 이러한 하강을 멈추고 다시 상승하는 쪽으로 나선의 회전 방향을 돌릴 수 있다는 것이다. 그러나 누구나 다 그런 다행함을 누리는 것은 아니다.

흔히 우울증이라고 하면 그저 항상 슬픈 상태라고 생각하기 쉽다. 하지만 우울증은 그보다 훨씬 더 광범위하다. 사실 우울증에 걸렸다고 해서 꼭 슬픔을 느끼는 것은 아니다.

대개는 마비된 것 같은 느낌이 들고 감정이 있어야 할 자리가 텅 비었다고 느낀다. 희망이 없고 어찌해볼 도리가 없을 만큼 절망

적이다. 예전에 재밌어했던 일이 더 이상 즐겁지 않다. 음식도, 친구도, 취미도. 기력도 급속도로 떨어진다. 모든 일이 어렵게 느껴지는데 그럴 만한 이유가 전혀 없기 때문에 이유를 설명하기도 힘들다. 어떤 일도 노력을 기울일 만한 가치가 없다고 느낀다. 잠들기 어렵고, 잠들더라도 계속 잠든 상태를 유지하기 어렵다. 아픔과 통증을 훨씬 극심하게 느낀다. 집중이 안 되고 불안하고 수치스럽고 외롭다.

　우울증의 하강나선이 심각한 문제인 이유는 단순히 기분을 저조하게 만들기만 하는 것이 아니라 그 저조한 상태를 계속 유지하려는 성질이 있기 때문이다. 우울증은 아주 안정적인 상태다. 다시 말해 뇌는 계속해서 우울한 상태를 유지하는 방향으로 생각하고 행동하는 경향이 있다. 우울증을 해소하는 데 도움이 되는 방향으로 생활 습관을 바꾸는 것이 너무 힘겹게만 느껴진다. 운동을 하면 도움이 된다지만 운동할 기분이 아니다. 밤에 잘 자는 것이 도움이 되겠지만 불면증이 방해한다. 친구들과 무언가 즐거운 일을 하는 것이 도움이 된다는데 즐거워 보이는 일은 하나도 없고 사람들을 귀찮게 하고 싶지도 않다. 우리 뇌는 그 상태에 붙잡혀 빠져나오지 못하고 우울증은 중력처럼 인정사정 보지 않고 밑으로만 끌어당긴다. 기분은 사발 바닥에 놓인 구슬처럼 어디로 굴려도 늘 아래로 굴러 내려오고 만다.

　우울증은 다양한 뇌 회로 간의 조율 그리고 그 회로들이 서로서로 혹은 세상과 나누는 상호작용에 의해 촉발된다. 마이크와 스피커 같은 단순한 회로를 생각해보자. 마이크와 스피커를 특정 방향으로 두면 아주 작은 속삭임도 귀를 찢는 듯 날카로운 되먹임소리가 된다. 그러나 방향을 조금만 바꾸면 문제는 사라진다. 문제는 마이크에 있는 것이 아니다. 스피커의 문제도 아니다. 둘 다 정해진 제 기능을 정확히 수행하고 있다. 문제는 시스템 그리고 부분들 간의 상호작용에 있다. 우울증의 하강나선 역시 이와 똑같은 방식으로 작동해, 뇌 회로들 사이의 특정한 조율에 의해 형성되고 방향이 정해진다.

곧 '해마'라든가 '노르에피네프린' 같은 과학 용어를 사용해 구체적인 내용을 깊이 다루겠지만, 일반적으로 우울증은 뇌의 생각하는 회로와 느끼는 회로가 잘못 작동해 생기는 문제라고 이해하면 된다. 뇌는 수십 가지 영역으로 나누어지지만, 우울증을 초래하는 회로는 그 수가 비교적 적다.

뇌의 두 부위, 구체적으로 전전두피질prefrontal cortex과 변연계limbic system가 우울증을 일으키는 주범이다. 단순하게 말해 전전두피질은 생각하는 뇌 부위이고 변연계는 느끼는 부위이다. 우울증은 이 영역들이 작동하는 방식, 서로 의사소통하는 방식에 문제가 생긴 상태다. 생각하는 전전두피질은 느끼는 변연계를 조절하는 책임을 맡고 있는데, 전전두피질이 그 기능을 제대로 수행하지 못하는 것이다. 다행히 이 부위들이 작동하고 의사소통하는 방식을 변화시킬 수 있고 이 책에서 이야기하려는 것이 바로 그 변화의 방법이다.

뇌는 어떻게 상승나선을 만드는가

현재 처한 상황을 언제든 바꿀 수 있는 건 아니지만, 나아갈 방향은 언제든 바꿀 수 있다. 삶이 소용돌이치며 추락하는 대신 힘차게 솟구쳐 오른다면 어떻게 될까? 갑자기 에너지가 샘솟고 잠도 잘 자고 친구들과 더 많이 어울리고 더 행복하게 느껴진다면? 우리 뇌 회로들은 우울증을 만드는 능력뿐 아니라 이런 상승 변화를 만드는 능력을 동시에 갖고 있다. 대개는 몇 가지 긍정적인 감정만으로도 충분히 그 과정에 시동을 걸 수 있고 이는 다시 삶의 다른 영역에서 긍정적인 변화를 시작할 추진력이 된다. 이것이 바로 상승나선이며 그 놀라운 효험은 수백 가지 과학 연구가 거듭 증명해왔다.[4] 이제 질문해야 할 것은, 그럴 때 '실제로 뇌에서는 어떤 일이 일어나며 상승나선은 어떻게 움직이기 시작하는가'이다.

생활이 긍정적으로 변하면 신경도 따라서 긍정적으로 변한다는 것이 밝혀졌다. 더불어 뇌의 전기 활동과 화학적 구성, 심지어 새 뉴런을 만드는 능력까지 달라진다. 이렇게 뇌가 변하면 뇌 회로가 다시 조율되어 또 다른 긍정적 삶의 변화로 이어진다. 예를 들어 운동을 하면 수면 시 뇌의 전기 활동에 변화가 일어나고, 이는 다시 불안을 줄이고 기분을 향상시켜 운동할 수 있는 에너지를 더 많이 만들어낸다. 이와 유사하게 고마운 마음을 표현하면 세로토닌이 생성되어 이것이 다시 기분을 좋게 하고 나쁜 습관을 떨치게 도와주어 고마워할 일이 더 많이 생긴다. 어떤 작은

변화라도 뇌가 상승나선의 시동을 거는 데 필요한 바로 그 힘이
될 수 있다.

이 책이 다루는 것들

이 책은 두 부분으로 나뉜다. 1부에서는 뇌가 우울증의 하강나선
에 붙잡혀 빠져나오지 못하는 이유를 비롯해 그와 관련된 뇌 회
로와 화학물질을 자세히 설명한다. 때로는 꽤 전문적인 용어가 나
오지만 신경외과 의사가 아니라도 뇌 작동 방식의 기본은 충분히
이해할 수 있을 정도로 썼다. 1부에서는 변화시킬 수 있는 것이 무
엇인지 이해하고 변화시킬 수 없는 것을 인정하는 일에 초점을 맞
췄다. 이러한 이해와 인정은 상승나선을 이루는 핵심 요소다.

2부에서는 생활에 구체적인 변화를 줌으로써 다양한 뇌 회
로의 활동을 변화시켜 우울증의 진행 방향을 뒤집는 방법을 설명
한다. 이해와 인정 외에도 우울증 해결에 도움이 되는 여덟 가지
방법이 있는데, 각각에 한 장씩 할애해 운동(5장), 의사결정(6장),
잠(7장), 습관(8장), 바이오피드백(9장), 감사(10장), 사회적 지원
(11장), 전문적 도움(12장)을 다룬다. 또한 우울증이 있든 없든 도
움을 얻을 수 있는 유용한 팁이 책 전체에 고루 포진해 있다. 예를
들어 마사지를 받을 과학적 평계가 필요하다면 11장을 보시라.

누구나 동일한 뇌 회로를 갖고 있다

만약 당신이 우울증에 걸려 있으나 이 책을 읽을 만큼은 건강하다면, 뇌의 회로를 재배선하고 우울증의 진행 방향을 뒤집는 데 필요한 모든 것을 갖춘 셈이다. 사람들은 모두 동일한 뇌 회로를 갖고 있으므로 우울증에 걸렸든, 불안증에 걸렸든, 어딘가 아프든, 그냥 잘 지내고 있든 누구나 똑같은 신경과학을 활용해 자기 삶을 나아지게 할 수 있다. 사람의 뇌는 긍정적인 피드백 시스템이다. 아주 미세한 변화 하나로도 충분히 효과를 낼 수 있는 경우가 많다. 나비 한 마리가 LA에서 한 날갯짓이 뉴욕에서 폭풍우를 일으키는 것처럼 말이다. 이 서문을 읽는 행위 자체가 뇌에게 당신이 이미 회복의 길에 들어섰음을 알리는 메시지다.

물론 이 책이 우울증을 단숨에 해결하는 단 하나의 해법을 제시하지는 못한다. 그런 해법은 없기 때문이다. 대신 작은 해법 수십 가지는 분명히 존재하고 그것들을 더하면 부분의 총합보다 더 큰 해법이 된다. 여러 가지 해법 중 단 하나만 잘 활용해도 효과를 볼 수 있다. 가장 중요한 단계가 바로 첫 단계이다. 당신은 이미 그 단계에 와 있다.

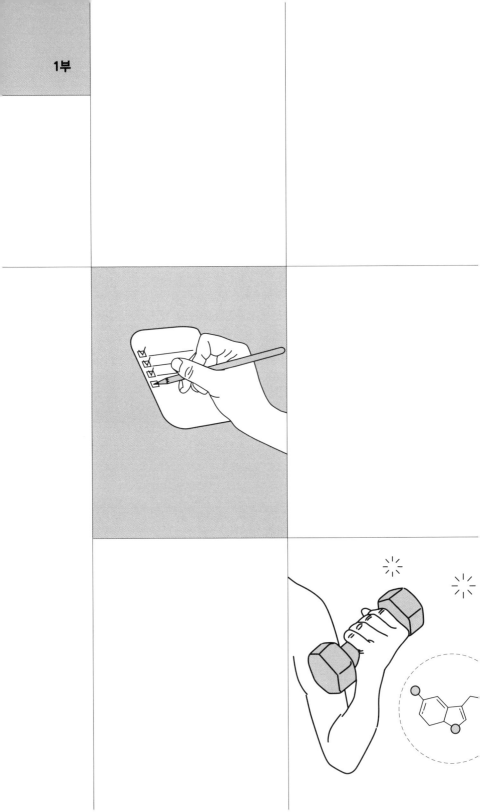

1부

하강나선에
갇힌 뇌

1장

우울증의
뇌 지도

대학 졸업반이 절반쯤 지났을 때 문득 모든 게 나를 압도하는 느낌이 들었다. 미래를 불안해하면서 시작된 느낌인데 왠지는 몰라도 미래가 점점 더 암울하게만 보였다. 몸은 무겁고 굼떴으며 말을 하기가 싫었다. 수강할 과목을 고르는 것조차 어렵게 느껴졌다. 입맛도 떨어졌다. 그러다 여자 친구한테도 차이고 말았다. 몇 달 동안 무기력한 데다 지지리 못난 모습만 보였기 때문일 것이다. 그 뒤로는 더욱 아프고 고통스러워 잠도 잘 자지 못했다. 뉴잉글랜드의 겨울은 유난히 길고 어두웠다.

당시에는 내가 우울증에 얼마나 깊이 빠져 있는지 깨닫지 못했다. 그뿐 아니라 나도 모르게 한 여러 행동이 내 뇌가 더 깊은 수렁으로 가라앉는 것을 막아주었다는 사실도 알지 못했다. 그 무렵 나는 여러 가지 운동을 많이 했는데 사실상 그것은 뇌의 도파민 신호에 변화를 일으켜 내가 더 즐겁게 생활하는 데 도움을 주었다. 수업을 들으러 다녔던 행동은 뇌의 습관 회로를 변화시켰을 뿐 아니라 오가는 길에 햇볕 아래서 더 많은 시간을 보내도록 했고 이는 내가 잠든 사이 세로토닌 분비를 촉진하고 뇌의 전기 활동을 조절해주었다. 당시 나는 친한 친구 세 명과 같이 살며 그들과 매일 이야기를 나누었다. 이는 내 뇌의 감정 회로가 계획 회로와 상호작용하는 방식을 변화시켰다. 나는 이러한 뇌의 변화를 전혀 인지하지 못했지만 그럼에도 그 모든 일은 내 상태가 더 나빠지는 것을 막아주었다.

우울증에 걸린 사람은 대부분 나보다 훨씬 더 심각하고 어두운 경험을 한다. 하지만 적용되는 신경과학은 동일하다. 우울증에 걸린 사람의 뇌나 걸리지 않은 사람의 뇌는 근본적으로 전혀 다르지 않다. 사실 그 어떤 뇌 스캔이나 MRI, 뇌전도로도 우울증을 진단할 수 없다. 우울증은 우리 모두가 똑같이 가진 뇌 회로의 부산물일 뿐이다.

기분장애를 전문으로 다루는 신경과학자로 일하면서 나는 정도의 차이는 있지만 누구에게나 우울 성향이 있음을 알게 되었다. 뇌가 그런 성향에 빠지기 쉽게 배선되어 있기 때문이다. 다행히 대부분의 사람은 우울의 하강나선에 갇히는 것을 막아주는 건강한 성향도 갖추고 있는데, 그런 성향을 갖추지 못한 사람에게도 희망은 있다. 지난 10여 년간의 괄목할 만한 뇌 연구로 우울증과 관련한 뇌 회로에 관해, 그보다 더 중요한, 그 회로를 바꿀 수 있는 방법에 관해 더 잘 알게 되었기 때문이다. 이번 장에서는 그 회로들을 훑어보려 한다. 정보량이 꽤 많지만 앞으로 동일한 회로들을 계속 다룰 예정이니 처음에 제대로 알아두는 것이 좋다. 그렇다고 세세한 내용까지 너무 깊게 파고들 필요는 없다. 중요한 것은 전체를 조망하는 큰 그림이다.

우울증에 관한 좋은 소식과 나쁜 소식

좋은 소식과 나쁜 소식이 있다. 나쁜 소식부터 말하겠다. 우리는 우울증이 무엇인지 정확히 모른다. 물론 증상도 알고, 어떤 뇌 영역과 신경화학물질이 관련되어 있는지도 알고, 여러 가지 원인도 안다. 그러나 아직은 파킨슨병이나 알츠하이머병 같은 다른 뇌 장애만큼 상세하게 우울증을 이해하지는 못한다. 예를 들어 파킨슨병은 어떤 특정 도파민 뉴런이 죽었는지까지 집어낼 수 있다. 알츠하이머병은 특정 단백질을 범인으로 지목할 수 있다. 그러나 우울증의 신경적 원인은 그보다 훨씬 더 미묘하다.

> **나는 우울증에 걸렸을까?** 다음 증상 중 다섯 가지 이상을 2주 동안 거의 매일 겪었다면 주요우울장애MDD, Major Depressive Disorder일 가능성이 있다(하지만 정확한 진단은 정신 건강 전문가만이 내릴 수 있다). 다섯 가지 이하에 해당한다면 경미한 우울을 느꼈을 것이다. 어쨌든 이 책에서 제시하는 상승나선은 두 경우 모두에 도움이 된다.
>
> - 슬프거나 공허하거나 항상 짜증이 난 상태 등 우울한 기분.
> - 모든 또는 거의 모든 활동에 흥미나 즐거움 감소.
> - 상당한 (그리고 의도하지 않은) 체중의 감소 또는 증가, 식욕의 감퇴 또는 상승.
> - 불면증 또는 수면욕구 증가.
> - 다른 사람들이 알아볼 정도로 초조해하거나 느려진 행동.
> - 피로 혹은 기력 상실.

- 자신이 쓸모없는 존재라는 느낌, 과도하거나 부적절한 죄의식.
- 생각하거나 집중하거나 결정 내리기가 어려움.
- 죽음이나 자살에 대한 생각이 반복됨.[5]

대부분의 질병은 원인에 따라 규정되지만(예를 들면 간암은 간경변으로), 우울장애는 일련의 증상에 따라 규정된다. 거의 항상 기분이 엉망이다. 아무것도 재미없어 보이고 모든 게 너무 압도적이라 짓눌리는 느낌이 든다. 잠자는 데 문제가 많다. 죄의식과 불안을 느끼고 살 가치가 없다는 생각이 든다. 이런 증상들은 뇌가 우울증의 하강나선에 붙잡혀 있음을 알려주는 신호다. 이런 증상이 충분히 많으면 우울증 진단을 받는다. 실험실에서 하는 검사도 없고, MRI 스캔도 없다. 그저 증상뿐이다.

좋은 소식은 뇌에서 무슨 일이 벌어지고 있는지, 어떻게 하면 나아질지 이해할 만큼은 우울증에 대해 충분히 안다는 것이다. 뒤에서 더 자세히 알아보겠지만 운동, 햇빛, 특정한 수면 패턴, 근육의 움직임 심지어 감사하는 마음까지 모두 특정 신경 회로에서 일어나는 활동을 변화시키고 우울증의 진행 경로를 되돌린다. 엄격히 말해 우울감이 진단을 받을 정도의 수준인지 아닌지는 중요하지 않다. 불안을 느끼는 상태든 짜증스러운 상태든, 자신의 뇌를 더 잘 이해하고 어떻게 하면 뇌가 더 건강하게 작동할 수 있는지 아는 데 필요한 신경과학의 원리는 동일하기 때문이다.

토네이도와 우울증의 닮은 점

한 도시를 가로지르는 교통 흐름은 복잡하고 역동적이어서 때로는 이해할 수 없을 만큼 꽉 막히기도 하고 때로는 혼잡한 시간대인데 술술 빠지기도 한다. 주식시장이나 더 큰 경제 단위도 이와 유사한 패턴을 따르며 날씨, 심지어 대중문화도 이 패턴을 따른다. 수학적으로 볼 때 이렇게 복잡하고 역동적인 시스템들 사이에는 여러 유사점이 있다. 교통 정체든, 토네이도든, 경기불황이든 회복이든, 바이러스처럼 확산되는 트윗이든, 짧고 강렬하게 지나가는 유행이든 시스템 전체가 하강나선이나 상승나선 같은 통제할 수 없는 어떤 패턴에 꼼짝없이 사로잡힐 가능성이 있다는 점도 유사점 중 하나다.

그렇다면 오클라호마에는 토네이도가 나타나는데 뉴욕에는 나타나지 않는 이유가 뭘까? 오클라호마는 조건이 딱 맞아떨어지기 때문이다. 평평한 지형, 기온 변화, 습도, 풍향, 풍속에 이르기까지. 그렇다고 오클라호마에 잘못된 점이 있는 것은 아니다.

뇌의 경우도 똑같다. 우울증 상태일 때도 뇌 자체에 근본적으로 잘못된 점이 있는 것은 아니다. 단순히 특정 신경 회로가 우울 패턴으로 가도록 맞춰졌을 뿐이다. 그것은 뇌가 스트레스, 계획 세우기, 습관, 의사결정 등 여러 가지 일을 처리하는 방식 그리고 그 일들을 담당하는 회로 사이의 역동적인 상호작용과 관계가 있다. 일단 이런 패턴이 형성되면 뇌 전체에서 하강나선으로 향하는 수십 가지 작은 변화가 잇따라 일어난다.

　다행스러운 사실은 뇌와 같은 복잡계complex system에서는 아주 작은 변화가 때로는 큰 효과를 불러온다는 점이다. 신호등의 정지 신호 타이밍을 바꾸는 것만으로 교통 정체를 유발하거나 예방할 수 있듯. 유튜브에 게시된 어떤 동영상이 단 하나의 트윗으로 순식간에 확산될 수 있듯. 때로는 뇌 회로를 하나 조정하는 것만으로도 우울증을 개선하는 방향으로 전환이 촉발될 수 있다. 수십 년간 축적된 과학 연구 결과가 다양한 뇌 회로를 바로잡고 여러 신경화학물질 수치를 조절하며 심지어 새로운 뇌 세포를 만드는 방법까지 알려주고 있으니 우리는 얼마나 운이 좋은가.

우울증의 뇌 과학

우울증의 신경과학을 본격적으로 들여다보기 전에 뇌에 관한 기초적인 사항부터 이야기해보자. 사람의 뇌는 작은 신경세포인 **뉴런** 수십억 개로 이루어져 있다. 뉴런은 수십억 개의 작은 마이크로칩처럼 뇌에 컴퓨팅 능력을 제공한다. 이 뉴런은 전선과 같은 기능을 하는 긴 가지(축삭돌기)에 전기 신호를 흘려보냄으로써 서로 끊임없이 대화를 주고받는다. 전기 신호가 가지 끝에 도달하면 **신경전달물질**neurotransmitter이라는 화학 신호를 뿜어내는데, 신경전달물질은 뉴런과 뉴런 사이의 공간, 즉 시냅스로 흘러들어가 다음 뉴런에 달라붙음으로써 정보를 전달한다. 그러니까 뇌는 전기 신호를 내보내고 그 신호를 의사소통용 화학 신호로 바꾸어 전달하는 수십억 개의 뉴런 집합체라고 말할 수 있다.

각각의 전기 신호와 그 결과 방출되는 신경전달물질의 작용은 다음 뉴런에게 해야 할 행동을 지시하는 명령이 아니다. 그보다는 다음 뉴런이 무엇을 해야 한다고 의견을 내는 '투표'에 가깝다. 전체 활동 패턴은 대통령 선거와 비슷하다. 누가 대통령이 되어야 할지를 두고 모두 투표하고 그에 따라 이쪽이든 저쪽이든 국가가 나아갈 방향이 결정된다. 중요한 경합주 몇 곳에서 아주 적은 백분율로라도 득표수가 바뀌면, 나라 전체가 나아갈 방향이 극적으로 변한다. 뇌도 마찬가지다. 몇 가지 중요한 영역에서 뉴런이 발화하는 비율이 바뀌면 전체 뇌의 활동 패턴에 영향을 미치는 것이다.

서로 연결된 뉴런이 수십억 개라니 혼란스럽게 들릴지도 모르지만, 뉴런은 뇌의 작은 영역들에 나뉘어 각자 무리를 지으며 아주 구체적인 방식으로 조직되어 있다. 어떤 영역들은 뇌의 표면 쪽, 곧 피질cortex에 위치한다. '표면'이라는 말이 오해를 일으킬 수 있는데, 뇌는 주름져 있기 때문에 피질 영역 중에도 사실 꽤 깊이 들어간 부분들이 있다. 물론 이보다 훨씬 더 깊은 곳에는 피질하 영역subcortical region이 있다. 이 부위는 진화상 피질보다 훨씬 더 오래된 것이다.

각 영역에 있는 뉴런들은 서로 대화를 나눌 뿐 아니라 뇌 전체에 퍼져 있는 다른 영역들과도 대화를 나눈다. 이렇게 서로 의사소통하는 뉴런들의 네트워크를 **신경 회로**neural circuit라고 한다. 우리 뇌는 모두가 서로 연결된 일련의 작은 컴퓨터들처럼 작동한다.

머리말에서 말했듯이 수십 가지의 다양한 회로가 우리 삶을 통제한다. 이 회로 중 다수는 서로 중첩되는 동일한 뇌 영역들에 기반을 두며, 이 모든 다양한 회로가 서로 영향을 주고받는다. 우울하거나 행복하거나 배가 고프거나 성적인 흥분을 느낀다면 그것은 이 전체 회로 무리가 서로에게 영향력을 행사한 결과다.

우울증의 화학물질

기내 잡지 뒤표지에는 한 항공사가 오고 가는 모든 도시를 표시한 비행지도가 그려져 있다. 그 지도의 모양을 한번 떠올려보자. 그 지도를 보면 **신경전달물질계**neurotransmitter system가 어떻게 조직되어 있는지 아주 쉽게 파악할 수 있다. 신경전달물질계란 단순히 말해 특정 신경전달물질을 방출하거나 그에 반응하는 모든 뉴런을 총칭한다. 예를 들어 세로토닌계는 세로토닌을 방출하거나 세로토닌에 반응하는 모든 뉴런이다(이렇게 보면 델타 '시스템'이란 델타 항공사가 연결하는 모든 도시가 되겠다). 뇌는 수많은 신경전달물질계에 의지해 다양한 유형의 작업을 처리하며, 그 신경전달물질계들은 각자 다른 방식으로 우울증에 원인을 제공한다.

1960년대에는 노르에피네프린norepinephrine이라는 신경전달물질이 너무 적으면 우울증이 발생한다고 생각했다. 그러다 몇 년 후에는 세로토닌 결핍이 우울증을 유발한다는 설로 바뀌었다. 지금 우리는 우울증이 훨씬 더 복잡한 문제라는 걸 안다. 세로토닌과 노르에피네프린이 관련된 것은 분명하지만, 도파민을 비롯한 다른 신경화학물질들도 관련돼 있다.

아주 다양한 신경전달물질계가 우울증에 영향을 미치고 영향을 받는다. 목록이 조금 길지만 여기 정리된 신경전달물질계 대부분은 앞으로 거듭 등장할 것이다. 지금 다 외울 필요는 없고, 각 신경전달물질계가 몇 가지 기본적인 효과를 갖고 있다는 것만 알아두자.

- 세로토닌 — 의지력, 활동 의욕, 기분을 향상시킨다.
- 노르에피네프린 — 사고와 집중력, 스트레스 대처 능력을 증강한다.
- 도파민 — 쾌감을 증가시키고 나쁜 습관을 고치는 데 꼭 필요하다.
- 옥시토신 — 신뢰감, 사랑, 연대감을 증진하고 불안을 떨어뜨린다.
- 가바 — 긴장을 풀어주고 불안을 감소시킨다.
- 멜라토닌 — 수면의 질을 높인다.
- 엔도르핀 — 고통을 완화하고 고양된 감정을 안겨준다.
- 엔도카나비노이드 — 식욕을 증진하고 평온함과 안녕감을 증가시킨다.

너무 단순하게 정리하긴 했지만, 전체적으로 볼 때 각 신경전달물질은 우울증의 각기 다른 증상에 영향을 미친다. 세로토닌계가 제 기능을 못 하면 의지력이나 활동 의욕이 부족해진다. 집중하거나 사고하기가 어렵다고 느끼면 노르에피네프린계에 문제가 생겼을 수 있다. 도파민계의 기능에 장애가 생기면 나쁜 습관을 갖게 되고 즐거움을 잘 느끼지 못한다. 뇌의 수십 가지 회로가 제대로 기능을 수행하려면 이 신경전달물질이 모두 다 필요한데, 이들이 또 서로 상호작용을 하기 때문에 일이 더 복잡해진다. 골치 아프게도 우울증은 단순히 노르에피네프린과 세로토닌, 도파민이 부족해 생기는 것이 아니기 때문에 이 신경전달물질들의 수치를 높여주는 것만으로는 해결할 수 없다. 그러나 이것도 해결책의 **일부**이기는 하다. 세로토닌 활동이 늘어나면 기분이 더 좋아지고 목표를 세우는 능력과 나쁜 습관을 피하는 능력이 향상된다. 노르에피네프린이 증가하면 집중력이 높아지고 스트레스를 덜 받는다. 도파민이 많아지면 전반적으로 훨씬 더 즐거워진다.

나가서 햇볕을 쬐자. 밝은 햇빛은 세로토닌 생성을 돕는다. 게다가 밤에 푹 자게 도와주는(7장) 멜라토닌 분비를 촉진한다. 그러니 실내에만 틀어박혀 생활한다면 한낮에 적어도 몇 분은 바깥에 나가도록 노력하자. 산책을 하거나 햇살 아래서 음악을 듣거나 그냥 일광욕을 해도 좋다.

이 책은 생활의 작은 변화가 신경전달물질계의 활동을 어떻게 바꾸는지 설명한다. 기술적인 부분은 꽤 복잡하지만 요점만 살펴보자. 기본적으로 '세로토닌 활동을 늘린다'는 말은 여러 가지를 의미한다. 뇌가 세로토닌을 더 많이 만들어낸다는 의미일 수도 있고, 세로토닌 수용체serotonin receptor의 수를 늘린다는 의미이기도 하다. 그 수용체들이 세로토닌에 더 잘 달라붙게 된다는 뜻일 수도 있다. 또한 생성된 세로토닌이 너무 빨리 분해되지 않는 것, 시냅스로 방출된 세로토닌이 한동안 시냅스에 머묾으로써 세로토닌을 방출한 뉴런으로 재흡수되지 않고 다음 뉴런에 결합될 기회를 늘리는 것을 의미하기도 한다. 이런 요인 중 하나만 바꾸어도 세로토닌 활동이 증가한다. 예컨대 대부분의 항우울제도 세로토닌 수송체serotonin transporter라고 알려진 세로토닌 흡수 단백질을 차단하고, 그럼으로써 세로토닌 수용체에 작용할 수 있는 세로토닌의 양을 늘려 약효를 발휘한다.

신경전달물질 외에 다른 신경화학물질도 극적인 효과를 낸다. 예를 들어 뇌유래신경영양인자BDNF, Brain-Derived Neurotrophic Factor는 신생 뉴런의 성장과 전반적인 뇌 건강에 도움을 준다. 심지어 면역계에서 나오는 특정 화학물질도 신경 신호를 바꾸고 우울증에서 나타나는 활동을 변화시킬 수 있다.[6] 이만하면 개별적인 화학물질에 대한 이야기는 충분하니, 이제 회로에 대해 이야기해보자.

우울증의 기본 신경 회로

서문에서 언급했듯이 우울증은 기본적으로 생각을 담당하는 전전두피질과 감정을 담당하는 변연계 사이의 의사소통이 잘못된 결과 나타난다. 이 두 영역은 하나의 계통을 이뤄 서로 밀접하게 상호작용하기 때문에 종종 이 둘을 아울러 **전두-변연계**fronto-limbic system라고 부른다. 유럽이 서로 밀접하게 상호작용하는 국가들의 무리인 것과 마찬가지다. 전두-변연계는 감정 상태를 조절하며, 이것이 제대로 기능하지 못할 때 우리를 우울증으로 밀어 넣는다.

전두-변연계에서 활동하는 주요 선수들을 살펴보고 전두-변연계와 밀접하게 의사소통하는 다른 영역들도 알아보자. 이제 여러 이름을 늘어놓을 것인데 자세한 내용을 모두 기억해야 한다는 걱정은 접어둬도 좋다. 이 책에서 지겹도록 다시 보게 될 이름들이니 말이다.

생각하는 뇌

전전두피질은 뇌의 가장 앞부분에 있다고 해서 붙은 이름이다. 이마 바로 뒤에 위치한 뇌의 앞 3분의 1의 표면 전체다. 계획 회로와 의사결정 회로의 중심을 차지하고 있어 뇌의 CEO라 할 수 있다. 충동과 동기를 통제하는 책임도 맡고 있다.

전전두피질은 피질 중에서도 가장 최근에 진화했으며 다른 어떤 동물보다 인간의 뇌에서 가장 크다. 유난히 큰 전전두피질은 사람들에게 커다란 진화상의 이점을 제공했지만 덤으로 골칫거리도 안겨주었다. 우울한 상태일 때 나타나는 걱정과 죄의식, 수치심, 명료한 사고의 어려움, 우유부단함의 주범이 바로 전전두피질이기 때문이다. 따라서 여기서 일어나는 활동을 바꾸면 이러한 문제를 해결하고 나쁜 습관을 고치며 의지력도 향상시킬 수 있다.

전전두피질은 수평과 수직 두 축을 따라 배열할 수 있다. 그리고 이 두 축에 의해 다시 사분면으로 나뉜다.

이 사분면은 요컨대 전전두피질의 위 중간, 위 옆면, 아래 중간, 아래 옆면이다. 물론 과학자들은 이런 말보다는 좀 더 멋진 말을 좋아해서, 위쪽 부분을 (돌고래의 등지느러미dorsal fin를 말할 때처럼) '배背, dorsal'라 하고, 아랫부분은 ('배'를 뜻하는 라틴어에서 따와) '복腹, ventral'이라 한다. 가운데(안쪽) 부분은 '내측medial'이라 하고, 양옆 부분

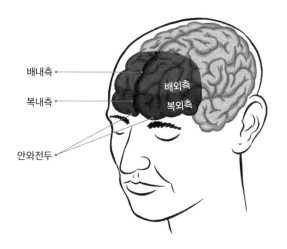

전전두피질

배내측
복내측
배외측
복외측
안와전두

은 '외측lateral'이라고 한다. 예를 들어 코는 눈보다 더 내측에 있는 셈이다.

전전두피질의 각 사분면은 기본적으로 서로 다른 기능 무리를 관장한다. 내측 부분들은 자아에 더욱 초점이 맞춰진 반면, 외측 부분들은 외부세계에 더욱 초점이 맞춰져 있다. 수평 차원을 따라가 보면 복측(배쪽) 부분들은 좀 더 감정적이고, 배측(등쪽) 부분들은 좀 더 이성적이다. 그러므로 전전두피질에서 가장 주요한 차이는 배외측 전전두피질과 복내측 전전두피질(다시 말해 위 옆면과 아래 가운데) 사이의 차이다. 복내측 전전두피질은 자아에 초점이 맞춰진 감정적인 부분이며, 동기부여와 충동 조절에 특히 중요하다. '감정적'이라는 말이 어리둥절하게 느껴질 수도 있을 것이다. 앞에서 (전전두피질이 아니라) 변연계가 뇌의 감정적 부분이라고 했으니 말이다. 그렇다면 이렇게 생각하자. 복내측 전전두피질은 감정에 관해 **생각하고**, 변연계는 감정을 **느낀다**고. 이에 비해 배외측 전전두피질은 외부세계에 대해 주로 생각하고, 따라서 계획을 세우고 문제를 해결하는 데 더 많은 책임을 진다.

우울증이 있으면 전전두피질 전체가 영향을 받는다.[7] 행동해야 할 어떠한 동기도 느끼지 못하는가? 그렇다면 그것은 아마 복내측 전전두피질에서 세로토닌이 감소한 탓일 것이다. 계획을 세우거나 명료하게 사고하기가 어려운가? 그것은 어쩌면 배외측 전전두피질의 활동이 혼란에 빠졌기 때문일 것이다. 그러나 계획을 끝까지 실행하는 데 어려움을 겪는 문제는 한 영역이나 특정 신경전달물질계의 잘못이라고 지목하기가 어렵다. 대개는 몇 가지 영역과 신경전달물질계 사이에 일어난 의사소통의 결과이다.

느끼는 뇌

고도로 진화한 전전두피질과 달리 변연계는 뇌의 훨씬 깊은 곳에 위치한 아주 오래된(1억 년 전 초기 포유동물에게도 변연계가 있었다) 부분이다. 뇌의 감정 영역으로 흥분과 공포, 불안, 기억, 욕망 등을 관장한다. 변연계는 기본적으로 시상하부hypothalamus, 편도체amygdala, 해마hippocampus, 대상피질cingulate cortex로 이루어져 있다. 시상하부는 스트레스를 통제하고, 편도체는 불안과 공포를 비롯해 부정적인 감정을 줄여준다. 해마는 장기기억을 만드는데 해마의 뉴런들은 스트레스에 매우 민감하기 때문에 우울증의 '위

변연계

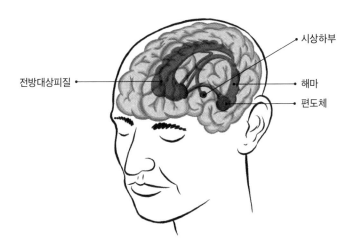

험경보기' 역할을 하는 경우가 종종 있다. 마지막으로 대상피질은 집중과 주의를 통제한다. 이는 우울증에서 대단히 중요한 의미를 갖는다. 습관 때문에 자동적으로 집중하든 의도적인 선택에 따라 집중하든, 무엇에 집중하는지가 기분을 크게 좌우하기 때문이다.

스트레스와 시상하부

긴장되는가? 안절부절못하겠는가? 스트레스가 심해지는 것은 우울증의 원인이자 증상인데 이는 변연계 중심부에 있는 시상하부 탓이다. 시상하부는 다양한 호르몬을 조절해 신체의 스트레스 반응을 통제한다. 코르티솔과 아드레날린 같은 스트레스 호르몬 분비를 늘려 몸을 투쟁-도피 모드로 만들기도 한다. 이는 군사기지가 외부의 위협에 대처하기 위해 부대 배치를 준비하는 것과 비슷하다. 그런데 우울증에 빠지면 그 기지가 비상경계 태세에 돌입해 일촉즉발의 반응을 보이기 때문에 긴장을 풀기도, 행복한 마음을 갖기도 어려워진다. 그러므로 흥분한 시상하부를 진정시킬 방법을 찾는 것은 스트레스를 줄이는 아주 좋은 방법이다.

불안과 편도체

어렸을 때 나는 불안을 '불안하다'는 말로 표현한 적은 한 번도 없었다. 대신 시험을 봐야 할 때나 아찔한 롤러코스터를 타려고 줄을 서 있을 때면 수시로 배가 아팠는데, 그것은 내 몸이 불안을 표현하는 방식이었다. 그런데 짜잔! 내가 좀 더 침착한 어른으로 성장하자 복통이 사라졌다.

불안이 언제나 분명한 모습으로 표출되는 것은 아니지만 어떤 방식으로 표현되든 심한 불안은 우울증의 증상 중 하나다. 주로 불안에 영향을 미치는 편도체는 뇌 깊숙한 곳에 자리한 오래된 구조물이다. 시상하부와 긴밀하게 연결되어 있고 감정적인 변연계에서 중심적 역할을 한다. 우울증에 걸린 사람은 흔히 편도체의 반응성이 매우 높아져 있기 때문에 이 반응성을 떨어뜨려 불안을 줄이고 우울증을 완화한다.[8]

기억과 해마

마지막으로 행복했던 때가 언제였는가? 우울증이 있는 사람은 행복했던 때를 잘 기억하지 못하지만, 슬픈 사건은 아무런 문제 없이 떠올릴 수 있다. 이러한 편향은 뇌 깊숙한 곳 편도체 근처에 자리 잡은 해마 탓이다. 해마는 시상하부와도 밀접한 관계가 있다. 해마가 하는 가장 중요한 일은 단기기억을 장기기억으로 바꾸는 것이다. 그러니까 '저장' 버튼을 눌러 새 문서를 컴퓨터의 하드드라이브에 저장하는 일과 비슷하다. 해마는 바로 '저장' 버튼이고 해마가 없으면 새 기억을 만들 수 없다. 해마는 특히 감정이 실린 기억(처음으로 눈사람을 만들었다거나 중학생 때 좋아하던 아이에게 했던 창피한 말, 작년에 갔던 멋진 스키 여행 같은)을 좋아한다. 우울증 상태에서는 해마의 이런 특성이 다소 문제가 된다. 해마가 만드는 새 기억이 부정적인 방향으로 기울어지기 때문이다.

그 밖에도 해마가 하는 일은 아주 많은데, **맥락의존적 기억** context-dependent memory의 중심 역할을 한다. 현재 자신이 처한 상황과 긴밀히 관련된 일을 더 쉽게 기억하는 것이 바로 맥락의존적 기억이다.[9] 예를 들어 예전에 다녔던 대학 캠퍼스에 가면 학부 시절의 기억이 쉽게 떠오르는 이유는 맥락이 동일하기 때문이다. 그러나 불행하게도 우울증 상태에서는 맥락의존적 기억이 커다란 단점이 된다. 우울증이 '맥락'이므로 기분이 좋을 때라면 쉽게 떠올릴 수 있는 행복한 기억들이 갑자기 싹 자취를 감춰버리는 것이다. 반면 삶에서 일어났던 모든 비극은 너무나 쉽게 떠오른다.

우울증에 걸린 해마는 비정상적으로 활동할 뿐 아니라 크기도 더 작아진다.[10] 해마가 작아지는 이유는 뉴런을 손상시키거나 죽일 수 있는 만성 스트레스의 결과일 가능성이 높다. 우울증은 스트레스가 심한 상태이므로 해마가 온전하게 기능할 수 없도록 방해한다. 다행히 해마는 새 뉴런을 만들어낼 수 있다. 뒤에서 이 내용을 다룰 것이다.

주의와 대상피질

우울감에 압도되었던 대학 졸업반 시절, 나는 수업에 집중하지 못했고 계속 모든 걸 망치게 될 것 같다는 느낌을 떨칠 수 없었다. 집중하지 못하는 것과 부정적인 일에 초점을 맞추는 것은 우울증의 증상인데 두 상태 모두 대상피질이 매개한다. 특히 대상피질의 앞쪽, 곧 전방대상피질은 우울증에 가장 큰 영향을 미친다.

전방대상피질은 전전두피질에 둘러싸인 채 전전두피질과 아주 밀접하게 연결되어 있으며, 종종 변연계와 전전두 영역 사이의 관문 역할을 한다. 전방대상피질은 우리가 하는 모든 실수를 알아차린다. 고통 회로에서 중심 역할을 맡고 있으며, 잘못되어가는 일을 곱씹어 생각하는 경향도 여기서 나온다.[11]

> **행복한 기억을 떠올려라.** 행복한 기억은 전방대상피질에서 세로토닌을 증진시킨다(8장). 잠들기 전에 행복한 기억을 한 가지씩 떠올려보라. 일기장에 써도 좋고, 그냥 그 기억을 반추하는 것도 좋다.

전방대상피질은 컴퓨터 모니터와 같다. 컴퓨터의 하드드라이브에는 많은 데이터가 있지만 모니터에는 우리가 주의를 기울이는 부분만 보이는데 그 부분이 결국 우리 행동에 커다란 영향을 미친다. 전방대상피질의 활동을 보면 우울증 상태에서 주로 부정적인 면에 초점을 맞추는 이유를 알 수 있다.

흥미롭게도 신경전달물질인 세로토닌은 전방대상피질에 집중되어 있다. 이 점은 우울증과 관련해 매우 중요한 사실을 알려준다. 세로토닌은 여러 항우울제가 공통의 표적으로 삼는 신경전달물질계이기 때문이다. 사실상 전방대상피질에서 일어나는 활동을 보면 항우울제를 복용했을 때 회복될 사람과 그렇지 않을 사람을 예측할 수 있다(나의 논문을 외쳐 불러보자).[12] 그뿐 아니라 전방대상피질을 전극으로 직접 자극해도 우울증 증상을 상당히 개선할 수 있다.[13] 다행히 약물이나 전극 말고도 전방대상피질의 활동을 변화시킬 방법이 있다. 이 역시 뒤에서 다룰 것이다.

선조체와 섬엽

전전두피질과 변연계 외에도 우울증에서 중요한 역할을 하는 뇌 영역이 두 군데 더 있다. 바로 선조체striatum와 섬엽insula이다. 둘 다 전두-변연계와 긴밀하게 연결돼 있다. 사실 과학자들은 이 부분들까지 뭉뚱그려 변연계에 포함시키기도 한다.

습관, 즐거움, 중독 그리고 선조체

우울증에는 충동성, 대처 기술 저하, 중독, 꾸물거림 등이 자주 동반된다. 피로감이나 동기 결여가 포함되기도 한다. 이런 나쁜 습관은 기본적으로 선조체의 활동에 문제가 생긴 결과다. 표면에서 저 깊은 아래에 위치한 선조체는 우리가 공룡에게 물려받은 아주 오래된 피질하 영역이다.

선조체는 두 개의 주요 부분으로 이루어져 있는데 이들은 우울증에서 특히 중요한 역할을 한다. 배측 선조체dorsal striatum라 불리는 윗부분과 측좌핵nucleus accumbens이라 불리는 아랫부분이다. 두 부분이 모두 기능을 제대로 수행하는 데 신경전달물질인 도파민이 큰 역할을 한다.

배측 선조체는 뇌의 습관 회로로, 좋고 나쁜 대부분의 습관을 통제한다. 습관이란 생각하지 않고 자동으로 하는 행동이기 때문에 일단 좋은 습관을 들이면 의식적으로 생각하지 않아도 삶을 바꿀 수 있는 힘이 생긴다. 우울증 상태일 때 피로감을 느끼는 주된 이유는 배측 선조체에서 도파민 활동이 감소한 탓이다.

이와 대조적으로 측좌핵은 뇌의 '파티광'이다. 변연계와 밀접히 연결돼 있어서 곧잘 변연계의 일부로 간주된다. 단것을 너무 많이 먹는 행동이나 심지어 약물중독 같은 충동적 행동이 상당 부분 측좌핵의 책임이다. 재밌거나 흥분되는 일, 아니면 적어도 그럴 거라 예상하는 일을 할 때마다 측좌핵에서 도파민이 분비된다. 우울증에 걸렸을 때 모든 게 다 재미없어 보이는 이유는 측좌핵에서 도파민 활동이 감소했기 때문이다.

선조체

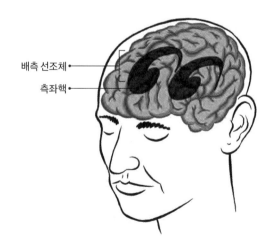

배측 선조체 ●
측좌핵 ●

고통과 섬엽

한 여성이 경미한 교통사고를 당해 경추 손상을 입었다. 처음에 목의 통증은 그리 심하지 않았다. 의사는 몇 주만 지나면 회복될 거라고 말했다. 그런데 통증은 악화됐다. 그녀는 따끔한 통증이 느껴질 거라는 두려움 때문에 머리를 아예 움직이지 않으려 했다. MRI 상으로는 모든 게 정상이었으므로 의사는 당황했다. 시간이 흐를수록 통증이 너무 심해져 운전을 하기도, 출근을 하기도, 심지어 집 밖으로 나가기도 어려워졌다. 그녀는 서서히 더 깊은 고립과 우울로 빠져들었다.

부상을 당했다고 모든 사람이 만성 통증에 시달리는 것은 아니다. 그러나 안타깝게도 어떤 사람의 뇌는 통증에 훨씬 더 민감하게 반응한다. 이 때문에 그들은 하강나선에 쉽게 빠져든다.

섬엽

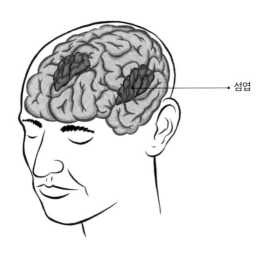

섬엽

우울증에 걸린 사람은 만성 통증에 시달릴 가능성이 더욱 높고 병에 걸릴지 모른다는 사실에 많이 걱정하는 경향을 보인다. 이런 증상은 신체감각에 대한 의식이 증강되어 생기는데 신체감각을 전달하는 것이 바로 섬엽이다.

섬엽은 피질의 한 부분으로 귀에서 몇 인치 안쪽으로 접혀 있고 편도체, 해마와 가까이 자리한다. 고통 회로의 주요 영역 중 하나이며 전체적인 신체 지각에 기여한다.

우울증에 걸린 사람은 섬엽의 활동이 증가한다.[14] 이는 섬엽이 통증, 심장박동 수 상승, 호흡곤란 등 몸에 생긴 문제를 알아차리는 데 특화돼 있기 때문이다. 섬엽의 활동성이 증가하면 아무리 작을지라도 몸에 생기는 모든 문제를 극도로 민감하게 의식하게 되는데 아주 사소한 일을 엄청나게 거대한 것으로 부풀리는 일은 그래서 생긴다. 그러므로 섬엽의 활동을 진정시키면 통증과 병에 대한 걱정을 줄이는 데 도움이 된다.

모두 연결되어 있다

위에서 다룬 각 영역은 또 다른 영역들과도 구체적인 연결을 맺고 있다. 그 연결까지 하나하나 다 추적하는 건 너무 방대한 일이기 때문에 주로 각 영역 자체에만 집중해 이야기할 생각이다. 맛보기로 연결의 예를 조금만 살펴보면, 전방대상피질은 복내측 전전두피질, 배외측 전전두피질, 섬엽, 해마와 연결된다. 배외측 전전두피질은 복측 전전두피질, 배측 선조체, 해마와 연결되며, 복측 전전두피질의 일부는 해마, 측좌핵과 연결된다.

하나의 뇌 영역이 몇 가지 회로에 속할 수 있다. 각 뇌 영역을 하나의 공항으로 생각하고 각 회로는 나라 안의 다양한 곳으로 떠나는 각기 다른 항공사라고 생각하자. 각자 독립적으로 운영하는 항공사들이 같은 공항에 의존하는 것처럼, 독립적인 신경 회로들도 동일한 뇌 영역들에 의존한다. 그리고 동일한 뇌 영역들에 의존하기 때문에 신경 회로 간에 역동적인 상호작용이 일어나는 것이다. 시카고에서 생긴 정체가 덴버의 연착이나 캔자스시티의 결항으로 이어질 수 있듯 감정적인 해마의 활동이 증가하면 전방대상피질이 초점을 맞추는 대상이나 배측 선조체가 통제하는 습관에 변화가 일어날 수 있다. 물론 신경과학은 이보다 훨씬 더 미묘하다.

서로 다른 영역은 서로 다른 신경전달물질에 의지하는 경우가 많다. 예컨대 전전두피질이 제대로 기능하려면 세로토닌과 노르에피네프린이 많이 필요하고, 선조체는 주로 도파민에 의지한다. 이는 이 신경전달물질들에 변화가 생기면 그 영역들에 큰 영향을 미친다는 뜻이다.

내 뇌는 무엇이 잘못된 걸까

이 질문 자체에 함정이 있다. 뇌에는 사실 잘못된 점이 하나도 없다. 무시무시한 토네이도가 분다고 오클라호마의 공기가 잘못된 것은 아니듯이. 이와 비슷하게 의사결정 회로가 특정한 방향에 맞춰지면 뇌를 우울증에 빠뜨려 옴짝달싹 못 하게 만들 수 있다. 습관 회로, 스트레스 회로, 사교 회로, 기억 회로 등도 마찬가지다. 이 모든 회로는 조건만 맞아떨어지면 언제든 우울증의 하강나선을 야기할 수 있다.

우울증에 걸렸다 하더라도 뇌에 흠이 생긴 게 아님을 이해하는 것이 중요하다. 모든 사람이 동일한 신경 회로와 동일한 뇌 구조를 갖고 있다. 그러나 뉴런이 연결되는 방식이 사람마다 다르고 그 회로들 사이에서 일어나는 역동적인 활동과 의사소통도 그 사람 자신만큼이나 제각각 다르다. 각 신경 회로는 구체적으로 조율되는 방식에 따라 특정한 패턴을 이루며 서로 공명을 일으키는 경향성을 만들어낸다. 우리가 하는 생각, 상호작용, 우리에게 일어나는 사건들은 전체 시스템과 공명을 일으키는데 유감스럽게도 그 중 하나만 동요를 일으켜도 뇌 안에서 우울증 패턴을 촉발할 수 있다.

각 회로마다 활동하고 반응하는 표준적인 패턴이 있는데 이역시 사람마다 차이가 난다. 어떤 회로가 더 쉽게 활성화되면 그 회로가 **반응성** 또는 **흥분성**이 높다고 말한다. 이를테면 걱정 회로의 흥분성 정도에 따라 걱정을 많이 하는 사람이 있고 별로 걱정을 하지 않는 사람이 있다. 또 의사결정 회로의 신경이 연결된 방식에 따라 어떤 사람은 다른 사람보다 더 단호하게 결정을 내린다.

나는 외로움을 많이 타는 편이다. 하루 종일 글을 쓸 때 유난히 심해진다. 이유는 나도 모르지만, 내 사교 회로의 성향이 그렇다. 하루 종일 글을 써도 외롭지 않은 사람도 많지만, 남들이 괜찮다는 사실을 알아도 내 외로움은 요지부동이다. 나에게 외로움을 느끼는 경향이 있음을 알고 있으니 오랫동안 글을 쓰는 날은 일이 끝난 뒤 친구들과 만날 계획을 미리 세워두면 된다. 그런데 여기에 또 문제가 있다. 계획을 세우는 일이 내게 큰 스트레스를 안기는 것이다. 왜인지는 모르겠으나 이것이 내 계획 회로의 성향이다. 계획 세우기를 즐기는 사람도 많겠지만 나는 아니다. 이런 두뇌 회로의 성향 때문에 나는 하강나선에 쉽게 빠질 수 있다. 외로움을 느끼면 불쾌해지고 계획을 세우면 외로움을 해결할 수 있는데 계획 세우는 일에 또 스트레스를 받으니 그 역시 불쾌함을 남긴다. 이렇게 기분이 나빠질수록 계획 세우기는 더욱더 어려워진다. 마이크와 스피커가 상호작용해 귀를 찢는 되먹임소리를 만들어낼 때처럼, 이 두 회로는 서로 먹고 먹히면서 상황을 통제할 수 없을 만큼 커다란 눈덩이로 부풀리는 것이다.

이런 경향을 자각하고 있으니 집 대신 카페에 나가 글을 쓸 수도 있고, 글을 쓴 다음에는 친구를 만나 함께 식사하거나 달리기를 하러 가는 등 상황을 개선할 생활의 작은 변화들을 만들 수 있다. 그리고 실제로 이런 사실을 깨달은 뒤 내 정신 건강은 대단히 좋아졌다.

내 친구 재니스는 나와 달리 외로움이나 의사결정에는 문제가 없지만 다른 부분에 문제가 있다. 그녀는 매일 운동을 해야 하고 운동을 하지 않으면 기분이 급격히 나빠진다. 재니스의 회로는 그냥 그렇게 생겼다. 문제는 기분이 나쁠 땐 운동도 하기 싫어진다는 점이다. 그래서 운동을 하지 않으면 기분이 더욱 엉망이 된다. 재니스의 뇌에는 그렇게 그녀를 하강나선에 빠뜨리는 함정이 있는 것이다.

가장 직접적인 해법이 언제나 가장 좋은 해법인 것은 아니다. 알고 보니 재니스는 친구들과 어울리거나, 밤에 잠을 푹 자거나, 감사한 마음을 많이 표현하는 등 그녀의 뇌가 그 단단한 함정에서 빠져나올 수 있도록 도와주는 다른 활동들도 하고 있었다. 뇌 회로는 서로 상호작용을 하며 우리를 우울한 상태에 붙들어두기 때문에 한 회로의 활동에만 변화를 주어도 시스템 전체에 파급효과를 미칠 수 있다.

사람들은 서로 다른 일을 걱정하고 다른 일로 스트레스를 받는다. 어떤 사람에게는 계획 세우는 일이 스트레스지만, 계획을 세우면 마음이 편해지는 사람도 있다. 어떤 사람은 혼자 있는 것을 무척 두려워하지만, 혼자 있는 시간이 필요한 사람도 있다. 다양한 뇌 회로가 서로 다른 성향을 갖고 있다는 것은 사람마다 빠져들기 쉬운 하강나선이 다르고, 그러므로 기분을 향상시킬 상승나선도 다름을 의미한다. 제일 좋은 방법은 자기에게 맞는 상승나선을 찾아내는 것이다. 이 책은 바로 그 일을 돕고자 한다.

뇌 회로의 조율 방식을 결정하는 5가지 요인

할머니는 병원에 입원해야 할 정도로 지독한 우울증을 앓으셨고 내 뇌는 할머니와 유사한 성향을 어느 정도 물려받았다. 유전 외에도 많은 요소가 우리 뇌의 회로들을 조율한다.

유년기에 한 경험과 지금 느끼는 스트레스, 사회적 지원의 정도 등은 뇌 회로를 우울증으로 다가가게 할 수도 멀어지게 할 수도 있다.

물론 유전자가 운명은 아니다. 그러나 유전자가 뇌 회로의 발달 방향을 이끄는 것은 사실이다. 일례로 세로토닌계에 속하는 특정 유전자는 전방대상피질의 발달, 전방대상피질과 해마의 상호작용에 영향을 미치고 그리하여 우울증의 위험도를 높인다.[15] 그러므로 유전자가 우리 뇌를 우울증에 걸리기 쉬운 상태로 만들 수 있는 것이다.

생애 초기에 한 경험도 뇌 회로가 조율되는 방식에 영향을 미치는데 이때의 경험에는 어머니가 임신 중에 받은 스트레스도 포함된다.[16] 뇌는 최소한 스무 살 때까지는 계속 활발하게 발달한다. 전전두피질은 충분히 발달하기까지 가장 오랜 시간이 걸리므로 아주 오랜 시간을 스트레스에 민감한 상태로 보낸다고 할 수 있다. 유년기와 청소년기에 스트레스가 심한 일을 겪으면 신경 회로의 발달에 영향을 미치고 다양한 신경전달물질의 양도 달라진다.

뇌 회로의 조율 방식을 결정하는 세 번째 큰 요인은 현재 삶에서 느끼는 스트레스 수준이다. 싫어하는 일을 직업으로 삼고 있는가? 실직 상태인가? 담보 기한이 코앞으로 닥쳐왔는가? 건강에 문제가 생겼는가? 남자 친구가 바람을 피웠는가? 이런 일들은 모두 뇌의 스트레스 회로를 가동시키고 이 스트레스 회로가 다른 회로들까지 하강나선으로 끌고 들어간다.

네 번째 요인은 살아가며 받을 수 있는 사회적 지원의 양이다. 인간은 사회적 동물이다. 우리는 서로를 필요로 하며 다른 사람들 곁에서 살아가도록 만들어졌다. 과학 연구는 긴밀한 인간관계가 우울증을 예방하는 데 도움이 된다는 사실을 누차 증명해왔다. 중요한 것은 친구의 수가 아니라 관계의 질임을 명심하자. 이야기를 나누거나 무언가를 같이할 사람이 아무도 없을 때, 주위 사람들과 단절감을 느낄 때, 하강나선에 빠질 가능성이 매우 크다.

마지막으로 운도 하나의 역할을 한다. 이런 말은 아마 처음 들어보겠지만 분명한 사실이다. 뇌 같은 복잡계는 아주 작은 변동에도 큰 영향을 받는다. 어떤 날은 도로가 꽉 막히는데 어떤 날은 순조롭게 잘 빠지는 이유도 이렇게 설명된다. 어떤 유튜브 동영상은 순식간에 확산되는데 어떤 동영상은 완전히 묻혀버리는 이유도 그렇게 설명할 수 있다. 어떤 날은 기분이 끝내주지만 어떤 날은 구겨진 휴지 조각 같은 것도. 온갖 다양한 기분 변화의 이유를 언제나 다 설명할 수는 없으니 꼭 이유를 찾겠다고 자신을 괴롭히지는 마시라. 뇌 회로가 왜 그렇게 행동하는지를 포괄적으로 설명해주는 것이 바로 '진화'다. 인간의 뇌는 수백만 년 동안 진화를 거듭해왔고, 사람들 사이의 차이는 진화의 원재료이다.

자신의 뇌가 하는 행동 중 정말 마음에 안 드는 부분이 있겠지만 그건 단지 진화의 결과일 뿐이다. 그리고 대개는 그렇게 행동하는 합당한 이유가 있다. 예컨대 때로는 조금 불안한 것이 유익할 때가 있다. 뭔가 어리석은 짓을 할 가능성이 줄어든다는 의미이기도 하니까. 그리고 때로는 죄의식을 느끼는 것이 좋다. 적어도 다른 사람들에게 해를 입힐 가능성이 줄어드니 말이다.

우울증은 뇌 회로 간 의사소통의 문제다

이제 우리는 우울증이 전두-변연계의 의사소통 문제에서 비롯된다는 것 그리고 뇌 회로의 특정한 조율 양상 때문에 일어난다는 것을 알고 있다. 우리가 그중 한 회로의 조율을 아주 조금만 바꾼다면 어떻게 될까?

밝혀진 바에 따르면 아주 작은 변화만으로 우울증에서 빠져나와 더 행복한 상태로 올라갈 수 있다. 뇌 같은 복잡계에서는 아주 작은 변화일지라도 전체 시스템의 방향을 바꿔놓을 수 있기 때문이다. 비가 내릴 거라는 예보가 있더라도, 바람의 방향이 바뀌고 습도가 1퍼센트만 떨어지면 화창한 날씨를 볼 수 있는 것과 같은 원리다.

우리는 우울증을 완전히 이해하지 못하지만 우울증을 초래하는 회로들은 알고 있다. 다음 장에서는 이 회로들의 작동 방식과 더불어 뇌가 어떻게 하강나선을 그리게 되는지를 더 자세히 살펴볼 것이다. 그런 다음 책의 후반부에서는 나선의 회전 방향을 반대로 돌려 그 추동력을 타고 저 위로 올라갈 방법을 알아보자.

2장

불안과 걱정의
쳇바퀴

얼마 전 나는 새로 사귄 친구 몇 명을 집에 초대했다. 멋진 인상을 심어주고 싶은 마음에 들뜬 나는 버터레몬 틸라피아(열대성 담수 어류의 하나-옮긴이 주)를 만들기로 했다. 버터 약간과 작은 레몬 하나만 있으면 되겠군. 그리고 오븐에서 10분만 요리하면 짜잔 하고 완성이야! 간단한데?

7시에 친구들이 오기로 한 터라 6시에 나는 전전두피질을 사용해 모든 단계를 계획하기 시작했다. 쌀은 익히는 데 20분 정도 걸릴 거야. 거기에 식힐 시간도 더해야겠지. 오븐은 예열해두어야 해. 채소는 조리하는 데 오래 걸리진 않지만 먼저 썰어놓기는 해야 해. 그래서 나는 채소부터 손질하기로 했다. 모든 게 너무 쉬워 보였다.

도마를 꺼내 막 채소를 썰려 하는데 엉망진창인 집이 눈에 들어왔다. 소파 위에는 신문이 흩어져 있고 바닥에는 옷이 널브러져 있으며 커피테이블에는 더러운 접시들이 놓여 있었다. 아직 우리 집에 와본 적 없는 친구들에게 게으름뱅이로 보이고 싶지 않았다. 청소를 해야 했다. 별일 아니잖아? 요리 계획을 세울 때와 같은 유형의 작업에 돌입했다. 그러나 계획을 세우기 시작한 지 5초 만에 샤워를 하고 손님 맞기에 적당한 차림새를 갖춰야 한다는 사실을 깨달았다.

이런. 요리를 먼저 시작할 수도 있지만 그러다 손님들이 도착하기 전에 샤워할 시간이 없으면 어쩌지? 샤워를 먼저 하면 되겠지만 그러다가 음식 준비를 다 못 하면? 그런데 친구들이 늦으면 어쩐다? 음식이 식을지도 모르잖아. 나는 한 가지 일을 시작했다가 생각을 바꿔 다른 일을 시작하기를 반복했다. 시계는 계속 째깍거렸고 내가 효율적으로 일을 하지 못한 채 흘려보낸 1분, 1분이 쌓여갔다.

결국 나는 제시간에 모든 준비를 마치지 못할까 걱정하며 20분을 허비했고 그동안 감정의 롤러코스터 코스를 완주했다. 마침내 나는 15분 늦게 모든 일을 끝마쳤다. 이는 곧 걱정만 하지 않았다면 모든 일을 제시간에 끝냈을 거라는 뜻이었다. 게다가 정신이 산만해진 통에 30분 늦을 거라는 친구들의 문자메시지를 보지 못했다.

맞다. 이건 걱정이 삶을 어떻게 방해하는지 보여주는 한심한 예다. 그러나 다시 생각해보면 우리가 하는 거의 모든 걱정이 제 3자에게는 우스꽝스러워 보인다. 정확히 왜 걱정하는지는 설명하기 어렵지만 우리는 분명 걱정을 하고 걱정은 순조로운 삶을 방해한다.

물론 내 인생에 이보다 더 크고 심각한 예가 있는데 대체로 패턴은 같았다. 예를 들어 대학원을 마칠 즈음 나는 직장을 구해야 한다고 생각했다. 그러나 흥미로워 보이는 일이 하나도 없었고 재미없는 직업에 발목 잡히고 싶지 않았다. 대기업에 들어가 일할 수도 있지만 그건 팔려가는 것 아닐까? 게다가 그 일을 정말로 의미 있게 여길 수 있을까? 신생 기업에서 일할 수도 있지만 일만 하고 놀 시간이 없으면 어쩌지? 그 회사가 망하기라도 하면? 가르치는 일을 할 수도 있겠지만 언젠가 가족이 생기면 그걸로 부양할 돈을 충분히 벌 수 있나? 완전히 다른 일을 해볼 수도 있지만 그러면 사람들은 박사학위 따느라 그 많은 시간을 낭비해놓고 다른 일을 한다고 나를 어리석다 생각하겠지?

내 눈에는 잘못될 부분만 보였다. 미래를 생각하면 심장박동이 빨라지고 그냥 압도돼버리는 느낌이었다. 생각하지 않는 것, 졸업이 다가오고 있다는 사실을 무시하는 것은 쉬웠지만 그것은 상황을 더 악화시킬 뿐이었다.

저녁 모임이든 장래든, 두 경우 모두 나는 잘못될 일만을 예상했다. 그 때문에 점점 더 잘못될 일들을 생각하게 되었고 그러다 결국 걱정과 불안, 우유부단의 쳇바퀴에 갇혀 빠져나오지 못했다. 미래의 무게에 짓눌리는 것, 과거에 한 실수와 미래에 할 실수 사이의 좁은 틈에 끼는 것은 정말 불편한 노릇이다. 아마 누구나 이런 기분을 이해할 것이다.

걱정과 불안은 우울증의 두 가지 큰 증상이자 원인이기도 하다. 걱정은 주로 전전두피질과 전방대상피질의 몇몇 부분이 연결되어 매개한다. 이에 비해 불안은 변연계 내의 회로들이 매개한다. 그러니 너무 불안해하거나 너무 걱정을 많이 한다고 자신에게 화를 낼 필요는 없다. 그건 그저 뇌 진화의 부산물일 뿐이니 말이다. 다행히 걱정과 불안에 관여하는 뇌 회로들을 이해하면 상황에 보다 잘 대처할 수 있다.

뇌는 왜 걱정하는가

걱정이나 불안을 전혀 느끼지 않는다면 정말 좋겠지만 우리 뇌는 그렇게 배선되지 않았다. 계획을 세우고 문제를 해결하며 의사를 결정하도록 돕는 회로들이 우리를 걱정으로 몰아가는 바로 그 회로들이다. 위험에서 우리를 지켜주는 회로들은 불안을 야기하는 회로들과 동일하다. 페라리를 몰 때 짜릿함을 주는 특징(예컨대 큰 엔진)이 연비를 엄청나게 떨어뜨리는 바로 그 특징인 것과 마찬가지다. 좋은 특성이 언제나 모두 좋기만 한 것은 아니다.

> **일단 뭐라도 결정하라.** 확실성이 아니라 가능성이 불안과 걱정을 촉발한다. 대개 사람들은 선택의 여지가 많을수록 더 불쾌해진다. 걱정해야 할 게 더 많아지기 때문이다.[17] 모든 게 불확실하면 편도체의 반응성이 아주 커진다.[18] 그러니 걱정이 많은 사람이라면 선택의 폭을 좁히고 가능한 한 빨리 결정을 내려라. 아무리 작은 일이라도 일단 한 가지를 결정하고 나면 어떤 일이든 더 쉽게 처리할 수 있을 것 같은 기분이 든다. 이에 대해서는 5장에서 더 이야기할 것이다.

인간을 특별하게 만드는 것 중 하나는 큼직한 전전두피질이다. 전전두피질은 복잡한 수학 문제를 풀고, 이케아 가구를 조립하며, 우주인을 달에 보내고, 저녁 모임을 성공적으로 치를 수 있게 해준다. 체스 게임을 생각해보자. 어떤 수를 두어야 할지 어떻게 아는 걸까? 체스 판을 보며 머릿속으로 시뮬레이션을 돌려보는 것이다. 나이트를 옮기면 상대가 자신의 킹이 노출될 위험을 무릅쓰고 나의 비숍을 가져갈 수 있다. 그러니까 나이트를 움직인 뒤에도 상대가 비숍을 가져가지 못하도록 비숍을 먼저 옮겨야 한다. 이 모든 생각은 전전두피질에서 일어난다. 그것은 마치 미래를 상상하고 행동의 결과를 예측할 수 있게 도와주는 가상현실 기계 같다. 이런 종류의 계획에는 주로 배외측 전전두피질이 관여하지만,[19] 내측 전전두피질도 감정적인 편도체와 연결해 우리가 상상하는 미래가 어떤 느낌을 줄지 판단하는 데 중요한 역할을 한다.

그렇다면 계획 세우기와 걱정의 차이는 무엇일까? 사실 차이라고는 내측 전전두피질과 전방대상피질에서 일어나는 감정의 자기지향적 처리의 '양'뿐이다. 즉 이 영역들이 미래의 잠재적 시나리오에 '얼마나' 감정적으로 맹렬히 반응하는가의 차이인 것이다. 계획을 세우거나 문제를 해결할 땐 자기 자신 또는 그 밖의 정보 조각들을 미래에 투사하고 그에 따라 예상되는 결과에 어떤 감정이 들지를 평가하는 과정이 포함된다. 걱정도 이런 과정에 따라 유발되지만 계획을 세우거나 문제를 해결할 때와 달리 걱정에는 좀 더 부정적인 감정이 채색되어 있다는 점만이 다르다. 걱정은 기분을 저조하게 만들고 기분이 나빠지면 걱정이 더 심해지니 그야말로 전형적인 하강나선이다.[20]

이탈리아의 한 연구팀은 실험 참가자들에게 인생에서 가장 걱정되는 일을 생각하게 하고 그들의 뇌를 기능적 자기공명영상 fMRI(뇌 혈류를 관찰하는 일종의 뇌 스캔)으로 스캔했다. 불안증이 있는 사람들과 그 대조군을 함께 관찰했는데 두 그룹 모두 전전두와 변연계의 동일한 영역, 즉 배내측 전전두피질과 전방대상피질이 활발한 활동을 보였다.[21] 이는 불안장애가 있는 사람이나 '건강한' 사람이나 걱정을 담당하는 신경 회로가 동일하다는 것을 보여준다. 단지 불안 문제가 있는 사람들은 걱정 상태에 붙잡혀 빠져나오지 못한다는 차이가 있다. 말하자면 전전두피질과 전방대상피질 사이의 의사소통 회로가 계속 '켜짐' 상태로 고정되어 있는 것이다.

저녁 요리 계획을 세울 때 내 전전두피질과 변연계는 의사소통을 했다. 전전두피질은 미래에 일어날 수 있는 상황들을 시뮬레이션하고 변연계에게 이것을 어떻게 느끼는지 물어봤다. 처음에 내가 차분하게 요리 계획을 세웠을 때 내 전전두피질은 아무 문제 없이 정보를 거르고 배열했다. 그러다가 일순 '모든 걸 제시간에 다 준비하지 못하면 어쩌지?'라는 생각이 머리를 스치자 단호한 계획 세우기 과정에서 벗어나 걱정 회로에 빠져들었고 거기서 점점 나선형으로 추락하며 더 깊은 불안을 향해 다가갔던 것이다.

잠시 후 불안에 대해 더 자세히 이야기하겠지만 불안한 상태는 변연계의 활동이 과도해져 부정적인 감정의 볼륨을 한껏 높여둔 상태라 할 수 있다. 이때는 변연계의 고함 소리가 전두-변연계의 정상적인 대화 소리를 압도하기 때문에 단순한 계획을 세우는 일도 어려워진다.

부정적인 기분일 때는 전전두피질이 계산해내는 거의 모든 결과에 부정적인 색채가 더해진다. 어떤 선택을 하더라도 그 선택이 잘못된 길로 이끌 거라는 느낌이 들면서, 순식간에 자신에게 일어날 수 있는 모든 나쁜 가능성을 생각해내고 그곳에 빠져 허우적거린다.

걱정과 불안의 신경과학적 차이

1571년, 38세의 미셸 몽테뉴는 자신의 서재로 들어가 10년 동안 에세이를 쓰며 지냈다. 그는 자신의 삶을 돌아보며 이렇게 말했다. "나의 삶은 끔찍한 불행으로 가득 차 있었고, 그중 대부분은 일어나지도 않은 불행이었다." 인생을 상상의 재앙으로 가득 채우는 것은 걱정과 불안이 손을 잡고 벌이는 농간이다.

걱정과 불안은 엄연히 다르지만 서로 연관된 개념이다. 불안해하지 않으면서도 걱정할 수 있고 걱정하지 않으면서도 불안해할 수 있다.[22] 걱정은 주로 생각을 기반으로 하는 데 비해 불안은 신체감각(예컨대 복통) 같은 육체적 요소나 관련 행동(상황을 회피하는 것 등)과 더 깊은 관계가 있다. 걱정은 전전두피질이 관장한다. 전전두피질과 변연계의 상호작용, 그중에서도 특히 전방대상피질과의 상호작용도 걱정에 관여한다. 그러나 불안은 오직 변연계가 담당하며 주로 편도체와 해마, 시상하부 사이의 상호작용이 중요하게 관여한다. 한마디로 걱정은 잠재적 문제에 관해 **생각하는 것**이고 불안은 잠재적 문제를 **느끼는 것**이다.

> **통제할 수 있는 일에 주의를 집중하라.** 미래를 온전히 통제할 수 있다면, 아니 적어도 어느 정도 예상할 수만 있다면 불안해할 일은 없을 것이다. 상황을 장악하고 있다고 느끼면 불안과 걱정, 심지어 통증까지 감소한다.[23] 이런 효과는 배외측 전전두피질이 매개하는 것이므로 배외측 전전두피질의 활동을 강화하면 상승나선을 만들 수 있다.[24] 이는 자기가 통제할 **수 있는** 일에 주의를 기울이는 것만으로도 가능하다. 그러면 뇌 활동을 조절하고 신속하게 불안을 줄이는 데 도움이 된다.

어떤 차이가 있든 걱정과 불안은 우리의 순조로운 삶을 방해한다. 계획 회로와 문제해결 회로를 걱정하는 데 다 쓰면 업무를 수행하거나 저녁 식사 모임을 여는 것처럼 더 중요한 일에 사용할 부분이 남아나지 않는다. 업무에 집중하지 못하고 대인 관계도 더 어려워진다. 가장 중요한 문제는 사람을 지치게 한다는 것이다. 불안하면 대부분의 상황을 필요 이상으로 어렵게 느끼는데 그러면

진이 빠져 기쁨을 느낄 여력이 없어진다.

걱정, 불안과 관련된 또 하나의 문제는 종종 그 둘이 서로를 촉발한다는 것이다. 이것이 하강나선임을 벌써 알아차린 분이 있다면 10점을 얹어드리겠다.

뇌는 왜 불안해하는가

앞에서도 잠깐 이야기했지만 불안은 공포 회로가 활성화한 결과이다. 공포 회로는 우리를 위험에서 지켜주는 회로이기도 하다. 공포는 신체의 스트레스 반응을 작동시켜 위험에 정면으로 맞서거나 그로부터 달아나기에 알맞은 상태로 만든다. 이는 변연계가 매개하는 일인데, 주로 편도체와 시상하부가 나서서 처리한다. 편도체는 위험한 상황을 알아차리는 일을 맡고 있고 시상하부는 투쟁-도피 반응을, 즉 교감신경계를 작동시켜 코르티솔과 아드레날린 같은 스트레스 호르몬 분비를 촉발한다.

> **심호흡하라.** 천천히 깊이 호흡하라. 천천히 들이쉬고 내쉬면 실제로 교감신경의 흥분을 가라앉혀 스트레스를 줄일 수 있다 (9장에서 더 자세히 다룬다).

불안과 공포가 뇌와 신체에서 동일한 스트레스 반응을 일으키긴 하지만 이 둘은 엄연히 다르다. 불안과 공포의 차이는 **잠재적** 위험과 **실제** 위험의 차이다. 공포는 바로 지금 여기에 실재하는 진짜 위험에 대한 반응이지만 불안은 단지 일어날 수**도** 있는 사건, 예측하거나 통제하지 못하는 사건에 대한 염려다. 이를테면 풀밭에서 사자가 튀어나와 나를 향해 달려오는 모습을 볼 때 느끼는 것이 공포다. 불안은 풀잎이 일렁이는 것을 보며 거기 사자가 숨어 있다고 짐작할 때 느끼는 것이다. 불안은 위험의 예상과도 관련된다. 사자가 있을지도 모른다는 이유로 풀밭을 무조건 피하는 사람이 있는 것도 그 때문이다. 불안은 공포와 같은 방식으로, 그러니까 실제로 자신을 향해 달려오는 사자를 볼 때와 같은 방식으로 변연계를 작동시킨다. 이는 불행한 일처럼 보이지만 이런 민감함은 변연계가 지닌 진화상의 가장 큰 이점이기도 하다.

웬만하면 만족하라. 걱정은 흔히 완벽한 선택을 하거나 모든 것을 극대화하고 싶을 때 촉발된다. 중고차를 살 때 우리는 싸고 믿음직하고 안전하고 멋지고 연비도 좋고 색깔도 딱 마음에 드는 것을 찾는다. 안됐지만 그 모든 조건에 완벽하게 들어맞는 딱 한 대의 중고차는 없다. 모든 면에서 가장 좋은 것을 원하면 도저히 결정을 내릴 수 없거나 자신의 선택에 불만을 느낄 가능성이 크다. 실제로 이런 식의 '극대화'는 우울증을 더 심화시키는 것으로 밝혀졌다.[25] 그러니 최고의 저녁상을 차리겠다고 무리하지 말고 그냥 괜찮은 저녁상을 차리는 것부터 시작하자. 완벽한 부모가 되려고 노력하지 말고 그냥 좋은 부모가 되자. 가장 행복한 사람이 되려 하지 말고 그냥 행복해하자.

전전두피질은 복잡한 문제를 풀기 위해 진화한 반면, 변연계는 트렌드를 포착하고 아이디어를 연결하고 패턴을 발견하는 방향으로 진화했다. 무언가 나쁜 일(사자에게 쫓긴다든지 하는)이 일어날 때마다 변연계는 장차 그 일이 다시 일어나는 것을 막기 위해 그 일이 일어나는 데 원인을 제공한 모든 요소를 파악하려 애쓴다. 뇌는 편도체와 해마의 의사소통을 통해 이 과업을 달성한다. 나쁜 일이 일어나면 변연계는 예측할 수도 있었을 최근 기억 속의 무엇과 그 일을 연결하려고 한다. 그렇게 해두면 나중에는 나쁜 일이 일어나기 전에 예측할 수 있게 된다.

당신이 투수이고 경기할 때마다 항상 쓰는 모자가 있다고 상상해보자. 그런데 그 모자를 안 쓴 어느 날 게임에 져서 수치심을 느꼈다. 앞으로 다시는 그런 기분을 느끼고 싶지 않은 변연계가 이렇게 생각한다. '어, 잊어버리고 모자를 안 썼네. 분명 그것 때문에 졌을 거야.' 행운의 모자를 안 쓴 것이 패배의 원인은 아닐지라도 일단 변연계가 그것을 그럴듯한 연관 관계로 인식하면 그 생각은 쉽게 지워지지 않는다. 그때부터는 모자를 쓰지 않으면 불안이 촉발된다. 불안이 항상 의식적 사고의 요소로 이루어지는 것은 아니다. 그것은 배 속이 불편하거나 호흡이 짧아지는 것 같은 단순한 신체감각일 수도 있다. 몸이 아프다는 생각이 들 때도 많은 경우 사실은 신체가 불안을 표현하는 것이다.

걱정과 불안도 이로울 수 있다

남보다 덜 걱정하거나 덜 불안해하는 사람이 본질적으로 더 나은 것도 아니고 그것이 항상 이로운 것도 아니다. 걱정과 불안이 때로는 유용할 수 있다. 뇌가 이렇게 진화한 이유는 생존하기 위해서였다. 걱정은 머리에 처음 떠오른 답을 성급히 취하기보다 문제를 한 번 더 생각하게 하고, 불안은 안전을 유지할 수 있도록 도와준다. 위험한 상황이 닥칠 때까지 기다렸다가 공포 반응을 일으킨다면 수도 없이 위험한 상황에 처할 것이다.

백만 년 전 한 초기 인류가 동굴을 바라보며 이렇게 말했다. "가서 한번 둘러볼래." 옆에 있던 친구는 뭔가 불안한지 퉁명스럽게 대답했다. "좋은 생각 같지 않은데." 그래서 어떻게 됐을까? 첫 번째 친구는 곰에게 잡아먹혔고 두 번째 친구가 우리의 조상이 되었다.

그러니 불안해한다고 자신을 너무 나무라지 말라. 뇌가 우리를 도와주려 하는 거니까. 불안 회로와 걱정 회로의 특정한 성향이 때로 우리를 행복해할 줄 모르는 사람으로 만드는 것은 안타까운 일이다. 문제는 그 회로들이 너무 자주 활성화되거나 서로 상호작용을 주고받으며 불안과 걱정에서 빠져나오지 못하도록 우리의 발목을 잡는 것이다. 그러나 다행히 뇌의 작동 방식을 이해하면 걱정과 불안을 이겨내게 해주는 마음챙김mindfulness과 받아들임을 향해 성큼 다가설 수 있다.

불안의 ABC

제리는 비행기를 타거나 엘리베이터에 들어가거나 높은 빌딩에 올라가면 불안해진다. 애니아는 모르는 사람과 이야기하는 것을 불편해하고 파티에 가는 것을 싫어한다. 데이나는 회사에서 프레젠테이션을 해야 할 때면 심장이 심하게 두근거린다. 불안의 유형은 다양하다. 사회불안, 수행불안, 심지어 모든 것에 불안을 느끼는 범불안도 있다. 그러나 어떤 불안이든 모두 다 똑같은 기본 패턴을 따르며 그것은 ABC만큼 외우기 쉽다.[26]

'A'는 '경보Alarm'를 나타낸다. 뭔가 잘못된 것 같다는 생각이 든다(예를 들면 '심장이 미친 듯이 뛰고 있네'라든가 '저 풀 무더기가 수상하게 흔들리는데?'). 어떤 상황인지에 따라 경보를 전방대상피질이 전달할 수도 있고 편도체, 심지어 해마가 전달할 수도 있다. 다음 장에서 더 자세히 이야기하겠지만 전방대상피질은 주의를 통제하고 문제를 알아차리도록 설계되어 있다. 편도체 역시 위협 상황을 감지해내는 일을 담당한다. 해마는 공통점이 없는 상황 사이의 미묘한 유사성을 포착해내는 데 유능하다. 이 중 어느 영역이든 경보를 발할 수 있고 그 순간 우리 뇌는 다음 단계로 넘어간다.

'B'는 '믿음Belief'을 나타낸다. 경보를 평가하고 방금 자신이 관찰한 현상('나 심장마비가 오려나 봐', '풀밭에 사자가 있어!')을 믿어버리는 것이다. 이런 믿음은 대개 무의식 수준에 있어서 본인조차 의식하지 못한다. 변연계는 무의식적인 믿음을 다루는 반면, 복내측 전전두피질은 의식적인 믿음을 다룬다.[27] 행동을 이끌어내기 위해 의식적으로 '앗, 저 들판은 위험해'라고 생각할 필요는 없다. 마구 날뛰는 심장과 꿈틀거리는 위장으로 충분하다. 그다음에 어떤 일이 일어나는지가 하강나선으로 치달을지 말지를 결정한다.

재앙적 사고를 피하라. 불안은 일어날 수 있는 최악의 상황을 상상함으로써, 즉 '재앙적 사고'라고 알려진 과정으로 악화된다. 예를 들어 친구에게 전화해달라는 메시지를 남겼는데 곧바로 전화가 오지 않으면 그 친구가 이제 나를 싫어하게 된 거라고 결론 내리는 식이다. 보통 처음에는 완벽하게 합리적인 걱정에서 시작하지만 부정확한 가정을 덧붙이면서 걱정이 눈덩이처럼 불어나 점점 통제할 수 없는 상황으로 치닫는다. 처음 '경보'를 알아차리는 것까지 통제할 수는 없지만, 그 경보가 미치는 부정적인 영향은 줄일 수 있다. 첫째, 더 가능성이 큰, 그리고 더 나은 결과를 떠올린다('친구가 지금 바쁜가 봐'). 둘째, 최악의 시나리오가 실제로 일어날 가능성이 있든 없든, 그 상황이 발생했을 경우 어떻게 대처할지 계획을 세운다('친구가 사흘 동안 전화를 안 걸면, 그때 가서 내가 또 걸지 뭐', '그 친구가 내가 싫어졌다고 하면 다른 친구랑 어울리면 되지'). 스트레스 상황에 어떻게 대응할지 계획을 세우면 전전두 영역에 노르에피네프린이 증가하고 변연계가 차분해지기 때문에 상황을 더욱 잘 통제할 수 있다는 느낌이 든다.[28]

'C'는 '대처Coping'를 나타낸다. 대처는 믿음이 생긴 후 하는 모든 행동이다. 심호흡을 하고 다 잘될 거라고 스스로 다독이는가? 아니면 흥분해서 날뛰는가? 그렇다. 흥분해서 날뛰는 것도 일종의 대처다. 어느 정도 통제감 비슷한 것을 안겨주기는 하겠지만 썩 효과적인 반응이라고는 할 수 없다. 아이스크림을 먹거나 텔레비전을 보는 것도 그렇다. 운동을 하거나 친구를 만나거나 차분히 호흡하는 것이 더 생산적인 대처법이다. 그러나 이런 생산적인 대처법들이 이미 습관 회로의 일부로 자리 잡았다면 애초에 불안과 관련된 문제가 생기지 않았을 것이다. 대처는 일반적으로 습관을 통제하는 선조체의 영역이다. 선조체는 4장에서 다룰 예정이다. 습관을 바꾸기 위해 노력하는 과정에는 전전두피질이 관여하는데, 이는 8장에서 다룬다.

불안한 변연계를 진정시키는 방법

언젠가 한 동료가 불안을 이겨내는 데 '벤조'가 큰 도움이 되었다고 털어놓은 적이 있다. 벤조(벤조디아제핀)는 억제 신경전달물질인 가바GABA(감마-아미노뷰티르산[γ-Aminobutyric acid])를 늘리고 편도체의 활동을 가라앉히는 약물이다. 그러나 처방약까지는 필요치 않을 정도로 불안한 변연계를 진정시키는 방법은 그 외에도 많다. 사실 전전두피질은 편도체를 달래고 상승나선을 만들어내는 완벽한 능력을 지니고 있다.

첫 단계는 불안이나 걱정이 생겼을 때 단순히 그 사실을 알아차리는 것이다. 자신의 감정 상태를 인지하면 전전두피질이 활성화되고 그러면 전전두피질이 편도체를 진정시킨다. 일례로 '감정을 언어로 옮기기'라는 주제의 한 fMRI 연구에서는 참가자들에게 감정적인 표정이 담긴 얼굴 사진을 보여주는 실험을 진행했다. 예상대로 각 참가자의 편도체가 사진 속 감정에 반응해 활성화됐다. 그러나 그 감정에 이름을 붙여보라고 하자 복외측 전전두피질이 활성화되고 감정적인 편도체의 반응성은 감소했다.[29] 다시 말해 감정을 의식적으로 인식하는 것이 그 감정이 야기하는 효과를 떨어뜨렸던 것이다.

불안에는 감지하기 어려운 단점이 하나 있다. 그것은 바로 문제가 있음에도 알아차리지 못할 수 있다는 점이다. 많은 사람이 신체적 증상을 인지하면서도 그것이 불안 탓이라는 건 모른다. 숨이 가쁘거나 어지럽거나 근육이 긴장되거나 배탈이 나거나 가슴에 통증이 있거나 그냥 전반적인 두려움을 느끼고 있다면, 불안 때문일 수 있다. 불안을 의식하는 것이 불안을 더는 가장 중요한 첫걸음이다. 존재하는지도 모르는 것을 고칠 수는 없기 때문이다.

재미있게도 사람들이 불안에 대처하는 가장 흔한 방법은 불안을 걱정하는 것이다. 실제로 걱정은 내측 전전두피질의 활동을 증가시키고 편도체의 활동을 줄임으로써 변연계를 진정시키는 데 도움을 준다.[30] 직관에 반하는 일이라고 생각할 수도 있지만, 이는 불안을 느낄 때 아무것도 하지 않는 것보다는 설령 걱정일지언정 뭐라도 하는 것이 낫다는 것을 보여준다.

물론 짐작할 수 있듯이 걱정은 그리 좋은 대처법이 아니다. 걱정을 하면 비록 착각일지라도 자신이 상황을 통제할 수 있다는 느낌을 받는다. 그러나 아쉽게도 그 느낌이 하강나선에서 해방시켜주지는 않는다. 아이스크림을 먹거나 위스키를 마시면 순간 기분이 나아지지만 실제로 문제가 해결되진 않는 것과 마찬가지다.

게다가 무언가에 불안을 느끼는 동시에 다른 무언가를 걱정하는 경우도 많다. 예를 들어 내가 틸라피아 요리를 제시간에 완성할 수 없을까 봐 걱정했을 때, 그것은 내 불안의 근원이 아니었다. 불안의 중심에는 저녁 준비가 늦어질지도 모른다는 생각뿐 아니라 집 안이 엉망이라는 깨달음(이것이 '경보'였다), 그 결과 새 친구들이 나를 분별없는 게으름뱅이로 생각해 나와 친구가 되기를 원치 않을 것이라는 믿음이 있었다. 걱정은 방향 설정이 잘못된 대처 수단이었을 뿐인데, 틸라피아 조각을 놓고 그렇게 호들갑 떤 것을 보면 내가 엄청나게 긴장했던 건 분명하다.

> **지금 이 순간에 머물러라.** 지금 일어나고 있는 일에 주의를 기울이고 지금 일어나고 있지 않은 일에는 관심을 끊어라. 현재에 초점을 맞추는 것은 불안과 걱정을 줄이는 데 도움이 된다. 그러면 복내측 전전두피질에서 일어나는 자신에게 초점을 맞춘 감정 처리가 줄어들고 배외측과 복외측 전전두피질의 활동이 증가해 편도체를 진정시킨다.[31] 현재에 머무는 능력을 향상하는 방법으로 '마음챙김'이라고 알려진 수행법이 있다. 이 수행법은 그러한 신경활성화를 증진하고 장기적으로 불안과 걱정 문제를 개선한다.[32]

일시적인 반창고 역할을 하는 걱정보다 변연계를 진정시키는 더 좋은 방법은 걱정의 근저에 있는 불안을 이해하는 것이다. 심리치료에서는 대체로 이것을 1차 목표로 삼는다. 심리치료에 대해서는 12장에서 다룰 것이다. 지금은 일단 이렇게 생각하자. 아이의 생일파티 계획을 짜는데 초대장에 어떤 종류의 종이를 사용할지 강박적으로 걱정하고 있다면 장담하건대 진짜 문제는 종이가 아니다. 배우자가 협조하지 않거나 어머니가 사사건건 비판하는 것이 문제일 수 있다. 그 문제는 본인만이 알 수 있고 자신의 감정을 점검함으로써 알아낼 수 있다. 이런 자기 점검은 전전두의 회로들을 활성화해 변연계를 진정시킨다. 아무리 진부하고 감상적으로 들릴지라도 감정을 언어로 옮기는 일은 실제로 뇌 회로를 재배선하고 기분을 나아지게 하는 데 도움을 준다.

또 하나의 좋은 해법은 현재에 초점을 맞추는 것이다. 걱정과 불안은 자신을 미래에 투사하는 일이므로 현재에 완전히 몰두하면 걱정과 불안은 존재하지 않는 허상이 된다. 그러니 바로 지금 일어나고 있는 일에 주의를 기울이자. 만약 실제로 안전을 위협하는 일이 있다면 그것에 대처하고 그것이 표면 아래에서 부글거리는 불안일 뿐이라면 그 사실을 인지한 뒤 다음으로 넘어가자. 초점을 **바로 지금** 일어나는 일로 옮기자. 그것이 바로 불교의 승려와 요기yogi 들이 **판단하지 않는 알아차림**nonjudgmental awareness(감정적 반응을 덧붙이지 않고 현재를 의식하는 일)을 수행하는 이유이다. 이러한 마음챙김 수행은 걱정과 불안의 근원을 제거한다.

이 사실을 알게 된 뒤로 나는 마음을 더욱 잘 챙기게 되었다. 지금은 저녁 모임을 열더라도 걱정과 불안이 피어오르면 그것을 잘 알아차려 냉정을 잃는 일이 없도록 노력한다. 걱정과 불안은 뇌가 원래 설계된 대로 작동한 결과 생겨나는 것이다. 물론 나는 불안의 뿌리가 저녁 자체보다 더 깊이 자리한 무엇이며, 그게 무엇인지 알아내면 불안에서 벗어나는 데 도움이 된다는 사실을 알고 있다. 그러나 대개는 그냥 심호흡을 하며 다 잘될 거라고 스스로를 다독이거나 저녁 모임을 망친다고 세상이 끝나는 건 아니라고 되새기는 것만으로도 불안을 떨칠 수 있다. 그런 다음 썰던 브로콜리를 마저 썰면 된다.

3장

인생이
빌어먹을 사건으로
채워진 이유

10분 후면 회의에 참석해야 하는 나는 고속도로에서 재빨리 다른 차들을 따돌리며 앞으로 달려간다. 트레일러 두 대를 연결한 대형 트럭 옆을 지나다가 출구를 놓칠 뻔하고, 이 덩치 덕분에 차선 두 개를 가로질러 차를 돌려야 한다. 보행자 몇 명이 출구 저 아래쪽에서 무단횡단을 하고 있다. 차를 멈춰야 하나 싶어 짜증이 났지만 내가 거기 도착하기 전에 그들은 길을 다 건너갔다. 세 블록을 지나 목적지에 거의 도착했다. 좌회전 한 번이면 된다. 시간 안에 도착할 수도 있겠어! 그런데 반 블록 떨어진 곳에서 파란불이 노란불로 바뀌더니 천천히 핏빛 빨강으로 바뀌는 게 아닌가. 야잇! 우라질! 젠장! 그리고 더 흥미로운 온갖 단어가 줄줄 이어진다.

지각할 것 같을 땐 왜 항상 세상에서 가장 긴 빨간불에 잡혀 있는 것처럼 느껴질까? 물론 거대한 화물 트럭과 보행자가 진로를 방해할 수 있다. 그런데 진짜 해야 할 질문은 왜 내 뇌는 출구를 놓칠 뻔하게 만든 큰 트럭에만 초점을 맞추고 도로에 다른 차량이 거의 없었다는 사실에는 관심을 두지 않는 걸까? 왜 나는 실제로 진로를 방해하지 않은 보행자들에게 짜증을 낸 걸까? 나는 왜 마지막 순간 빨간불이 켜진 것만 알아차리고 방금 파란불을 세 번이나 통과했다는 사실에는 주의를 기울이지 않았을까?

온 세상이 작당해 나를 골려 먹는 게 아닌가 싶을 때가 있다. 인생에는 왜 이렇게 실망스러운 사건과 놓친 기회와 가혹한 환경만 있는 걸까 싶게 말이다. 어쩌면 당신은 항상 그렇게 느낄지 모른다. 그런데 말이다. 그건 모종의 우주적 음모가 아니라, 그냥 뇌 회로의 부산물일 뿐이다.

뇌에는 무엇에 주의를 기울이고 무엇을 무시할지 판단하도록 도와주는 회로가 있다. 이 '주의 회로'는 감정 회로의 영향을 받기 때문에 우리 뇌는 감정적인 사건에 더 주의를 기울이게끔 되어 있다. 어느 정도는 의식적으로 통제할 수 있지만 대부분은 자동적이고 무의식적으로 이루어진다.

흥미롭게도 감정 회로는 부정적인 것에 의해 더 쉽게 활성화된다. 이는 대부분의 사람이 한 가지 부정적인 사건을 경험하면 긍정적인 사건을 아주 많이 경험해야만 둘이 겨우 비기는 정도가 된다는 말이다. 게다가 어떤 사람의 뇌는 자동적으로 부정적인 면에 초점을 맞추는데 그런 사람들은 우울증에 빠질 위험이 훨씬 크다. 그들의 뇌는 고통, 상실, 실수 때문에 치러야 할 감정적 대가 쪽으로 편향되어 있으며 과거의 기억과 미래의 기대를 자주 왜곡한다. 우울증 상태에서는 이러한 뇌의 부정 편향이 상황을 실제보다 훨씬 더 나쁘게 인식하도록 만든다. 솔직히 현실은 보이는 것보다 더 낫다. 당신의 인간관계는 그만큼 엉망이 아니고, 당신이 하는 일은 그렇게 무의미하지 않으며, 당신의 능력은 당신 생각보다 훨씬 뛰어나다.

남보다 더 감정적인 뇌

나무의자, 볼펜, 사과. 이런 것들이 담긴 사진을 볼 때 뇌는 그다지 강하게 반응하지 않는다. 그러나 나에게로 향해 있는 총 사진을 보면 그저 사진에 지나지 않음에도 우리의 편도체는 즉각 맹렬히 내달린다. 그런 사진에는 감정이 실려 있고 사람의 뇌는 단순한 사실 정보보다는 감정적 정보에 더 많은 주의를 기울이도록 배선되어 있기 때문이다.[33]

주의 회로는 감정 회로에 영향을 미치고 감정 회로는 주의 회로에 영향을 미친다고 밝혀졌다.[34] 모든 사람의 뇌가 그렇기는 하지만 우울증이 있는 사람, 심지어 우울증에 걸릴 위험이 있는 사람에게서 그러한 경향이 훨씬 더 강하게 나타난다.

감정 회로와 주의 회로의 상호작용에는 편도체와 전방대상피질 두 영역이 특히 큰 영향을 미친다. 중요한 사실은 두 영역이 서로뿐 아니라 각자 전전두피질과 긴밀하게 의사소통한다는 점이다. 이게 무슨 말이냐 하면 뭔가가 이 중 한 영역에만 영향을 미쳐도 전체 회로를 변화시키고 세계에 대한 감정적 인식에까지 영향을 줄 수 있다는 뜻이다.

사람의 뇌가 감정 정보에 자동적으로 반응한다는 또 다른 예는 스위스에서 실시한 한 연구에서 나왔다. 연구자들은 화난 목소리와 침착한 목소리를 녹음해 실험 참가자들에게 들려주었다.[35] 여기서 흥미로운 점은 두 목소리를 왼쪽 귀와 오른쪽 귀에

동시에 들려주었다는 것이다. 그리고 참가자들에게 왼쪽 귀 또는 오른쪽 귀에 들리는 소리에만 집중하라고 지시했다. 그 결과 연구자들은 참가자가 화난 목소리에 주의를 기울이든 기울이지 않든 편도체는 화난 목소리에 반응한다는 사실을 알아냈다. 감정에 대한 편도체의 반응은 의식적으로 통제되지 않는다. 그러나 안와전두피질orbitofrontal cortex 등 다른 뇌 부위들은 화난 목소리에 의식적으로 주의를 기울일 때에만 그 목소리에 반응했다. 이는 뇌가 감정에 자동적으로 반응하는 것을 우리가 완전히 통제할 수는 없지만, 어느 정도는 통제할 수 있다는 것을 말해준다.

편도체가 감정 전반과 연관되는 데 비해 전방대상피질은 부정적인 감정을 알아차리는 좀 더 세밀한 기능을 수행한다. 전방대상피질 중에서도 배측과 복측이 서로 다른 역할을 한다는 점이 주목할 만하다. 배측 전방대상피질은 통증,[36] 자신이 저지른 실수,[37] 뭔가 잘못될 것 같다는 판단이 드는 경우[38]에 특히 주의를 기울인다. 한마디로 편도체가 흥분해 날뛸 만한 이유를 찾아주는 셈이다. 이와 대조적으로 복측 전방대상피질은 낙관적인 감정들을 전달해 날뛰는 편도체를 제어하도록 돕는다.

본래 뇌가 지닌 감정적인 성향은 우울증 상태에서 더욱 과장된다. 예컨대 한 연구는 우울증 증상이 심한 사람과 우울증에 빠질 위험이 있는 사람은 중립적인 표정을 감정이 실린 표정으로 해석할 가능성이 더 크다는 것을 보여주었다.[39] 게다가 중립적인 표정을 슬픈 표정으로 곡해할 가능성 또한 더 컸다. 아무런 감정이 담기지 않은 사진을 봐도 그들의 뇌는 사진에 감정을 덧붙였다. 이런 점이 실생활에서 어떤 결과를 초래할지 생각해보자. 우울증에 걸린 사람은 **사실은 전혀 그렇지 않을 때도** 친구들이 자신을 비웃고, 무시하고, 자신에게 인상을 쓴다고 확신할 가능성이 더 큰 것이다. 그런 상황에서 하강나선이 촉발되리라는 것은 쉽사리 짐작할 수 있다.

그뿐 아니라 우울증이 있는 사람의 뇌는 감정 정보를 더 오래 붙잡고 있다.[40] 한 실험에서는 우울증이 있는 사람과 없는 사람에게 감정이 실린 단어 목록을 보여주면서 fMRI 스캔을 실시했다. 우울증이 없는 사람의 경우 편도체의 활동 시간이 10초 이내였지만 우울증이 있는 사람은 25초 이상 지속되었다. 편도체가 오랫동안 감정에 매달려 있다면 침착하고 합리적이기 어려울 것이 분명하다.

이 자리에서 확실히 해둘 게 있다. 남보다 더 감정적인 뇌를 지녔다는 사실 자체는 전혀 잘못되지 않았다는 것이다. 감정은 인생에 자극과 묘미를 더해준다. 그러나 감정성이 강화될 때 부정적인 사건에 대한 인지와 주의가 함께 강화된다면, 그땐 문제가 생길 소지가 커진다.

뇌는 부정적인 일에 더 강렬하게 반응한다

불행히도 사람의 뇌는 부정적인 일에 더 강렬하게 반응한다. 아무래도 부정적인 사건이 긍정적인 사건보다 무게감이 더 큰 모양이다.[41] 5달러를 잃어버렸을 때 느끼는 짜증이 5달러를 찾았을 때 느끼는 기쁨보다 크다. 한 친구에게 못생겼다는 말을 들은 충격은 다른 친구가 예쁘다고 말해주는 것 정도로는 상쇄되지 않는다.

긍정적인 사건과 부정적인 사건에 비대칭적인 반응을 보이는 이유는 뇌가 감정을 처리하는 방식에 있다. 부정적인 사건은 내측 전전두피질에서 훨씬 활발한 자기참조 활동(자신과 강하게 관련돼 있다고 여겨지는 자극을 처리하는 활동-옮긴이 주)을 유발하고, 내장감각 감지를 담당하는 섬엽의 활동을 증가시킨다.[42] 그리고 편도체와 해마에서도 감정적인 반응을 이끌어낸다.[43] 이러한 뇌 활동의 변화는 우리가 부정적인 사건을 더 개인적인 일처럼 경험하고, 더 깊이 느낀다는 것을 암시한다.

이 모든 것이 뜻하는 바는 행복하게 일상을 살아가려면 부정성에 대한 긍정성의 비율Positivity Ratio이 그만큼 높아야 한다는 것이다. 상당량의 연구로 밝혀진 바에 따르면 그 비율은 3 대 1이다. 친구에게 부정적인 평을 하나 들었다면 긍정적인 평을 세 가지는 들어야 하고, 일을 하다가 한 가지 손실을 보았다면 세 번은 이득을 보아야 한다.[44] 물론 모든 사람이 다 똑같지는 않다. 3 대 1의 비율은 평균치일 뿐이다. 어떤 사람은 2 대 1로 충분하지만, 상실과 실망을 더 절절히 느끼는 사람은 긍정성의 비율이 더 높아야 할 것이다. 게다가 자기에게 일어난 긍정적인 일을 뇌가 깡그리 무시해버린다면(우울증일 때는 이런 일이 자주 일어난다) 그 비율은 더욱 더 높아야 한다.

모든 일이 멀쩡히 굴러갈 때도

이 책을 내기 위해 계약하자는 제안을 받았을 때 나는 날아갈 듯 기뻤다. 음, 그러니까 한 3초 동안? 그러고는 바로 내가 해야 할 모든 작업과 쏟아야 할 모든 시간이 걱정되기 시작했고, 어느 순간부터 떠오르는 생각은 이것뿐이었다. **맙소사, 내가 나한테 무슨 짓을 한 거지?**

내게는 모든 일이 멀쩡히 굴러갈 때도 거기서 부정적인 면을 감지해내는 놀라운 능력이 있다. 이 능력은 교육자로서 저술가로서 과학자로서 여러 역할을 수행하는 데 꽤 유용하다. 나는 이론의 허점을 잘 찾아낸다. 방어 전략의 문제점을 발견하고 개선할 방법을 잘 생각해낸다. 주어진 상황에서 잘못될 요소를 예측하고, 덕분에 최악의 상황에 대비한 계획을 세울 수 있다. 이런 특성은 유용할 때가 많다. 너무 낙천적인 구조공학자는 좀 문제가 있을 것 같다. "저 다리는 무너지지 않고 그럭저럭 잘 버틸 거예요." 우리는 혹시 실수는 없는지 모든 계산을 철저히 검산하고, 잘못될 가능성을 예상할 수 있는 전문가를 원한다. 그러나 이렇게 부정성에 초점을 맞추는 특성이 일상생활에서까지 이어지면 우리의 행복을 가로막는 어마어마한 걸림돌이 된다.

그렇다면 우리는 왜 긍정적인 면에 더 초점을 맞추지 못할까? 무엇이 문제인 걸까? 그냥 긍정적인 면에 주의를 기울이면 더욱 낙천적이 되고, 덜 불안하고, 훨씬 더 행복할 텐데. 아마 다들 알고 있겠지만, 바로 이 말을 하기 위해 300페이지를 쓴 책이 수백 권은 나와 있다. 하지만 이런 책은 우울증에 걸린 사람들에게 스스로 고통을 자초한다고 비난을 퍼붓는 것과 다를 바 없다. "왜 그냥 딱 끊고 빠져나오지 못해?"라고 말이다. 물론 긍정적인 면에 초점을 맞추는 것이 행복을 만드는 핵심 원리 중 하나인 것은 맞지만 그게 전부는 아니다.

모든 사람의 뇌가 감정 정보에 더욱 잘 반응하도록 배선된 것은 사실이지만, 뇌가 어떤 종류의 감정 정보에 주파수를 맞추고 거기에 어떻게 반응하는지는 사람마다 다르다.

어떤 사람의 편도체는 감정 정보에 유난히 더 잘 반응해서[45] 부정적인 반응을 피하려면 전방대상피질이 더욱 안간힘을 써야 한다. 또 어떤 사람은 부정적인 정보를 훨씬 간단히 처리하고 다음 단계로 넘어갈 수 있다. 의식적으로 긍정적인 부분에 초점을 맞추는 것이 도움이 되지만, 그럴 때도 뇌의 일부 영역은 여전히 부정적인 면에 초점을 맞출 수 있다. 여기서 해야 할 질문은 이거다. 나의 뇌는 어떤 유형일까?

부정 편향은 유전된다

가계도_{family tree}를 한번 보자. 이 나무에 우울증이나 불안증을 앓은 가지가 많은가? 기분장애는 집안 내력이다. 우울증이 있는 부모를 둔 자녀는 유전, 유년기 초기의 경험, 학습된 행동 등 여러 가지 이유로 우울증에 걸릴 가능성이 더 높다.

한 연구자 그룹은 우울증이 있는 어머니와 없는 어머니의 청소년 딸을 연구해 부정성 편향의 유전율을 검토했다. 그 결과 어머니가 우울증에 걸린 딸들에게서 부정적인 표정을 알아차리는 편향이 훨씬 뚜렷이 나타났다.[46] 이 딸들이 의식적으로 부정적인 감정을 알아차리는 것은 결코 아니었다. 그들의 뇌가 감정 정보를 처리하는 방식이 다른 것뿐이었다. 안됐지만, 부정적인 부분에 주의를 더 많이 기울이면 하강나선에 빠질 위험이 커진다.

유전과 우울증의 관계를 찾아낸 연구는 더 있다. 예를 들어 세로토닌 수송체 분자에 대한 암호를 담고 있는 한 유전자는 우울증을 일으킬 가능성을 상당히 높인다.[47] 이 유전자를 보유한 사람의 뇌는 부정적인 감정에 더욱 주의를 기울이고 긍정적인 감정에는 주의를 덜 기울인다.[48]

또 하나 중요한 점은 이 유전자가 우울증에서 벗어나는 데 도움을 주는 뇌 영역들에까지 부정적인 영향을 미친다는 사실이다. 예를 들어 복측 전방대상피질은 낙천적 감정을 증폭시키고,[49] 우울증에 걸린 사람이 회복할 가능성을 높인다.[50] 그러나 이 유전자가 있는 사람들은 복측 전방대상피질이 더 작은 경향이 있고,

그래서 그 효과가 떨어진다.[51] 게다가 이 유전자는 복측 전방대상
피질이 해마를 안정시키는 능력도 떨어뜨리는데, 이는 이 유전자
를 가진 사람들의 해마가 감정 정보에 대한 반응성이 더 높다는
것을 의미한다.[52] 그런데 여기서 끝이 아니다. 우리 뇌를 부정성의
하강나선으로 보내버릴 수 있는 요인이 또 남아 있다.

우울증은 하루 종일 뉴스만 보는 것과 같다

"인생은 구슬 목걸이처럼 꿰인 각양각색 기분의 연속이며, 하
나하나 겪어보면 그 기분들이 각자의 색깔로 세상을 물들이는 컬
러 렌즈라는 걸 알 수 있다." 시인 랠프 월도 에머슨은 감정이 인
식을 어떻게 변화시키는지 잘 이해하고 있었다. 이러한 과정을 기
분일치주의 편향Mood Congruent Attentional Bias이라고 한다. 기분이
나빠지면 뇌의 부정 편향이 악화된다는 사실이 밝혀졌다. 기분이
안 좋을 때면 세상과 자신의 부정적인 면을 더욱 잘 포착하게 된
다. 여기에는 1장에서 언급한 맥락의존적 기억도 포함되는데, 이
는 특정 맥락에 속해 있을 때 행복한 사건을 기억할 가능성이 작
아지고 슬픈 사건을 기억할 가능성이 더 높아지는 것이다.

이런 편향이 생기는 이유는 기분이 나쁘면 편도체의 반응성
이 높아지기 때문이다. 그렇다고 기분이 끔찍할 정도로 나빠야만
기분 편향이 야기되는 것은 아니다. 한 연구에서는 참가자들에게
단어게임을 하게 했는데, 이때 '악몽'처럼 부정적인 단어들만 사용
했다. 부정적인 단어를 보기만 했는데도 그 후 편도체의 감정 반

응성이 더 높아졌다.[53] 그러니까 뇌를 편향시키는 것은 꽤 간단한 일인 것이다.

위에서도 말했지만 기분일치주의 편향은 우울증이 있는 사람에게 훨씬 더 심각하게 나타난다. 그들은 부정적인 사건과 감정에 더 주의를 기울이고[54] 세상에서 슬픔을 더욱 많이 감지하는 경향이 있다.[55] 우울증 상태는 **하루 종일 6시 뉴스만 보고 있는 것**과 비슷하다. 머지않아 온 세상이 정치 추문과 기후 재앙, 끔찍한 범죄로만 가득 차 있다고 생각하게 된다. 채널만 바꾸면 세상에 존재하는 온갖 것을 볼 수 있는데, 절대로 채널을 바꾸지 못하는 것이다.

그러나 다행히 우리를 부정적인 것에 붙잡아두는 기분 편향은 상승나선을 가속화하는 데도 도움을 준다. 무언가 긍정적인 것을 감지하거나 기분이 조금이라도 나아지면, 감정 회로와 주의 회로는 계속 그 상태로 나아가려 한다. 이 회로들을 조정하는 방법은 책의 후반부에서 더 자세히 이야기할 것이다. 먼저 우리 뇌가 어떤 유형의 부정성들을 감지하는지 좀 더 자세히 알아보자.

실수만 지적하는 피질이 있다

내가 하는 일은 뭐 하나 제대로 되는 게 없다고 느껴본 적 있는가? 그런데 그것은 당연한 일이다. 전방대상피질의 위쪽(배측, 즉 등쪽) 부분이 실수를 포착하는 특별 임무를 맡고 있기 때문이다.[56] 공정을 기하자면 배측 전방대상피질은 항상 결점만 지적하는 깐

깐한 배우자 같은 존재는 아니다. 사실 딴에는 우리를 도와주려는 것이다. 우리 뇌는 지름길로 가는 걸 좋아하고, 대개는 자동조종장치로 움직인다. 하지만 뇌에서 우리의 실수를 알아차리면 전방대상피질이 전전두피질에게 경보 신호를 보낸다. "어이, 이거 우리가 나서서 신경 좀 써야 할 것 같아. 처리 능력을 좀 발휘할 때가 왔군."

> **자신이 무엇을 알아차리는지 알아차려라.** 우리는 머릿속에 마구잡이로 들어오는 정보의 조각들을 통제할 수 없다. 하지만 자신이 어떤 편향을 갖고 있는지는 알아차릴 수 있다. 빨간불에 걸려 오도 가도 못 하는 상황에 화가 난다면 이렇게 생각하라. '오호, 흥미로운데? 나는 이번 빨간불은 알아차렸는데 아까 파란불을 통과할 때는 알아차리지 못했네.' 한마디로 **판단하지 않는 알아차림**을 연습하라는 말이다. 판단하지 않는 알아차림은 마음챙김의 한 형식이다. 상황이 기대한 대로 풀리지 않을 때도 감정적으로 반응하지 않고 단지 그 상황을 알아차리기만 하는 것이다. 감정과 인식은 각자 다른 뇌 영역이 매개하기 때문에 알아차림에는 감정이 필요치 않다. 실수를 감지하면 감정적인 편도체가 자동적으로 가동될 수 있지만, 자신의 반응을 인식하면 전전두피질이 활성화되어 편도체를 다시 진정시킬 수 있다.[57]

배측 전방대상피질은 그저 우리가 일을 잘 해낼 수 있도록 도우려는 것뿐이다. 한 fMRI 연구는 실수가 생긴 후에 전방대상피질이 전전두피질의 활동을 어떻게 조절하는지 관찰했다. 이 연구는 전방대상피질이 상충하는 정보를 감지하면 배외측 전전두피질의 반응성을 증가시킨다는 것을 알아냈다.[58] 고등학생 시절 화학시간 내내 나를 졸도록 내버려두었던 협조적인 친구가 선생님이 나를 부르기 직전에 어깨를 두드려 깨워준 것과 비슷한 상황이다.

뇌는 아무 일도 하지 않을 때 무얼 하고 있을까? 이 질문에는 함정이 있다. 뇌는 언제나 무언가를 하고 있기 때문이다. 전방대상피질은 기본으로 항상 켜져 있다. 늘 우리 어깨 너머에서 실수가 없는지 지켜보고 있는 것이다. 그 녀석이 계속 실수를 지적하더라도 너무 짜증 내지 말자. 그냥 맡은 바 임무를 열심히 수행하고 있을 뿐이니까.

뇌는 '모르는' 것을 '부정적인' 것으로 왜곡한다

앞서 사람들에게 사진을 보여준 실험을 기억하는가? 어떤 것은 고양이처럼 긍정적이고, 어떤 것은 총처럼 부정적이며, 어떤 것은 의자처럼 중립적인 사진이었다. 실험자들은 참가들에게 대체로 곧 어떤 종류의 사진을 보게 될 것인지 미리 알려주었지만, 때로는 불확실한 상태로 알려주지 않았다.

우울증이 있는 사람은 부정적인 사진을 보게 될 거라는 말을 들었을 때 우울증이 없는 사람보다 섬엽과 복외측 전전두피질에 더 큰 활동성을 보였다. 이는 그들이 내장감각과 감정을 더욱 열심히 처리한다는 것을 암시한다.[59] 놀랍게도 어떤 사진을 보게 될지 말해주지 않았을 때도 그들의 뇌는 여전히 부정적인 사진을 예상한 듯한 반응을 보였다. 우울증에 걸린 뇌는 불확실한 상황에 직면했을 때 최악을 가정하는 것이다. 게다가 우울증에 걸린 사람들에게서는 불확실한 상태일 때 배외측 전전두피질의 걱정 활동이 더 많았고, 내측 전전두피질의 자기초점적 감정 처리가 늘어났다. 불확실한 상황에 이렇게 반응하는 걸 보면 우울증에 걸린 사람들이 왜 염세적인지 알 수 있다. 과거가 부정적이었으니 미래도 분명히 부정적일 것이라 생각하는 것이다.[60]

자신의 뇌가 불확실성에 어떻게 반응하는지 이해하는 것은 아주 중요하다. 그 반응에 따라 감정에 엄청난 영향을 미치기 때문이다. 예컨대 연애를 시작하거나 직장을 바꿀 때 뇌가 자동적으로 새로운 상황을 나쁜 것으로 해석할 수 있다. 하지만 그저 잘 모르는 상황일 뿐 나쁜 상황은 아니다. 진정한 사랑이든 좋은 직업이든 가치 있는 무언가를 자기 것으로 만들려면 거의 대부분 어느 정도 불확실한 시기를 거쳐야만 한다. 미지의 것 너머에 있을지 모를 기막힌 보상을 놓치지 않으려면 뇌가 모르는 것을 부정적인 것으로 왜곡할 수 있음을 늘 감안해야 한다.

우울증에 걸린 사람은 같은 자극에 아픔을 더 심하게 느낀다

통증은 우리가 감지할 수 있는 아주 부정적인 것 중 하나다. 어느 때는 온몸이 안 아픈 데가 없는데 또 어느 때는 전혀 통증이 느껴지지 않는다. 이상하지 않은가? 그것은 통증을 지각하는 것이 기분과 행위 동기에 크게 영향을 받기 때문이다.

다른 신체감각과 달리 통증에는 감정의 성분이 있다. 우리는 통증을 객관적으로 지각하는 것('어, 손이 차 문에 낀 모양이야')이 아니라, 통증이 느껴지면 저절로 감정적으로 반응하게('이 $#%^#할 놈의 차 문! %#$%^하게 아프네!') 된다. 사실 감정이야말로 통증을 통증감각으로 만드는 주요 성분이다.

여기서 중요한 것은 통증 신호와 통증 지각의 차이다. 통증 신호는 몸 곳곳에서 통각수용기nociceptors라는 뉴런에 의해 뇌로 전달된다. 그러나 신체의 한 부분이 거기에 통증이 있다는 신호를 보낸다고 뇌가 무조건 그것을 고통으로 인식하는 건 아니다. 그러려면 전방대상피질이 나서야 한다.[61]

한 fMRI 연구[62]에서는 우울증에 걸린 사람이 통증이 올 것을 예상할 때와 실제로 통증을 느끼고 있을 때의 뇌 활동을 관찰했다. 그 결과 우울증이 있는 사람은 통증을 예상할 때 섬엽, 편도체, 배측 전방대상피질에서 활동이 증가하는 것을 알 수 있었다. 즉 그들은 우울증이 없는 사람에 비해 통증의 가능성에 더욱 육체적·감정적으로 반응했고, 그 가능성이 실제로 실현될 거라고 생각하는 비율도 더 높았다.

> **포옹으로 편도체의 반응성을 낮춰라.** 포옹, 특히 긴 포옹은 옥시토신oxytocin이라는 신경전달물질이자 호르몬을 방출하는데, 이 옥시토신은 편도체의 반응성을 떨어뜨린다(11장).

또한 실제 통증 자극이 주어지는 동안 우울증에 걸린 사람은 걸리지 않은 사람에 비해 편도체의 활동이 훨씬 크게 증가했다. 그들의 뇌는 통증에 매우 감정적으로 반응했고, 어쩔 수 없다는 느낌이 강할수록 뇌의 감정적 반응은 더 커졌다. 게다가 통증을 완화해줄 엔도르핀을 생성하는 뇌간brain stem 영역의 활동이 줄어 있었는데, 이를 보면 그들의 뇌가 통증을 제압하려는 노력을 그다지 하고 있지 않음을 알 수 있다. 그리고 복측 전방대상피질과 전전두피질의 활동 역시 줄어들어 있었다. 이는 통증이 그들의 낙천성 회로에 더 큰 영향을 미쳤고, 상황을 합리적으로 판단할 능력을 떨어뜨려 놓았음을 의미한다. 그러므로 우울증에 걸린 사람과 그렇지 않은 사람이 똑같이 난로에 손을 덴다면 우울증에 걸린 사람이 아픔을 더 심하게 느낀다. 만성 통증이 있는 사람이 우울증에 걸리기 쉽고 우울증이 있는 사람에게 만성 통증이 생기기 쉬운 이유는 바로 뇌가 통증에 이런 식으로 반응하기 때문이다.

행복한 기억에도 어둠과 슬픔을 덧칠하는 우울증

우울증 상태의 뇌는 나쁜 기억 쪽으로 편향되어 있다. 나쁜 기억 때문에 마트에서 사야 할 품목을 잊어버리게 된다는 게 아니라, 나쁜 것만 기억하고 좋은 것은 잊어버리는 편향을 말하는 것이다. 이 문제는 편도체와 해마의 의사소통 이상 때문에 생긴다.

현재 인식에 영향을 미치는 기분 편향은 오래된 기억을 상기하는 일과 새로운 기억을 만드는 일을 포함해 기억에도 영향을 미친다. 편도체는 스트레스를 받으면 해마에게 그 기억을 저장하라고 지시한다. 이는 뇌가 위험에서 우리를 보호하기 위해 진화해온 방식이다.[63]

그런데 이것이 모든 상황에서 이롭기만 한 것은 아니다. 우울증 상태에서는 부정적인 사건을 더 많이 인지하기 때문에 그 부정적인 사건이 편도체를 자극해 해마에 의해 기억으로 암호화되기가 더 쉽다. 게다가 맥락의존적 기억으로 인해 우울증일 때는 행복한 기억을 떠올리기 어려워지고 나쁜 기억은 쉽게 떠오른다.

마지막으로 행복한 기억은 기분 편향에서 안전할 거라고 생각할지 모르지만, 안타깝게도 오래된 기억은 오래된 이메일처럼 처음 모습 그대로 열어볼 수 있는 것이 아니다. 그것은 우리가 기억을 떠올릴 때마다 조각조각 모여 재구성된다. 부정적인 기분은 이 재구성 과정에도 영향을 미치기 때문에 옛 기억에도 어둠과 슬픔이 덧칠된다. 과거마저 지금 끼고 있는 우울증이라는 선글라스를 통해 보고 있다는 사실을 깨달으면 자신의 삶이 언제나 지금 느끼는 것만큼 그렇게 나쁜 것만은 아니었음을 알게 될 것이다.

어떤 사람의 뇌는 패배에 유난히 강하게 반응한다

어떤 사람의 뇌는 패배와 실망에 유난히 강하게 반응한다. 한 연구에서는 우울증 가족력이 있어 우울증에 걸릴 위험이 높은 사람들을 대상으로 그들의 뇌가 도박의 승패에 어떻게 반응하는지 관찰했다. 예기치 못하게 돈을 잃자 안와전두피질의 활동이 크게 증가했는데, 이는 패배가 그들의 동기부여 회로에 큰 영향을 미친다는 것을 의미한다. 이 피험자들이 예기치 못하게 돈을 땄을 때는 해마의 활동이 줄어들었다.[64] 기억의 핵심인 해마의 활동이 줄어들었다는 것은 그들이 이긴 사실을 기억하지 못할 가능성이 크다는 것을 말해준다. 따라서 우울증에 걸릴 위험은 이들의 기억과 미래의 행동을 모두 조금씩 변화시키고, 이 변화는 하강나선이 촉발될 가능성을 키운다.

이어서 연구자들은 참가자들에게 4주 동안 항우울제를 처방했다. 약은 그들의 우울이나 불안 수준에 영향을 미치지 않았지만(그들은 위험군일 뿐 우울증에 걸린 것은 아님을 기억하자) 뇌 활동에는 영향을 미쳤다. 투약 이후 안와전두피질은 더 이상 패배에 과민한 반응을 보이지 않았고, 승리했을 땐 해마의 반응이 더욱 커졌다. 선천적으로 뇌가 부정성 쪽으로 기울어 있다고 해서 영원히 그 상태로 머물러 있는 것은 아니다. 약물이 답이 될 수도 있고, 뒤에서 우리가 자세히 다룰 여러 가지 뇌 회로 조정 방법 중 하나가 그 답이 될 수도 있다. 요점은 개선이 가능하다는 사실이다.

일단 할 수 있는 일 몇 가지

뇌의 선천적인 부정 편향과 기분 편향을 완화할 몇 가지 방법이 있다. 이 책의 후반부에서 더 많은 방법을 다룰 테지만, 일단 할 수 있는 일 몇 가지만 알아보자.

긍정성의 신경화학

부정 편향을 뒤집는 데 특히 중요한 역할을 하는 두 가지 신경전달물질계가 있다. 바로 세로토닌과 노르에피네프린이다. 둘 다 항우울제의 주된 타깃이자 전방대상피질, 편도체, 전전두피질 사이의 의사소통에 막대한 영향을 미치는 물질이다.

> **노르에피네프린을 증가시키는 방법**, 즉 부정 편향을 줄이는
> 방법은 운동하기, 밤에 숙면 취하기, 마사지 받기처럼 놀랍도록
> 단순하다. 이 방법들은 5장과 7장, 11장에서 더 자세히 다룰
> 것이다.

세로토닌과 노르에피네프린을 촉진하는 약물의 효과를 검토한 연구가 있다. 한 주 복용 후 전반적인 행복감이 눈에 띄게 증가하지는 않았지만, 두 약물 모두 긍정적인 사건에 대한 주의를 증가시키고 부정적인 사건에 대한 주의를 떨어뜨렸다.[65] 이 연구는 건강한 피험자를 대상으로 한 것이지만, 항우울제가 우울증에 어떤 식으로 도움을 주는지 알려준다. 곧 직접적으로 기분을 좋아지게 한다기보다는 긍정적인 사건을 인지하는 쪽으로 뇌를 편향시키는 것이다.

세로토닌과 노르에피네프린은 통증 처리에 있어서도 중요

하다. 우울증을 완화하는 약물은 만성 통증을 완화하는 데 도움이 되며, 통증과 관련된 배측 전방대상피질의 활동성을 떨어뜨린다.[66] 만성 통증은 멈출 수 없는 하강나선의 원인 중 하나이기 때문에 통증이 뇌에 미치는 영향을 누그러뜨리는 것은 상승나선으로 가는 아주 좋은 출발점이 될 수 있다.

낙천성 회로 강화하기

비관성을 이겨내려면 낙천성을 담당하는 뇌 회로를 튼튼하게 만들면 된다. 첫 번째 단계는 미래에 긍정적인 사건이 일어날 **가능성**을 그저 상상하는 것이다. 반드시 **일어날 거라고** 믿을 필요는 없다. 일어날 **수 있다**는 생각만 하면 된다. 내일 당장 진정한 사랑을 만날 수 있다. 상황이 꼭 최악으로 풀리리라는 법은 없다. 좋은 일이 일어날 수 있다고 인정하면 아래쪽(복측) 전방대상피질이 활성화된다.[67] 중요한 점은 복측 전방대상피질이 편도체 조절을 돕는다는 것이다. 즉 좋은 일이 생길 가능성을 인정하는 것이 뇌의 부정 편향을 통제하는 데 도움이 된다는 말이다.

두 번째 단계는 좋은 일이 **일어날 수 있다고** 인정만 하는 것이 아니라, **일어날 것**이라고 기대하는 것이다. 긍정적인 사건을 기대하는 것은 복측 전방대상피질을 활성화할[68] 뿐 아니라, 편도체 통제를 돕는 전전두 영역까지 활성화한다.

물론 이런 방법들을 실천하는 것은 말처럼 쉽지 않다. 부정적인 면을 무시하고 긍정적인 면에 초점을 맞추기가 쉬운 일은 아니다. 그렇지만 뇌가 편도체 달래는 능력을 키우면 좀 더 쉽게 할 수 있다. 2부에서 밤에 푹 잘 자는 것(7장)과 친구들과 어울리는 것(11장) 등 몇 가지 방법을 살펴볼 것이다. 다행히 2부에 거의 다 와 간다.

4장

나쁜 습관에
갇힌 남자

내 친구 빌리는 내가 아는 사람 중 가장 흥미로운 인물이다. 그는 힘든 삶을 살아왔다. 미시간주 작은 마을의 쓰레기처리장 건너편에서 찢어지게 가난한 어린 시절을 보냈고 부모에게 신체적·언어적 폭력을 당했다. 파란만장한 유년기를 보내며 여러 가지 약물에 손을 댔지만, 이후 그는 미시간 대학교 풋볼팀 선수로 활동했고 텔레비전 작가로 성공했으며 마침내 신경과학 박사학위까지 받았다. 그는 줄곧 인종차별과 동성애 혐오, 우울증을 견뎌내야 했다. 게다가 나와 처음 만났을 때 그의 몸무게는 약 317킬로그램(700파운드)이나 나갔다. 그를 알고 지낸 여러 해 동안 그는 체중을 줄이기 위해 많은 노력을 기울였지만, 그 일은 성공하지 못한 채 여전히 계속되고 있다. 빌리는 고맙게도 이 책에 자신의 이야기를 실어도 좋다고 허락해주었다.

빌리의 경우 체중 문제와 정서 문제가 서로 얽혀 있다. 빌리는 우울하거나 스트레스를 받으면 음식으로 기분을 끌어올린다. 그런데 극도의 과체중 상태는 우울증의 원인이기도 하다(이젠 '하강나선'이란 말을 되풀이하지 않아도 될까?). 그는 몸집이 너무 커서 차 안에 간신히 몸을 밀어 넣을 수 있을 정도다. 체중이 덜 나갔다면 건강 문제도 지금보단 적었을 것이고, 오고 가는 것, 직장을 구하는 것, 친구들과 어울리는 것도 더 쉬웠을 것이다. 빌리도 잘 안다. 하지만 수년 동안 그는 계속해서 먹고 또 먹었다. 그가 멍청해서가 아니다. 그는 아주 똑똑하다(어쨌든 신경과학 박사학위를 받았을 정도다).

그는 먹고 싶지 않을 때도 먹고 있는 자신을 발견한단다. 스트레스를 받으면 그저 먹고 싶다는 생각밖에 들지 않는다. 나쁜 버릇은 또 있다. 그는 텔레비전을 너무 많이 보고 약속 시간에 항상 늦는다. 이런 일들이 나쁘다는 걸 알면서도 왜 그만두지 못하는 걸까? 왜 먹기를 그만두지 못할까? 왜 운동을 더 하지 못할까? 아마 누구나 자신이 갖고 있는 나쁜 버릇에 이런 기분을 느낄 것이다.

비판하기는 쉽다. 떨어져서 보면 그의 나쁜 습관들이 하강나선을 돌리고 있다는 것을 쉽게 알 수 있다. 안됐지만, 대부분 우리가 갖고 있는 나쁜 버릇도 모두 이렇게 명백하다. 자기 자신에게만 보이지 않을 뿐이다. 나는 꾸물거리고 미루는 심각한 문제를 갖고 있는데, 어쩌다 보면 항상 글을 쓰거나 운동을 하는 대신 텔레비전을 보고 있다. 일이 어려워지면 쉽게 포기하는 버릇이 있는 사람은 중요한 목표를 이루는 데 지장이 있다. 분노조절이나 정리에 문제가 있을 수도 있다. 누군가와 가까워졌다고 느끼면 그 사람을 밀어내는 버릇이 있을 수도 있고, 이로 인해 너무 많은 시간을 혼자서만 보낼지 모른다. 쿠키나 담배, 캔맥주 등과 지나치게 친하게 지낼지도 모른다. 그리고 자기가 알고 있는 나쁜 버릇 외에 자신도 모르는 사이에 부정적인 영향을 미치고 있는 나쁜 버릇이 몇 가지 더 있을 수 있다.

습관은 고치기 어려우니까 습관이라고 하는 것이다. 때로는 너무 깊이 뿌리박혀 있어서 도저히 고칠 수 없을 거라 여겨지는 습관도 있다. 습관을 고치는 첫 단계는 그런 습관이 있다는 것을 알아차리는 것이며, 두 번째 단계는 고칠 수 있다고 믿는 것이다. 습관은 정말로 고칠 수 있다. 치료나 약물이 필요한 경우도 있고, 이 책에 실린 몇 가지 활동을 하는 것만으로 고칠 수 있는 경우도 있다. 그러려면 먼저 뇌가 어떻게 습관을 만들고 통제하는지부터 알아야 한다.

뇌는 나쁜 습관과 좋은 습관을 구분하지 않는다

습관을 제대로 이해하려면 전반적으로 뇌가 어떻게 행위를 지시하는지 이해해야 한다. 우리는 대부분 의식적인 의도에 따라 행위한다고 생각하는 경향이 있다. 그러나 사실 대부분의 행위는 충동이나 무의식적으로 반복하는 일로서 특정한 생각에 따른 것이 아니라 자동으로 나오는 반응이다. 한마디로 습관이라는 말이다. 우울증 상태일 때는 특히 더 그렇다. 그리고 안타깝게도 사람들을 우울증에 빠뜨리는 습관이 그들을 우울증에서 빼내 줄 가능성은 별로 없다.

습관이 생기고 유지되는 방식, 습관이 바뀌는 방식은 이미 신경과학적으로 명확하게 설명되어 있다. 의도적 행위는 전전두피질이 매개하지만, 습관은 뇌 깊은 곳에 자리한 오래된 처리 중추인 선조체가 통제한다. 전전두피질이 오늘날의 클라우드 컴퓨팅이라면, 선조체는 IBM 메인 프레임에 넣던 천공카드 같은 것이다.

나쁜 습관이 도움이 되지 않는다면 우리는 왜 그 습관을 계속 유지하는 것일까? 그 이유는 선조체가 전전두피질과 달리 이성적이지 않기 때문이다. 적어도 우리가 일반적으로 정의하는 의미에서는 '이성적'이지 않다. 선조체는 좋은 습관이든 나쁜 습관이든 전혀 구별하지 않는다는 말이다. 장기적으로 어떤 결과를 초래할지는 전혀 고려하지 않고, 연달아 나쁜 습관을 실행하고도 아무 거리낌 없이 마냥 행복해한다. 스스로 나쁜 습관 때문에 큰 좌절감을 느끼기 전까지는 선조체가 나쁜 습관을 인지하지 못한다는 사실을 알아야 한다. 잠든 채 걸어 다니며 한 일에 대해 몽유병 환자를 탓할 수 없는 것처럼 자기가 의식하지 못한 습관에 좌절감을 느끼기는 쉽지 않다.

일반적으로 나쁜 습관은 충동으로 분류할 수도 있고, 무의식적으로 반복하는 행동으로 분류할 수도 있다. 충동은 순간적인 욕망에 따라 추동되는 행위다. 무심코 페이스북 링크를 클릭하는 것이 이에 속한다. 무의식적으로 반복하는 행동은 욕망에 따라 움직이는 것이 아니라 이전에 너무 많이 했기 때문에 그냥 하게 되는 것이다. 반복적으로 굳어진 나쁜 습관에는 입을 다물지 않고 음식을 씹는 것처럼 무해한 일도 있고 부담감에 압도되면 세상에 문을 닫아거는 것처럼 자신에게 해로운 일도 있다.

충동과 반복 행동은 모두 선조체가 통제하는데, 반복 행동은 위쪽, 그러니까 배측 선조체에 의존하고, 충동은 아래쪽, 즉 측좌핵이 촉발한다. 두 영역 모두 신경전달물질 도파민에 상당히 의지한다는 점이 아주 중요하다. 이에 관해서는 뒤에서 더 자세히 이야기하자.

우리가 하는 행동은 전전두피질과 측좌핵, 배측 선조체가 나누는 대화의 결과다. 전전두피질은 장기적으로 우리에게 유익한 일인지를 근거로 어떤 행동을 할지 선택한다. 측좌핵은 지금 당장 즐거운 일이 무엇인지에 따라 결정을 내린다. 배측 선조체는 이전에 우리가 했던 행동을 바탕으로 할 일을 선택한다. 국회의원처럼 이 영역들은 때로는 서로 지지하고 때로는 제각각 다른 의견을 내놓는다. 전전두피질이 유일하게 우리의 장기적 안녕을 염두에 둔 부분이지만 종종 머릿수에서 밀린다. 그 이유를 이해하려면 충동과 무의식적 반복 행동에 대해 좀 더 자세히 알아봐야 한다.

충동을 이해하는 열쇠

마트 계산대에 서면 줄줄이 진열된 초코바와 잡지가 우리를 유혹한다. 그럴 때 당신은 미리 적어간 물품만 사는가, 아니면 손을 뻗어 스니커즈를 하나 집는가? '쾌락을 주는 모든 것은 측좌핵에서 도파민을 분비시킨다'는 사실이 바로 충동을 이해하는 열쇠다. 섹스는 도파민을 분비시킨다. 돈을 따는 것도, 마약도, 초콜릿도 도파민을 분비시킨다.

측좌핵이 정말로 흥미로운 것은 무엇이 쾌락을 주는지뿐 아니라, 쾌락을 취하리라는 것을 어떻게 예상하는지도 학습한다는 점이다.

예를 들어 처음 스니커즈를 먹으면 측좌핵에서 도파민이 분비된다. 그다음에는 스니커즈의 포장을 뜯자마자 도파민이 분비된다. 또 그다음에는 저쪽에 스니커즈가 보이기만 해도 도파민이 분비된다. 얼마 지나지 않아 가게에 들어가기만 해도 도파민이 분비된다. 스니커즈를 보고 포장을 뜯고 먹을 것을 예상하는 것만으로 말이다.

충동의 경우 우리가 행한 무엇 또는 감지한 무엇이 특정한 쾌락적 결과를 예상하도록 촉발한다. 문제는 쾌락을 예상할 때 분비되는 도파민이 실제로 그 쾌락을 얻도록 우리를 행동하게 떠민다는 점이다. 그리고 단계마다 도파민을 조금씩 더 뿜어냄으로써 다음 단계로 나아갈 힘을 보태준다.

어떤 방아쇠가 습관을 촉발하는지 파악하라. 유혹에 저항하는 것보다는 처음부터 유혹을 피하는 것이 더 쉽다. 특정한 습관을 촉발하는 방아쇠가 무엇인지 알고 있다면, 때로는 생활 속에서 그 방아쇠를 제거하기만 해도 습관을 끊을 수 있다. 예컨대 빌리는 자기가 텔레비전을 너무 많이 본다는 사실을 깨닫고 텔레비전 수상기가 눈에 보이는 것이 방아쇠임을 알았다.
텔레비전을 침실에서 내보냈더니 그 문제를 해결할 수 있었다.
쿠키를 사고 싶지 않다면 마트에 갔을 때 쿠키 진열대 앞을
지나가지 마라. 맛있는 쿠키를 보기만 해도 도파민이 분비되어
쿠키를 사라고 옆구리를 찔러댈 테니 말이다.

옛날 옛적 동굴에 살던 사람들에게는 충동이 별문제가 아니었을 것이다. 동굴 생활은 아주 단순했을 테니 말이다. 뭔가가 맛있으면 먹을 수 있는 만큼 먹고, 어떤 일을 해서 기분이 좋으면 그 일을 할 수 있는 만큼 하면 되었다. 그러나 오늘날에는 쉽게 얻을 수 있는 쾌락의 종류가 너무 많아져서 그것들이 측좌핵 속의 도파민을 모조리 차지해버리고는 즉각 만족을 얻으라고 부추긴다.

우울증 상태에서는 측좌핵에서 도파민 활동이 감소하기 때문에 이 문제가 더 심각해진다. 우선 예전에는 즐거웠던 일이 더 이상 즐겁지 않다. 둘째로 도파민 활동이 줄어들면 정크푸드, 마약, 도박, 포르노처럼 다량의 도파민을 분비하는 것만이 측좌핵을 움직일 수 있다. 이는 곧 가장 즉각적인 쾌락을 안겨주는 것에 따라 행동하게 된다는 뜻이며, 대개 이런 행동은 장기적으로 볼 때 유익하지 않다. 그나마 충동은 대부분 쉽게 인지할 수 있지만, 티 나지 않게 은근히 악영향을 미치는 나쁜 습관은 주로 무의식적으로 반복하는 행동들이다.

뇌는 늘 가던 길만 가고 싶어 한다

고대 인도에서 전해 내려오는 속담이 있다. "인생의 첫 30년은 사람이 습관을 만들고, 마지막 30년은 습관이 사람을 만든다." 배가 고프지 않은데도 음식을 먹거나 볼 만한 게 없는데도 계속 텔레비전을 본 적이 있는가? 무의식적으로 반복하는 행동은 우리가 거기서 전혀 즐거움을 얻지 못하는데도 실행하는 것이므로 종종 하강나선을 초래한다. 게다가 언제부터 그런 행동을 시작했는지 스스로 의식하지 못하는 경우가 많다. 즐겁지 않고, 의식하지도 못한다는 것이 이상하게 여겨질지 모르지만, 사실 배측 선조체는 그런 것에 개의치 않는다.

배측 선조체는 측좌핵과 긴밀하게 연결되어 있고 역시 도파민을 사용한다. 그러나 배측 선조체에서 분비된 도파민은 쾌락을 느끼게 해주지 않고 단지 우리를 행동하게 내모는 역할만 한다. 습관이 형성되는 이유는 모든 행동이 배측 선조체에서 특정한 패턴을 활성화하기 때문이다. 우리가 매번 같은 길을 갈 때마다 그 행동은 뇌 속에 점점 더 분명하게 새겨진다. 바꿔 말하면 배측 선조체의 뉴런들이 더 강력하게 발화한다. 그래서 얼마 지나지 않아 새로운 길을 내는 것이 거의 불가능해진다. 뇌는 늘 가던 길만 가고 싶어 한다.

배측 선조체에 새겨지는 패턴에 관해 이해해야 할 중요한 점은 일단 생겨난 패턴은 영원히 사라지지 않을 가능성이 매우 크다는 것이다. 자전거 타는 법을 한번 익히면 절대 잊어버리지 않는 것은 그 때문이다. 또한 나쁜 습관을 고치기가 몹시 어려운 이유이기도 하다.

사실 오래된 습관은 제거되지 않는다. 그저 더 강력한 새 습관을 들이면 예전 습관이 약해지는 것뿐이다. 게다가 습관이 일단 배측 선조체에 자리 잡으면 그때부터는 쾌락에 관심도 두지 않는다. 물론 처음에 습관이 생기는 이유는 대개 측좌핵이 특정한 행동을 하도록 우리에게 동기를 부여했기 때문이지만, 일단 습관이 생긴 뒤에는 측좌핵이 동기를 부여할 필요가 없어진다.

이는 중독이 작동하는 방식이기도 하다. 처음에 중독은 측좌핵의 쾌락적인 충동에서 시작된다. 그러나 시간이 지나면서 측좌핵은 더 이상 반응하지 않고 중독은 더 이상 쾌락을 주지 못한다. 하지만 이미 배측 선조체에 깊이 새겨져 있기 때문에 쾌락이 느껴지든 말든 또 한 잔의 술을 마시지 않을 수 없고, 한 개비의 담배를 피우지 않을 수 없게 된다. 도파민의 이러한 변화 때문에 중독은 우울증에 걸릴 위험을 높이고 우울증은 중독될 위험을 높인다. 또 하나의 하강나선이다.

배측 선조체는 우리가 무엇을 원하는지에 관심이 없다. 그저 이미 닦아놓은 길을 따라가는 일에만 신경 쓴다. 우리 뇌가 어떤 길을 따라가고 있는지 파악하는 것이 변화의 가장 중요한 단계다. 안타깝게도 때로 문제는 나쁜 습관에 있는 것이 아니라 아무것도 하지 않는 데 있다.

침대에서 빠져나오기가 지독히 어려운 이유

침대 옆 테이블에서 알람이 울리면 우리는 깜짝 놀라 잠에서 깬다. 하지만 알람을 끌 기운은 없다. 많은 사람이 그렇게 축 처진 채 느릿느릿 잠에서 깨어난다. 그런데 우울증에 걸린 사람은 이런 기분으로 하루 종일을 보낼 수 있다. 기력이 하나도 안 남은 것 같고 모든 일이 어렵게 느껴진다. 피로는 우울증의 흔한 증상이다. 앞에서 살펴본 것처럼 전전두의 기능 이상(세로토닌이 감소해 계획 세우기와 결정 내리기가 지지부진해지는 것)과 배측 선조체의 활동 감소가 모두 피로의 원인이다.[69] 새로운 행동을 하려면 전전두피질이 온전히 기능해야 하는데, 전전두피질에 이상이 있으면 주도권이 선조체로 넘어간다. 그러다 보니 오래 반복해온 일이나 충동에 따른 행동만 하게 된다. 그러나 우울증의 경우 배측 선조체의 활동 역시 감소해 있기 때문에 충동의 자극을 받지 않는다면 아무 것도 하지 않을 가능성이 크다. 때로 침대에서 빠져나오기가 지독히 어려운 것은 바로 이런 이유 때문이다.

무엇이 습관의 방아쇠를 당기는가

평단의 호평을 받은 HBO의 TV 시리즈 〈더 와이어The Wire〉에서 지미 맥널티 수사관은 알코올중독자에 바람둥이다. 그러나 불규

칙하고 불확실하며 스트레스 가득한 살인 담당 부서에서 좀 더 예측이 가능한 거리 순찰 담당으로 옮기자 모든 게 달라진다. 술을 끊고 차분해지고 더 이상 바람도 피우지 않는다.

2장에서 우리는 불안의 ABC 중 세 번째 단계가 대처라는 것을 배웠다. 그러나 불안한 상태에서는 아무런 대처도 할 수 없다. 대처는 모든 종류의 스트레스를 처리하도록 도와주는 습관이다. 스트레스는 배측 선조체에서 도파민 분비를 야기하고,[70] 이는 자동적으로 대처 습관을 가동시킨다. 맥널티의 경우 직업에서 오는 불확실함이 스트레스의 원인이었고, 그의 대처 습관은 점잖게 말해 그리 생산적인 것은 아니었다.

누구에게나 대처 습관이 있다. 그것은 가장 깊고 진하게 새겨진 무의식적 반복 행동에 속한다. 대처 습관은 편도체 활동과 신체의 스트레스 반응을 감소시켜 최소한 일시적이나마 기분을 호전시킨다. 좋은 대처 습관은 코앞에 닥친 하강나선에서 우리를 구해준다. 배측 선조체가 주도권을 쥐고 우리의 삶을 원래 경로로 되돌려놓기 때문이다. 그러나 나쁜 대처 습관은 기분을 안정적으로 유지하지 못하기 때문에 장기적으로 보면 나중에 더 큰 스트레스로 돌아와 우리를 혼란의 소용돌이에 빠뜨린다.

대처 습관은 빌리의 상황을 잘 설명해준다. 그는 왜 그렇게 많이 먹었던 것일까? 혼란스러운 가정에서 보낸 어린 시절, 그에게는 먹는 것이 스트레스에 대처하는 기제였다. 무언가를 먹으면 주의를 다른 곳으로 돌릴 수 있고, 즉각적인 쾌락이 주어지며, 신체의 스트레스 반응도 줄어든다. 처음에는 그저 먹겠다는 충동이었으나 이윽고 무의식적인 반복 행동으로 깊이 각인되었다. 일단 그렇게 각인되면 그 행동에는 더 이상 쾌락이 따르지 않고 주의를 기울일 필요도 없어지지만, 그럼에도 미친 듯이 돌아가는 세상에서 여전히 일말의 통제감을 안겨준다. 그렇게 중독이 자리 잡은 것이다. 스트레스를 받을 때 몇 초만 자신의 행동에 주의를 기울이지 않으면 빌리는 어느새 주방으로 가거나 맥도널드로 차를 몰거나 도미노 피자에 전화를 거는 자신을 발견하곤 했다.

우리의 가장 오래된 습관은 아마 인생의 가장 큰 스트레스에서 주의를 돌리는 데 사용했던 습관일 것이다. 이제는 상황이 달라져 더 이상 도움이 되지 않지만, 그 습관들은 사라지지 않고 우리는 여전히 그 습관을 반복한다.

안타깝게도 자신의 대처 습관이 썩 좋지 않다는 것을 깨달았을 즈음 빌리는 매우 난처한 상황에 처해 있었다. 체중이 엄청난 스트레스를 불러왔고 스트레스는 폭식을 야기했다. 모든 중독이 다 이렇다. 습관에 따라 행동하지 않으면 불안해지고, 불안해지면 더 습관대로 행동하고 싶어진다. 그래서 습관에 굴복하면 나중에 더 큰 스트레스로 돌아오고 그것이 다시 습관의 방아쇠를 당긴다. 어떻게 이런 쳇바퀴에 사로잡히는지 아주 쉽게 알 수 있다. 그리고 거기서 벗어나는 것이 불가능하게 느껴진다는 것도.

그러나 그것은 불가능한 일이 아니다. 물론 파괴적인 대처 습관을 무작정 없애려 한다고 해서 그냥 그 행동을 멈출 수 있는 것은 아니다. 그러면 도리어 더 큰 스트레스만 남는다. 따라서 그러 기보다는 다른 습관으로 대처해야 한다.

빌리는 매우 기발한 방식으로 이를 해냈다. 음식 중독을 정교한 푸드 아트 조각품 만드는 일로 돌린 것이다. 사과로 장미를 조각하고 칸타로프 멜론으로 백조를 조각했다. 이제 빌리는 먹어야 한다는 충동을 느끼면 덜 파괴적인 일에 주의를 집중한다. 또한 나쁜 습관이 촉발한 스트레스를 줄이기 위해 운동과 글쓰기, 마음챙김 명상 같은 대책을 마련했다. 이런 조치들이 서로 어우러지면서 나와 알고 지낸 몇 년 사이에 빌리의 체중은 약 90킬로그램이 줄었고 지금도 계속 줄고 있다. 말할 것도 없이 그는 내가 몇 문장으로 묘사한 것보다 훨씬 힘들게 고군분투해왔을 것이다. 그러나 어쨌든 좀 더 건설적인 대처 습관을 들이고 뇌의 스트레스를 줄이는 건 분명 가능한 일이다.

스트레스가 습관을 강화한다

스트레스가 촉발하는 습관은 대처 습관만이 아니다. 사실 스트레스는 뇌가 새로운 행동보다는 오래된 습관을 선택하도록 편향시킨다.[71] 배측 선조체가 이렇게 말한다. "항상 이 방식으로 해왔으니 이번에도 이렇게 하자." 그러면 전전두피질이 이렇게 말한다. "하지만 그건 우리 목적지로 가는 데 도움이 안 돼." 이 와중에 측좌핵은 이렇게 말한다. "와, 저 컵케이크 맛있겠다."

스트레스는 이런 대화의 역학 관계를 바꿔버린다. 차분하고 느긋할 때는 전전두피질이 아주 능숙하게 제 뜻을 관철한다. 그러나 불안과 스트레스의 강도가 높아질수록 힘이 배측 선조체와 측좌핵 쪽으로 넘어간다. 무난하게 다이어트를 이어가다가도 애인과 싸우면 다 무너지고, 가족과 갈등이 생기면 규칙적으로 하던 운동을 내팽개치게 되는 이유가 바로 그 때문이다. 스트레스를 받으면 가장 깊이 새겨진 무의식적 반복 행동을 하거나 충동의 노예가 되기 쉽다.

> **심호흡하라.** 안절부절못하거나 나쁜 습관인지 알면서도 하지 않을 수 없다고 느껴질 때는 숨을 깊이 들이쉬어라. 천천히 내쉬고 다시 한 번 깊이 들이쉰다. 필요한 만큼 이 과정을 반복한다. 9장에서 자세히 이야기하겠지만, 길고 느린 호흡은 뇌의 스트레스 반응을 진정시킨다.

무의식적 반복 행동과 충동은 우울증 상태에서 더 악화되지만, 우울증이든 아니든 나쁜 습관은 언제나 행복을 방해할 수 있다. 이에 대해서는 작업 습관(6장), 수면 습관(7장), 식습관(8장), 사회적 습관(11장) 부분에서 더 자세히 알아볼 것이다.

몸에 새로운 습관의 암호를 새기는 법

충동이든 반복 행동이든 모든 나쁜 습관에는 그것을 촉발하는 계기가 있다. 생활에서 그 계기를 제거할 수 있다면(예컨대 알코올중독이라면 술집을 피하는 식으로) 습관을 피해갈 수 있다.

안타깝게도 습관을 촉발하는 계기는 피할 수 없는 경우가 많다. 우선 많은 습관이 스트레스 때문에 촉발되는데, 스트레스 없이 살아가는 사람은 아무도 없다. 일단 습관이 촉발되면 그것을 통제할 유일한 방법은 전전두피질을 활성화하는 것이다.

사람이 동물과 다른 이유는 아주 큰 전전두피질이 있기 때문이다. 다른 동물들은 대부분 충동과 무의식적 반복 행동으로 살아가지만, 인간에게는 의지적 행위를 통해 그런 상태를 극복할 능력이 있다. 여기서 '의지적'이라는 말은 우리가 의식적으로 또 의도적으로 '브레이크를 밟아서' 습관에 따라 행동하는 것을 멈출 수 있다는 뜻이다. 의지적 행위를 실행하는 것은 전전두피질이며, 충동을 억제하려면 전전두피질에서 세로토닌이 제 기능을 해야 한다.

그런데 아쉽게도 세로토닌의 공급량에는 한계가 있다. 충동을 하나씩 억제할 때마다 다른 충동을 억제하기가 점점 더 어려워진다. 충동에 저항하는 일은 제한된 수의 총알을 가지고 좀비 군단에 맞서 싸우는 것과 비슷하다. 결국에는 총알이 떨어지게 되어 있다.

다행히 다른 해결책도 있다. 더 좋은 습관을 만들면 전전두피질에만 의지하지 않아도 되고, 스스로 세로토닌 활동을 촉진할 수 있다. 이 두 가지 사항에 대해서는 8장에서 이야기할 것이다.

또 하나의 해법은 나쁜 충동과 무의식적 반복 행동을 억제하는 일 자체를 즐거운 일로 만드는 것이다. 이는 목표를 세우면 가능하다. 목표를 세우면 측좌핵과 전전두피질, 전방대상피질을 비롯한 여러 뇌 영역의 활동에 변화가 생긴다. 목표를 세우는 일이 지닌 힘에 대해서는 6장에서 다룬다.

결국 요점은 진부하지만 과학적으로 타당한 경구로 정리할 수 있다. '연습하고, 연습하고, 또 연습하라'는 것이다. 새로운 좋은 습관을 들이려면 뇌가 재배선될 때까지 계속해서 반복하는 수밖에 없다. 배측 선조체에 어떤 행동의 암호를 새기는 방법은 그 행동을 반복하는 것뿐이기 때문이다. 그때까지 엄청난 시간과 끈기가 필요하지만 배측 선조체는 일단 길들고 나면 우리에게 유리한 쪽으로 움직이기 시작한다. 이에 대해서는 8장에서 더 자세히 이야기할 예정이다. 그것이 가능하다는 것은 정말 멋진 일이다. 나이가 얼마나 들었든 우리에게는 여전히 자신의 뇌를 변화시키고 인생을 개선할 힘이 있는 것이다.

소프트웨어가 하드웨어도 바꾼다

지금까지 뇌 회로들이 어떻게 상호작용하며 우울증의 하강나선을 유발하는지 알아보았다. 전전두피질은 걱정이 너무 많고, 감정적인 변연계는 별것 아닌 일에도 너무 쉽게 반응한다. 섬엽은 만사를 실제보다 더 나쁘게 느끼도록 하고, 전방대상피질은 부정적인 면에만 집중해 상황을 악화시킨다. 게다가 전전두피질은 배측 선조체와 측좌핵의 나쁜 버릇들까지 억제하느라 고군분투하고 있다. 우울증을 극복하는 게 그토록 어려운 이유는 이처럼 각각의 회로가 서로를 아래로 끌어당기기 때문이다.

그러나 좋은 소식도 있다. 뇌는 고정된 것이 아니다. 생활을 바꾸면 뇌도 바뀐다. 우리는 행동과 뇌 화학을 바꿀 수 있고 우울증을 유발하는 뇌 영역과 회로의 배선을 바꿀 수 있다. 컴퓨터를 업그레이드하듯이 소프트웨어뿐 아니라 하드웨어까지 바꿀 수 있는 것이다. 하나하나는 그리 대단한 변화가 아닐지 모르지만 각각의 변화가 함께 뇌를 상승나선 쪽으로 밀어 올리며 효과를 키워 간다.

우울증을 더욱 잘 이해하게 된 것만으로도 이미 상승나선은 시작된 셈이다. 이해는 그 자체로 강력한 힘을 갖고 있다. 무슨 일이 일어나고 있는지 알면 더 잘 통제할 수 있다는 느낌이 든다. 또한 이해는 인정으로 나아가는 한 걸음이다. 현재 상태를 받아들이지 않으면 변화는 어려워진다.

게다가 신경과학은 이해만 돕는 것이 아니다. 2부에는 운동(5장), 결정 내리기(6장), 수면 질 높이기(7장), 좋은 습관 만들기(8장), 자기 몸 활용하기(9장), 더 감사하기(10장), 다른 사람들에게 의지하기(11장), 전문적인 도움 구하기(12장) 등 뇌 활동과 뇌 화학을 변화시켜 상승나선을 유도하는 다양한 방법이 담겨 있다. 이 모든 영역을 다 변화시켜야만 도움을 얻을 수 있는 건 아니다. 한 영역의 작은 변화가 다른 영역의 변화에도 도움을 준다. 신경과학적 호들갑은 그만 접어두고, 바로 시작하자.

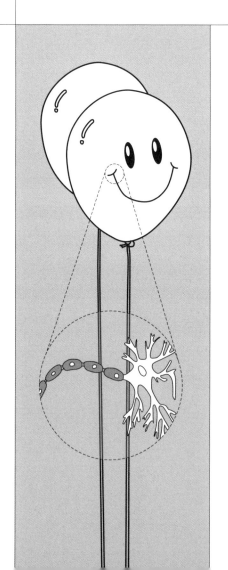

2부

상승나선을
만드는 뇌

5장

운동이
뇌에 미치는 영향

몇 년 전 UCLA에서 새 일자리를 얻었을 때 상사는 내게 어디서든 편하게 일하라며 노트북 컴퓨터를 한 대 사주었다. 나는 사무실에 출근하지 않아도 된다는 사실에 들떴다. 옷을 차려입을 필요도, 통근할 필요도 없었다. 나는 공원에 가서 맑은 공기를 마시며 일하거나 멋진 카페에 가서 일할 거라고 생각했다. 그러나 대부분의 시간을 침침한 거실 소파에 그냥 앉아 보냈다. 그 무렵 여자 친구가 해안선을 따라 북쪽으로 145킬로미터 떨어진 곳으로 이사했다. 여자 친구 집을 오가는 동안 다행히 아름다운 풍경을 만끽할 수 있었지만 어쨌든 며칠마다 꼼짝 않고 3시간씩 운전을 해야 하는 상황이었다.

몇 주가 지나자 엉덩이에 통증이 생겼다. 이어서 양쪽 견갑골 사이의 등이 아팠다. 나 자신이 게으르게 느껴지고 초조했지만, 어떻게 해야 할지 알 수 없었다. 정체된 느낌이 들고 몸이 무거워진 것 같고 실제보다 더 늙은 느낌이었다. 그렇게 몇 달이 지난 뒤에야 나는 내가 얼마나 안 움직이는 사람이 되었는지 깨달았다.

그냥 운동할 마음이 안 났다. 그런 기분, 다들 알 것이다. 하루 종일 소파에 앉아 있으면 계속 앉아 있고만 싶다. 몸이 불편하고 그런 몸으로 움직이고 싶지 않은 것이다. 예전에 매일 출퇴근할 때는 한 주에 몇 번씩 트랙을 달리거나 요가 스튜디오에 갔다. 두 곳 다 직장과 가까웠기 때문에 어렵지 않았다. 그러나 소파에 앉아 생각하니 달리기를 하러 가건 요가를 하러 가건 너무 많은 노력이 드는 일이란 느낌이 들었다. 몸 상태가 나빠질수록 다시 좋은 상태로 되돌리는 일에 관심이 떨어졌다.

하강나선에 갇혀 있으면서 나는 그 사실을 깨닫지 못했다. 이것이 노트북 한 대로 시작된 일이라니 좀 바보 같지만 사실이 그렇다. 하강나선은 대체로 이런 식으로 시작된다. 작은 변화 하나가 의도치 않은 결과를 낳고 그 결과가 하나하나 쌓여 점점 커지는 것이다. 운동이 몸에 얼마나 중요한지는 누구나 알지만, 당시 나는 운동이 '뇌'에 얼마나 중요한지는 알지 못했다.

뇌는 단지에 담긴 채 세상과 단절되어 살아가지 않는다. 뇌는 몸과 연결되어 있기 때문에 우리가 몸으로 하는 일들이 뇌의 신경화학에 영향을 미친다. 뇌가 나태하게 빈둥거리는 상태를 마음에 안 들어 하면 몸 또한 그렇게 느껴 몸을 쓰고 싶어 한다.

이 책의 후반부는 상승나선을 만드는 일에 관한 이야기다. 상승나선에서는 긍정적인 생활의 변화가 긍정적인 뇌의 변화를 야기하고, 긍정적인 뇌의 변화는 다시 긍정적인 생활의 변화를 가져온다. 먼저 운동 얘기부터 해보자. 내가 쓰는 '운동'이라는 말은 그냥 이리저리 몸을 움직이는 것을 의미한다. 헬스장에 가거나 멋진 운동복을 사야 하는 건 아니다. 그저 몸을 좀 더 움직이고, 너무 앉아서 꼼짝도 안 하면 안 된다는 말이다.

'운동'하지 말고 재밌게 놀자. '운동한다'고 생각하지 말고 '활동적으로' 지낸다거나 '재밌게 논다'고 생각하면 감정적인 효과가 훨씬 커진다. 한 주에 세 번씩 자전거를 타고 출근하거나 공원에서 친구들과 프리스비 놀이를 한다면 운동한다는 느낌은 들지 않으면서도 결국 많은 활동을 하게 된다.

운동은 상승나선을 가동시키는 가장 단순명료하고 효과가 큰 방법일 것이다. 게다가 운동은 항우울제가 뇌에 미치는 효과와 동일한 여러 효과를 발휘하고, 심지어 기분전환 약물이 주는 취기를 흉내 내기도 한다. 운동 자체는 자연스러운 일이지만, 꽤 미묘하면서도 목표가 분명한 뇌의 변화를 야기하고 심지어 약물이 주는 것보다 더 훌륭한 혜택을 준다.

'내'가 아니라 '뇌'가 게으른 것뿐

물론 운동할 기분이 아닐 것이다. 하지만 그건 우울증에 빠진 당신의 뇌가 하는 말일 뿐이다. 우울증은 안정적인 상태다. 우울증에 걸린 사람의 뇌는 계속 우울한 상태를 유지하도록 생각하고 행동하는 경향이 있다는 말이다. 우울증을 극복하려면 당신의 뇌가 그 게으른 엉덩이를 들게 해야 하고, 당신은 그 일을 해내야만 한다. 지금 나는 당신이 **게으르다**는 게 아니라 **당신의 뇌**가 게으르다

고 말하는 것이다. 결국 이 일에 뭔가 조치를 취할 수 있는 사람은
당신뿐이다.

> **다른 사람과 함께하자.** 사회적인 상호작용은 우울증에
> 유익하지만(11장), 사회적인 압력도 우리를 운동하게 하는 데
> 도움이 된다. 그러니 친구에게 어떤 종류의 활동을 원하는지
> 물어보고 함께하라. 트레이너를 고용할 수도 있고, 강습에
> 참여할 수도 있으며, 모임에 가입할 수도 있다. 책임질 파트너가
> 있으면 게으름 피우지 않고 참석할 가능성이 더 커진다.

운동은 뇌를 어떻게 이롭게 하는가

운동이 얼마나 유익한지 족히 백만 번은 들었을 것이다. 그렇다면
이제 백만 한 번째로 들어보자. 운동은 우리에게 유익하다. 심장
과 허리둘레에만 좋은 것이 아니라 뇌에도 좋다. 구체적으로 말해
우리를 계속 우울한 상태로 만드는 회로들에 효과가 좋다. 우울
증이 야기하는 거의 모든 문제는 운동으로 해결할 수 있다.

예를 들어,

⊙ 신체적으로

- 우울증은 몸을 무기력하고 피곤하게 만들지만, 운동은 몸
  에 에너지와 활력을 준다.
- 우울증은 종종 수면 패턴을 무너뜨리지만, 운동은 수면

의 질을 높여주고 뇌의 회복을 돕는다(7장).

- 우울증은 식욕을 엉망으로 만들어 너무 적게 먹거나 정 크푸드를 먹게 한다(실제로 가공식품을 많이 먹는 사람은 우울증에 걸릴 위험이 높다[72]). 운동은 식욕을 증진해 식사를 즐겁게 하고 건강을 개선한다.

⊙ 정신적으로

- 우울증은 집중을 어렵게 하지만, 운동은 정신을 예리하게 만들고 계획을 세우거나 결정을 내리는 데 도움을 준다.[73]
- 우울증은 에, 그러니까…… 우울하게 만들지만, 운동은 기분을 좋아지게 한다.[74] 또한 불안[75]과 스트레스[76]를 떨어뜨리고 자존감을 높인다.

⊙ 사회적으로

- 우울증은 대체로 우리를 고립되고 외롭게 만든다. 반면 운동은 세상 밖으로 나가게 해주는 경향이 있다.

나아가 이 모든 효과는 우울증에서 회복하게 해줄 다른 활동과 사고 과정을 촉발한다. 예를 들어 운동을 하면 잠을 더 잘 잘 수 있다. 그러면 통증이 줄어들고 기분이 좋아지며 기력이 증진되고 정신이 맑고 예리해진다. 통증이 줄어들면 운동하기가 쉬워질 뿐 아니라 운동을 더욱 즐길 수 있다. 기력이 좋아지는 것 또한 운동할 가능성을 높인다. 여기서 핵심 메시지는 이 모든 원인과 결과가 서로 섞이고 쌓여가며 유쾌함으로 나아가는 상승나선을 만들어낸다는 것이다.

운동은 새로운 뉴런을 만든다

운동은 근육을 키워주지만 뇌도 강화한다. 운동을 하면 BDNF
(뇌유래신경영양인자) 같은 신경성장인자가 증가하는데 이는 뇌의
스테로이드 같은 것이다. BDNF는 뇌를 튼튼하게 만들어 우울증
뿐 아니라 다른 여러 문제에 대항할 힘을 길러준다.[77]

> **짧은 시험 기간을 정해두고 그때까지만이라도 전념하라.** 운동
> 수업에 등록하고 처음 세 번은 반드시 가겠다고 다짐하라.
> 그루폰Groupon, 리빙소셜LivingSocial 같은 온라인 사이트에서
> 한 달 동안 시험적으로 다녀볼 만한 근처의 요가나 필라테스
> 스튜디오의 할인 요금을 알아보라. 헬스장에 등록하고 첫 2주
> 동안 매주 월, 수, 금은 꼭 가겠다고 자신과 약속하라. 너무
> 피곤해서 도저히 못 할 것 같다고 느껴지더라도 헬스장까지
> 가서 차를 세워두고 걸어 들어가 운동복으로 갈아입고
> 2킬로그램짜리 웨이트를 들어라. 진짜 너무 피곤해서 다른
> 건 도저히 더 할 수 없다면 그것만으로도 괜찮다. 어쨌든
> 자신에게(그리고 나에게) 약속한 바를 지켰으니 이제 집으로
> 돌아가 인터넷이나 들여다보며 빈둥거리자.

운동이 새로운 뉴런의 성장을 촉진한다는 사실을 수많은 연
구가 증명해왔다. 텍사스의 과학자 두 명은 쥐를 대상으로 운동의
효과를 관찰했다.[78] 그들은 쥐를 자발적 달리기 그룹, 강제 달리기

그룹, 대조군으로 나눴다. 자발적 달리기 그룹은 자기가 원하는 속도대로 달릴 수 있었지만 강제 달리기 그룹은 정해진 속도대로 달려야 했다. 대조군은 전혀 달리지 못하게 했다.

그러자 두 운동 그룹에 속한 쥐들의 해마에서 새로운 뉴런이 아주 많이 만들어졌다. 강제 그룹보다 자발적 그룹에서 더 많은 뉴런이 생겼는데, 이는 능동적으로 운동을 선택할 때 더 큰 혜택을 얻을 수 있다는 것을 암시한다(이러한 자기 동기부여에 대해서는 6장에서 더 자세히 다룬다). 또한 헬스장 러닝머신에서 달리는 것이 공원을 달리는 것보다는 못하지만 아무것도 하지 않는 것보다는 훨씬 낫다는 것을 알려준다. 그리고 상승나선을 가동시키려면 아무리 사소할지라도 지금 하고 있는 일보다는 나은 일을 행동에 옮기는 것만으로 족하다는 것도.

> **풍경을 즐겨라.** 도시에서는 시골에서든 쾌적한 환경에서 또는 쾌적한 환경의 이미지를 보며 운동하는 것이 운동의 이점을 더욱 증폭시킨다.[79] 실제로 운동 여부와 관계없이 자연에 나가 있거나 심지어 나무, 호수가 있는 장면을 보는 것만으로도 기분에 큰 영향을 미치고, 우울증 증상을 완화할 수 있다.[80] 그러니 공원에 가서 달리기를 하거나 가능하면 창에서 가까운 러닝머신을 고르자.

중요한 것은 뉴런 성장의 혜택이 쥐뿐만 아니라 사람에게도 분명히 나타난다는 점이다. 뉴런의 성장은 전전두피질 전역에서 회백질(척추동물의 중추신경계에서 신경세포가 모여 있어 육안으로 볼 때 회색으로 보이는 부분이다. 주로 뉴런의 신경세포체와 가지돌기, 무수신경돌기로 이루어져 있다. 뇌에서는 바깥 표면인 대뇌피질에, 척수에서는 안쪽에 분포한다-옮긴이 주)을 증가시킨다.[81] 운동을 해서 BDNF가 증가한다는 사실은 그 자체로 멋지지만, 항우울제가 BDNF를, 특히 전두엽에서 증가시킨다는 사실을 알면 더 멋지다는 생각이 들 것이다.[82] 즉 운동은 뇌에 항우울제와 비슷한 작용을 한다.

내가 소파에서 분연히 떨치고 일어나 걷기 시작했을 때 내 뇌는 BDNF를 생산하며 더 강해지고 있었다. 그때 나는 의식하지도 못한 채 일련의 신경 작용들을 촉발한 것이다. 하지만 BDNF는 비료 같은 것임을 기억해야 한다. 막 심은 씨앗에 비료를 뿌리고 "내 화초는 어디 있지?"라고 물을 수는 없다. 시간이 걸리는 일이다. 운동은 성장에 유리한 환경을 만드는 데 도움을 주지만 효과를 보려면 시간을 들여 지속해야 한다.

운동은 세로토닌 수치를 끌어올린다

운동과 항우울제의 연관 관계는 뉴런을 강화하는 BDNF에서 끝나지 않는다. 대부분의 항우울제는 동기부여와 의지력을 증가시키는 세로토닌계를 타깃으로 해 세로토닌 수치를 끌어올린다. 그런데 운동이 세로토닌 활동을 촉진하는 것으로 밝혀졌다.[83]

> **자신에게 중요한 것을 생각하라.** 운동을 장기적인 목표와 연결하면

뇌는 일시적인 불편함을 눈감아주면서 운동을 더욱 만족스럽게 느끼도록 해준다(6장). 나는 몸 상태가 좋아지면 운동하는 게 더 즐거워질 거라고 계속 상기한다. 자녀를 위해 운동하는 사람이 있을 것이고, 열심히 일하는 것에 가치를 두기 때문에 운동하는 사람도 있을 것이다. 자신에게 가장 중요한 게 뭔지는 본인이 제일 잘 안다.

몸을 움직이면 세로토닌 뉴런의 발화 빈도가 높아지고, 그러면 세로토닌 분비가 촉진된다. 그래서 세로토닌 분비량이 증가하면 수요에 맞추기 위해 더 많은 세로토닌이 생성된다.[84] 특기할 점은 정식으로 운동할 때뿐 아니라 어떤 식으로든 움직이기만 해도 세로토닌이 증가한다는 것이다. 청소기를 돌리든, 정원을 돌보든, 어느 정도 떨어진 주차장까지 걸어가든 이 모두가 뇌에 도움을 줄 수 있다는 말이다. 중요한 사실은 세로토닌과 BDNF가 힘을 합하면 상승나선을 작동시키는 능력이 더욱 뛰어나진다는 것이다. 세로토닌은 BDNF가 생성되도록 자극하고, BDNF는 세로토닌 뉴런을 강화하기 때문이다.[85] 운동이 작은 눈 뭉치 하나를 굴리면 뇌에서 역동적으로 일어나는 상호작용이 그것을 계속 굴려 거대한 눈덩이로 만드는 것이다.

운동으로 노르에피네프린이 충전된다

우울증에 걸리면 대개 집중하거나 깊이 사고하기가 어려워지는데 이는 주로 노르에피네프린계가 힘없이 처져서 생기는 증상이다. 그 때문에 노르에피네프린은 항우울제가 세로토닌 다음으로 가장 많이 타깃으로 삼는 신경전달물질이다. 반갑게도 운동 역시 노르에피네프린을 증가시킨다.[86] 독일의 한 연구팀은 피험자들을 그냥 쉬거나 천천히 조깅하거나 빠른 속도로 전력 질주하게 했다. 모든 운동이 노르에피네프린을 증가시켰지만 특히 강도 높은 운동이 더욱 효과가 좋았다. 기력을 끌어올려 강도 높은 운동을 실천할 수만 있다면 뇌가 그 노력에 충분한 보상을 해줄 것이다.

운동은 도파민을 선물한다

도파민은 뇌가 만들어내는 메스암페타민methamphetamine(중추신경계를 흥분시키는 각성제. 소량 복용 시 집중력과 신체 활력이 높아지고, 다량을 복용하면 극단적인 행복감을 느끼고 성욕이 증가한다. 중독성이 매우 높고 도파민 수용체의 정상적인 작용을 방해하기 때문에 중독 시 심한 금단 증상을 겪을 수 있다. 1941년에 일본에서 히로뽕[필로폰]이라는 이름의 피로 회복제로 판매하기 시작했으나 실제로 피로를 푸는 게 아니라 피로를 잊게 하는 각성제였다. 1951년에 제조, 판매, 사용이 모두 불법화되었다 —옮긴이 주)이라고 할 수 있다. 뇌의 도파민 회로는 쾌락, 의사결정, 집중을 통제한다. 도파민은 중독과 가장 관련이 깊은 신경전달물질이다. 크리스털 메스(메스암페타민의 별명)나 코카인처럼 사람을 흥분시키는 중독성 마약은 모두 기본적으로 도파민의 활동을 한껏 자극한다. 실제로 마약뿐 아니라 위험한 일에 도전하는 것, 격한 감정에 휩쓸리는 것 등 우리를 흥분시키는 모든 중독은 뇌가 선천적으로 지닌 즐길 수 있는 능력을 끌어다 쓰는 것이다. 우울증에 흔히 수반되는 전혀 즐거워할 수 없는 상태는 도파민 기능 이상으로 설명할 수 있다. 이쯤 되면 짐작할 수 있겠지만, 다행히 운동은 도파민계에도 긍정적인 영향을 미친다.[87]

> **보상은 운동을 먼저 한 다음에.** 인정하자. 어차피 텔레비전은 볼 것이다. 아이스크림도 먹을 것이다. 페이스북에 들어가 시간도 흘려보낼 것이다. 그래도 괜찮다. 하지만 다음번에는 뭔가에 대한 보상으로 그 일을 하자. 그 전에 먼저 운동을 하라. 계단을 두 번 올라갔다 내려갔다 하라. 윗몸일으키기를 10회 하라. 동네를 한 바퀴 달려라. 보상행동은 어차피 할 것이었으니, 움직이지 않고 하는 그 활동들 사이에 작은 활동을 끼워 넣는 것이다. 좋아하는 드라마를 보거나 아이스크림을 먹는 것이 무언가에 대한 보상이라고 생각하면 훨씬 더 재미있고 맛있어진다.

영국의 한 연구팀은 운동을 하기 전과 후에 담배를 피우고 싶다는 흡연자의 욕구가 어떻게 변하는지 조사했다.[88] 피험자들에게 15시간 동안 담배를 피우지 못하게 한 후 운동 그룹과 대조군으로 나누었다. 운동 그룹은 고정 자전거에 앉아 약한 강도와 중간 강도로 10분 동안 페달을 밟았고, 대조군은 가만히 앉아 있었다. 이어서 fMRI 스캔을 실시했는데 대조군의 뇌는 담배를 보자 예측한 그대로의 반응을 보였다. 곧 복측 전전두피질의 일부이자 동기부여에 관여하는 안와전두피질에서 활동이 증가한 것이다. 배측 선조체에서도 의미심장한 활동이 보였다. 둘 다 도파민 활동에 영향을 받는 뇌 영역이다. 다시 말해 그들의 뇌는 담배를 **정말로** 원했고 담배를 피우기 위한 습관을 작동시키고 있었던 것이다.

> **운동 계획을 세우고 지켜라.** 할 일 목록이나 달력에 운동 계획을 추가하고 그것을 지킨 다음 체크하라. 계획을 세우면 전전두피질이 활성화되고, 해낸 일에 체크를 하면 도파민이 분비된다. 누이 좋고 매부 좋다.

한편 운동 그룹이 담배를 보았을 때의 뇌 반응은 달랐다. 10분간의 운동을 제외하면 나머지 요소는 두 그룹이 똑같았다는 점을 기억하자. 그런데 잠시 자전거를 탄 뒤 운동 그룹에서는 앞서 말한 뇌 영역들의 활동이 감소했다. 그들의 뇌는 대조군보다 담배를 덜 원했다. 겨우 10분 한 운동이 그들의 도파민 회로를 의미심장하게 바꾸고 의지력을 키웠다. 물론 고정 자전거에 앉아 잡지를 보며 몇 킬로미터 페달을 밟는다고 모든 문제가 해결되는 건 아니다. 하지만 뇌에는 가만히 앉아 있는 것보다 엄청나게 유익한 일이며, 상승나선을 작동시키기에 아주 좋은 출발점이다.

뇌에서 만들어내는 아편

러너스 하이Runner's High(30분 이상 달렸을 때 드는 도취감-옮긴이주)는 자연적인 신경화학물질일까, 거리의 불법적인 마약일까? 때로는 구분하기 어려울 때가 있다. 운동을 하면 뇌가 엔도르핀을 분비하는데, 엔도르핀은 통증을 줄이고 불안을 달래주는 신경 신호를 보냄으로써 뉴런에 (모르핀이나 바이코딘 같은) 아편처럼 작용하는 신경전달물질이다.

독일의 한 연구팀은 양전자방출단층촬영PET, Positron Emission Tomography을 활용해 운동 후 엔도르핀 활동 변화를 관찰했다.[89] 그들은 운동이 뇌에 엔도르핀을 증가시키며, 이 변화가 기분이 좋아지는 것과 상관관계가 있음을 알아냈다. 그리고 안와전두피질, 배외측 전전두피질, 섬엽, 전방대상피질을 포함한 몇 군데 핵심 영역에서도 중요한 상관관계를 발견했다.

1부에서 전두-변연계의 대표 선수인 이 영역들이 우울증을 일으키는 데 중요한 역할을 한다고 말했던 것을 기억할 것이다. 안와전두피질은 동기부여와 의사결정에 영향을 미치고, 배외측 전전두피질은 계획 세우기와 사고를 돕는다. 섬엽은 통증 인식을, 전방대상피질은 집중을 조절한다. 놀라운 점은 이 모든 영역에서 신호를 보내는 엔도르핀을 운동으로 증가시킬 수 있다는 것이다.

엔도르핀은 격렬한 운동을 할 때 가장 많이 분비된다.[90] 힘든 운동을 하도록 자신을 독려할 수만 있다면 훨씬 많은 엔도르핀을 얻게 된다. 러너스 하이까지는 느끼지 못하더라도 가벼운 신바람 정도는 느낄 수 있는데, 그 정도로도 충분히 좋다.

뇌가 기분전환 약물 중에 아편류의 효과만 흉내 낼 수 있는 것은 아니다. 운동은 엔도카나비노이드계endocannabinoid system의 활동을 증가시킨다.[91] 엔도카나비노이드라는 건 처음 들어볼 것이다. 이는 뇌에서 자연적으로 생기는 화학물질로 대마초cannabis에서 이름을 따왔다. 대마초의 유효성분인 테트라하이드로카나비놀THC, tetrahydrocannabinol 역시 바로 이 엔도카나비노이드계를 활성화시켜 통증 감도를 낮추고 안녕감을 높인다. 이것이 바로 운동을 하면 통증이 줄고 긍정적인 감정이 증가하는, 그래서 때로는 군것질을 하고 싶어지는 이유 중 하나다.

운동이 스트레스에 미치는 영향

스트레스와 우울증은 주고받는 관계다. 우울증은 심한 스트레스를 주고 스트레스는 우리를 우울증으로 몰고 간다. 그렇다. 또 하나의 가혹한 하강나선이다. 다행히 운동이 여기에도 도움이 된다.

> **간단한 운동으로 시작하라.** 간단하고 쉬운 활동이면 자신을 독려하기가 훨씬 쉽다. 처음에는 아침에 이메일을 체크한 다음 팔굽혀펴기를 1회 하는 것부터 시작해보라. 기분이 나아져서 운동을 더 하고 싶어지면 그때 더 해보자. 팔굽혀펴기를 단 한 번만 했다고 해도, 아무것도 안 한 것보다는 낫다.

일본과 태국 연구자들로 이루어진 한 공동 연구팀은 우울증에 걸린 10대 소녀들을 대상으로 운동이 스트레스에 미치는 영향을 관찰했다. 그들은 소녀들을 두 그룹으로 나누어 8주 동안 운동 수업에 다니거나 그냥 평소대로 활동하게 했다. 그 결과 운동이 (코르티솔과 아드레날린 같은) 스트레스 호르몬과 우울증을 급격히 떨어뜨렸고 신체 건강과 사회적 관계를 개선했다.[92] 이는 전형적인 상승나선의 예다. 생활에서 일어난 한 가지 변화가 여러 가지, 심지어 서로 무관해 보이는 효과를 낳을 수 있다.

운동할 때 전전두피질 혈류량이 증가한다

대부분의 신경과학 연구는 운동 전과 운동 후의 뇌 활동을 비교했지만, 도쿄의 한 연구팀은 운동하는 **동안**의 뇌 활동을 관찰했다.[93] 그들은 두개골을 통과해 혈류 변화를 볼 수 있는 근적외분광분석법near infrared spectroscopy을 사용했다. 그 결과 고정 자전거(과학자들은 이걸 진짜 좋아한다)에서 페달을 밟는 동안 피험자들의 복측 전전두피질에서 산소가 함유된 혈액이 증가했으며, 더불어 기분이 좋아지고 기력이 증가함을 발견했다.

> **앉아 있는 것은 새로운 종류의 흡연이다.** 앉아 있는 것이 그만큼 나쁘다는 말이다. 당신이 (나처럼) 하루 종일 컴퓨터 앞에 앉아 있다면, 최소한 한 시간에 한 번씩은 일어나 이리저리 걸어 다녀라. 그리고 20분마다 손과 팔과 등을 스트레칭하라. 서서 일할 수 있는 책상을 사용하거나 운동용 공을 의자 대신 쓰는 것도 시도해보라. 전화 통화는 걸으면서 하라.

운동하면 더 빨리 잠들고 더 오래 잠잔다

평생의 3분의 1을 자면서 혹은 잠들려 노력하면서 보낸다는 점을 감안하면, 수면 패턴의 변화는 깨어 있는 나머지 시간에 어마어마한 영향을 미칠 수 있다.

노스웨스턴 대학교 연구팀은 불면증이 있는 성인을 두 그룹으로 나누어 연구를 실시했다.[94] 한 그룹은 일주일에 나흘을 중간 강도로 운동하고, 다른 그룹은 요리 수업을 받거나 박물관에 가는 등 다른 재밌는 일을 했다. 네 달 후, 운동 그룹에 속한 사람들이 더 빨리 잠들고 더 오래 잠을 잤다. 또한 기분이 좋아지고 에너지가 많아져 전반적인 삶의 질이 향상되었다. 이는 운동이 가진 여러 흥미로운 점 중 하나다. 처음 운동을 시작하면 더 피곤하지만, 어느 정도 시간이 지나면 에너지가 많아져 다른 재밌는 일들을 더 많이 할 수 있게 된다.

그렇다면 잠들어 있을 때 뇌에서는 정확히 어떤 일이 벌어지는 걸까? 잠든 동안 뇌는 다양한 단계를 거친다. 아마 렘수면, 즉 급속안구운동수면Rapid Eye Movement Sleep이라는 수면 단계를 들어봤을 것이다. 렘수면 상태에서 뇌는 다른 단계에서보다 훨씬 더 활동적으로 움직인다. 이에 대해서는 7장에서 자세히 다룰 것이다. 일단 기본적으로 우울증에 걸리면 렘수면의 양이 늘기 때문에 그만큼 편안한 수면을 취할 수 없게 된다.[95] 항우울제는 렘수면을 줄이는데,[96] 운동 역시 그렇다. 그러니까……, 운동을 하고, 더 깊이 자고, 그래서 더 많은 행복과 기력을 느끼고, 그래서 더 운동이 하고 싶어지고, 씻고……. 이 과정이 다시 반복되고…….

시작은 그저 산책이었다

나는 거실 소파에 앉아 일하거나 교통 체증으로 꽉 막힌 차 안에 꼼짝없이 앉아서, 여기저기가 아프고 나이 들어가는 것을 실감하며 엉망인 컨디션으로 지냈다. 그 무렵 내 룸메이트가 LA 마라톤에 출전하겠다며 훈련을 시작했다. 친구는 함께하자며 나를 열심히 설득했다. 나는 마라톤에 나갈 일은 절대 없을 거라고 생각했지만, 그 친구가 보여준 에너지와 열의는 내가 얼마나 깊은 하강 나선에 빠져 있었는지를 깨닫는 데 큰 도움이 되었다. 그래서 나는 작은 것들을 바꿔나가기 시작했다.

아침을 먹고는 잠시 산책을 했다. 계획을 세웠던 건 아니고, 그냥 문을 열고 나가 어슬렁어슬렁 주변 몇 블록을 걸어 다니며 햇볕을 쬐었다. 굳이 출근할 필요는 없었지만 다시 사무실로 출근하기 시작했다. 출근을 하니 차가 있는 곳까지, 다시 주차장에서 건물까지 걸어야 했고 계단도 조금 올라야 했다. 그러자 고립감이 줄어들었고 육상 트랙과 요가 스튜디오와도 가까워져 실제로 운동하는 비율이 높아졌다. 마지막으로 좀 더 결연하게 스포츠를 하기로 작정했는데, 이는 내 몸과 사교 생활에만 도움을 준 것이 아니라 재미도 안겨주었다.

이렇게 운동을 해나가며 매번 전보다 조금씩 더 움직였고 모든 게 점점 쉬워졌다. 내 뇌는 유익한 신경화학물질을 마구 뿜어냈다. 세로토닌과 도파민, 노르에피네프린이 함께 변화를 이뤄내기 시작했다. BDNF도 묵묵히 제 할 일을 했다. 그 결과 식욕이 왕성해졌을 뿐 아니라 음식이 더 맛있게 느껴졌고 더욱 건강한 음식이 먹고 싶어졌다.

예전에 하던 이런저런 걱정이 줄어들었고 잠을 더 잘 잤다. 왠지 자유로운 시간이 많아진 것 같았고 심지어 젊어진 느낌까지 들었다. 그러자 운동이 점점 더 좋아졌고 서서히 마라톤에 대한 관심도 생겨났다.

이것이 상승나선의 중요한 부분이다. 일단 시작만 해놓으면 상승 과정이 저절로 돌아가며 유지된다. 물론 사이사이 등을 떠밀어줘야 할 때도 있지만, 뇌가 스스로 일이 쉽게 돌아가도록 만드는 것을 보면 놀라울 정도다. 전에는 장거리 달리기를 좋아하지 않았지만 몇 번 천천히 조깅을 해본 뒤 문밖으로 나가 어딘가로 달려가는 그 단순한 자유로움에서 큰 기쁨을 느낀다는 것을 깨달았다. 나는 헬스장에 갈 필요가 없었다. 운동을 하겠다고 친구들과 계획을 세울 필요도 없었다. 그냥 달리기만 하면 됐으니까.

뇌가 뭐라고 말하든

우울증에 걸린 사람이 운동을 시작할 때 맞닥뜨리는 가장 큰 걸림돌은 운동하기 싫다는 마음이다. 운동을 떠올리면 '그래 봐야 도움이 안 돼'라는 부정적인 생각이 자동으로 따라붙는다. 하지만 그것은 우울증 상태의 뇌가 우울증의 올가미에 걸려 빠져나올 줄 모르기 때문에 나오는 반응이다.

> **게으름 타파 규칙 세우기.** 3층 이하는 언제나 계단으로 다니겠다고 작심하라. 볼일을 보러 갈 때 2킬로미터 이내의 거리는 걸어가고 3킬로미터 이내는 자전거를 타겠다고 결심하라. 계단이 옆에 있을 때는 절대 에스컬레이터를 타지 않겠다고 다짐하라. 건물 입구와 가까운 곳을 찾느라 주차장을 빙빙 돌지 말고 제일 처음 발견한 빈자리에 차를 세워라.

모든 걸 해결하는 단 하나의 해결책은 없다. 해결책을 이루는 부분들이 있을 뿐이다. 모든 것을 다 할 필요도 없다. 아무리 사소할지라도 직접 실천하는 것이 바른 방향으로 나아가는 한 걸음이 된다. 소파에 앉아 있는 대신 걷는 1분, 1분이 상승나선에 시동을 거는 힘이 된다.

운동이 효과가 없다는 생각이 들 때도, 알아차리지 못하는 사이 뇌에서는 수많은 변화가 일어나는 중임을 기억해야 한다. 회로들을 조정하고, 유익한 신경화학물질을 분비하며, 스트레스 호르몬을 줄인다. 그러니 '지금 하고 있는 일이 정말 기분을 나아지게 할까?' 하는 걱정은 접어두어라. '이제 기분이 좀 나아진 건가?'라고 묻는 것도 그만두어라. 그냥 자신의 삶을 살아간다는 과제에만 몰두하라.

'이미 시도해봤는데 소용없었어'라고 생각할지 모른다. 그러나 뇌 같은 복잡계에서는 동일한 행동이 시기에 따라 다른 반응을 유발할 수 있다. 교통 상황 변화와 비슷하다. 금요일 러시아워에 도로를 수리한다면 교통 정체가 생기겠지만 토요일에는 같은 공사를 하더라도 통행 속도가 느려지는 일은 거의 일어나지 않는다. 인생의 한 시기에 도움이 되지 않았다고 해서 언제나 도움이 되지 않는 것은 아니다.

"하지만 난 그런 건 못 해." 운동을 거부할 때 흔히 하는 말이다. "일주일에 세 번씩이나 헬스장에 가는 건 도저히 못 해." 그러면 일주일에 한 번만 가라. "그래도 난 마라톤은 할 수 없어." 그러면 1킬로미터만 달려라. "난 달리기는 못 하는데……" 그러면 걸어라. 못 하는 일에 초점 맞추기를 그만두면 자기가 어떤 일을 할 수 있는지 알고 놀라게 될 것이다.

우울증에 걸린 뇌는 아마 포기하라고 말할 것이다. 운동을 하면 온몸이 너무 아프다고 말할지도 모른다. 의견은 고맙게 잘 들었다고 대답하고 이제 걸으러 나가자.

6장

최선의 결정이 아닌 괜찮은 결정

등산에 관한 논픽션 고전 《난, 꼭 살아 돌아간다》에서 등반가 조 심슨과 사이먼 예이츠는 페루 안데스산맥의 시울라 그란데 서벽 최초 등정에 도전한다. **스포일러 경고 1**: 힘겹지만 그들은 정상에 오르는 데 성공한다. 진짜 이야기는 내려오는 길에 시작된다. 폭풍이 불어닥쳐 그들의 몸을 때리고 시야를 가렸다. 그 혼란 속에서 조가 넘어져 다리가 부러진다. 폭풍은 몰아치고 시시각각 어두운 밤이 다가오는 가운데 둘뿐인 그들의 전망은 암울하기만 하다. 그들은 어떻게 해야 할지, 어디로 내려가야 할지 몰랐다. 만약 사이먼이 조를 업고 가려 한다면 결국 두 사람 다 죽게 될 판이었다. 조는 이 상황을 벗어날 길이 없으며 이대로 끝이라고 생각했다. **스포일러 경고 2**: 그 생각은 틀렸다. 그가 바로 이 책의 저자니까. 책에서 조는 이 시점에 야생에서 살아남는 일의 중요한 측면을 설명한다. "계속 하나하나 결정을 내려야만 한다. 잘못된 결정이라 해도 말이다. 결정을 하지 않으면 그걸로 끝장이다."

등산을 하다 나쁜 상황에 봉착했는데 벗어날 방법을 알 수 없을 땐 아무 방향이나 골라서 그 길로 가야 한다. 가장 좋은 방향일 필요는 없다. 어쩌면 가장 좋은 방향이란 없을지도 모른다. 그 상황에서는 확실한 정보가 없을 게 분명하다. 그러니 한 길을 따라

가다 절벽 앞에 도달하면 거기서 다시 방향을 돌려 딴 길을 선택하면 된다. 왜인 줄 아는가? 그렇게 절박한 상황에서는 맞는 길을 확실히 안다는 것이 불가능하고 아는 것이라고는 가만히 앉아 아무것도 하지 않는다면 그걸로 망한다는 사실뿐이기 때문이다.

우울증에 걸린 사람의 상황이 아마 딱 이와 같을 것이다. 어떤 결정을 내리든 모두 다 잘못될 것이라는 느낌이 든다. 그런 느낌이 드는 이유는 단지 변연계가 전전두피질을 압도하고 있기 때문이다. 그것은 우울증의 증상이며, 우울증 상태를 지속시키는 증상 중 하나이기도 하다. 단호하게 결정 내릴 수 있다면 그때부터는 주저하지 않고 대범하게 살아가기 시작할 것이다. 하지만 결정 내리는 일 자체가 불가능한 것이다.

최선의 결정이 아니라 그럭저럭 괜찮은 결정을 내려라. 결정을 내리려 할 때 우리는 각각의 선택에 어떤 결점이 따를지에 초점을 맞춘다. 결정 내리기를 회피하고 싶어지는 것은 바로 이 때문이다.[97] 또한 우리는 대체로 결정에 확신을 가질 만큼 충분한 정보를 갖고 있지 않다. 세상은 너무 복잡하기 때문이다. 하지만 기억하자. 아무것도 하지 않는 것보다는 부분적이라도 맞는 뭔가를 행하는 것이 더 낫다. 그럭저럭 괜찮은 정도가 아니라 최선을 해내려 하면 의사결정 과정에 지나치게 감정적인 복내측 전전두피질을 끌어들이게 된다.[98] 이와 대조적으로 그럭저럭 괜찮은 걸로 충분하다고 인식하면 복외측 전전두 영역이 더 활성화되어 자신이 상황을 장악하고 있다는 느낌을 갖는 데 도움이 된다.

의사결정에는 의도를 추리고 목표를 설정하는 일이 포함되는데, 이 세 활동은 모두 한 신경 회로에 속해 있으며 전전두피질을 긍정적인 방식으로 작동시켜 걱정과 불안을 완화한다. 결정을 내리면 보통 우리를 부정적인 충동과 굳어진 반복 행동으로 이끄는 선조체의 작용을 이겨내는 데 도움이 된다. 마지막으로 결정 내리기는 자신의 문제에 해결책을 찾고 변연계를 진정시켜 세계에 대한 인식까지 바꿀 수 있다.

우유부단함이 행복을 가로막는다

우유부단함이 행복을 가로막는다는 말을 들어본 적 있는가? 그렇다고 너무 심란해하지는 말자. 일단 우유부단함은 너무 많은 것을 너무 많이 걱정하는 데서 생겨난다는 사실을 기억하자. 한 가지 일만 걱정한다면 단호하게 결정 내리는 일도 쉬워지겠지만, 그러기에 우리의 성격과 뇌는 너무 복잡하고 미묘하다. 우리가 하는 행동은 선조체, 변연계, 전전두피질의 역동적인 상호작용에 따라 일어나기 때문에 목표, 습관, 공포, 욕망은 모두 제한된 뇌 자원을 두고 서로 경쟁을 벌인다. 때로는 이 뇌 영역들 사이에서 오가는 의사소통이 교착 상태에 빠질 때가 있는데, 그러면 우리는 한 가지 결정 앞에서 이러지도 저러지도 못하게 된다. 때로는 결정해야 할 모든 일 앞에서 꼼짝 못 하고 굳어버리기도 한다. 이때가 바로 우유부단함이 우리의 행복을 막는 경우다. 이런 상황은 기분, 사고, 행동에 악영향을 미치고 그러면 우유부단함은 더욱 악화된다. 그렇다면 결정을 내리거나 내리지 못하는 것이 우리 삶에 이렇게 깊은 영향을 미치는 이유가 무엇일까? 물론 그 답은 뇌에서 찾을 수 있으며, 전전두피질에서 시작된다.

결정 내리기는 왜 우울증 회복에 도움을 주는가

원칙적으로 뇌도 근육처럼 쓰지 않으면 퇴화한다. 특정한 뇌 영역을 사용하면 강해지고 사용하지 않으면 약해지는 것이다. 우울증이 지닌 문제점은 우울증에서 벗어나지 못하게 하는 회로는 아주 많이 사용하고, 회복되도록 하는 회로는 덜 사용한다는 점이다. 결정 내리기는 우울증을 회복하는 데 도움이 되는 뇌 회로를 사용하기 때문에 상승나선에 시동을 걸기에 아주 좋은 방법이다. 의도적이고 목적지향적인 결정을 내릴 때는 전전두피질, 그중에서 특히 복내측 전전두피질이 나서야 하는데,[99] 그러면 제대로 기능하지 못하던 전두-변연계 회로의 균형을 되찾는 데 도움이 된다.

> **바른 방향으로 일단 한 걸음만 내디뎌라.** 공자님은 "천 리 길도 한 걸음부터"라고 말씀하셨다. 이는 무엇보다 뇌에 꼭 맞는 말이다.

머릿속에서 결정을 내렸다면 시작은 한 셈이다. 그러나 의사결정 과정은 실제로 한 걸음을 내딛기 전까지는 완전히 마무리되지 않는다. 거꾸로 생각해보면, 슈퍼마켓에 가거나 보고서를 마무리하는 일이 천 리 길처럼 까마득하게 느껴지더라도 사실 해야 할 일은 정해진 목표를 향해 작은 한 걸음을 내딛는 것뿐이다. 슈퍼마켓에서 사고 싶은 물건을 하나 적거나 아니면 일단 자동차 키를 찾는 일부터 시작하라. 행동하지 않는 결심은 생각에 지나지 않는다. 생각도 도움이 되기는 하지만 행동만큼 뇌에 막강한 영향을 미치진 못한다. 결심하고 행동에 옮기는 것은 결심만 하는 것과 완전히 다른 일이다. 그것은 상승나선을 가동시키는 강력한 방법이다.

전반적으로 전전두피질은 **목표지향적인 행동**을 담당한다. 이 말은 어떤 목표를 어떻게 달성할 것인지를 전전두피질이 결정한다는 뜻이다. 그리고 목표를 달성하는 데 가장 중요한 첫 걸음이 결정을 내리는 일이다. 일단 결정이 내려지면 전전두피질은 뇌가 마음대로 사용할 수 있는 자원들을 더욱 효율적으로 운용해 그 목표를 이루는 방향으로 우리의 행동을 조직한다.

결정하면 인지 방식이 바뀐다

우리가 살고 있는 이 복잡한 세계에는 무의미한 정보(광고, 소음, 배 속의 느낌, 날씨 등)가 수두룩하다. 그래서 결정을 내릴 때는 전전두피질이 무의미하고 산만하게 만드는 정보들을 무시하고 목표를 완수하는 데만 초점을 맞추도록 도와준다.

사람은 뇌의 10퍼센트만 사용한다는 말을 누구나 들어봤을 것이다. 얼토당토않은 거짓말이다. 누구나 자신의 뇌를 전부 다 사용한다. 비록 뇌가 너무 많은 양의 무의미한 정보를 처리하고 있을 땐 진짜 중요한 일을 처리할 힘을 빼앗기기는 하지만 말이다. 다행스럽게도 결정 내리기는 뇌의 인지를 재구성하고 가장 중요한 일로 주의를 돌리게 해준다. 구글이 검색한 결과를 중요도에 따라 배열하는 것과 마찬가지다. 중요한 결과가 25페이지에 숨어 있다면 도저히 찾지 못할 테니까.

어떤 목표를 정하고 결심하면 전전두피질은 뇌의 나머지 부분들이 세계를 인지하는 방식을 바꾼다. 너무 심오한가? 쉽게 말해서 목표를 정해 결심하면 전전두피질이 우리가 눈앞의 세계를 보고 듣고 냄새 맡는 방식을 변화시킨다는 말이다. 뇌의 고위급 처리 과정인 전전두피질의 의사결정은 하위의 감각 처리에 영향을 미친다.

모든 감각에는 각 감각을 전담하는 **감각피질**sensory cortex이 있다. 시각피질과 청각피질 등이 그것이다. 이러한 하위 감각피질들은 전전두피질의 하향 통제 아래 놓인다. 즉, 전전두피질은 하위 피질들에게 무엇을 무시하고 무엇에 주의를 기울일지 지시할 수 있다. 경찰서장이 경찰관들에게 "속도위반은 무시하고 마약상을 잡아라"라고 말하는 것과 비슷하다. 뇌의 자원을 특정한 무엇을 찾는 데 몰아주면 그것을 찾을 가능성은 더 높아진다.

현재 자신이 처한 상황에서는 문제를 해결할 방법이 없다고 생각할지 모른다. 그러나 분명히 방법은 있다. 그저 우리가 무의미한 세부 사항에 정신이 팔려 그 방법을 알아보지 못하고 있을 뿐이다. 하향 통제는 하위 피질이 무의미한 정보에 반응하는 것을 억제하고, 중요한 정보에 반응하도록 활성화의 속도와 양 모두를 증강한다.[100]

예를 들어 자동차 키를 찾을 때는 시각피질의 반응성이 높아진다. 이것이 그리 대단한 일 같아 보이지 않을지 모른다. 그러나 얼굴에 초점을 맞추는 최신 카메라 기능과 비슷한 것이다. 화면 안에 얼굴이 나타날 때마다 카메라는 얼굴 위에 작은 사각형을 띄우고 초점을 맞춘다. 이런 기능을 어디에나 적용할 수 있다고 상상해보라.

자동차 키를 찾을 때 키 위에 갑자기 작은 상자 모양이 떠오른다고 말이다. 혹은 배우자와의 관계를 돈독하게 만들 방법을 찾고 있으면 갑자기 그 방법을 알게 되는 식으로. 일단 결정을 내리고 특정한 문제를 해결하겠다는 의도를 세우면, 뇌에서도 그와 비슷한 방식으로 잠재적 해결책들이 부각되는 것이다.

자신에게 무엇이 중요한지 파악하라. 생활에서 무의미한 세부 정보들을 줄이려면 자신에게 정말로 중요한 것에 초점을 맞춰야 한다. 자신의 가치관에 초점을 맞추면 뇌의 스트레스 반응이 줄어든다는 것을 여러 연구가 밝혀낸 바 있다.[101] 살면서 가장

> 행복했던 때를 떠올려보라. 그때 당신은 무엇을 하고 있었고,
> 당신을 행복하게 만든 요인은 무엇이었나? 어떤 활동을 할 때
> 가장 큰 성취감을 느끼는가? 당신이 가장 자랑스러워하는
> 성취는 어떤 것인가? 친구나 동료가 당신을 설명할 때 어떤 좋은
> 자질을 언급해주길 바라는가?

하향 통제를 절묘하게 보여준 영리한 연구가 있다. 연구자들은 참가자들에게 시간 간격을 두고 컵을 가리키거나 쥐거나 아무것도 하지 않도록 지시했다. 물론 이것은 아주 단순한 목표지만 우리도 단순한 목표에서 시작해야 한다는 점을 명심하자. 참가자들에게 그들이 해야 할 행동을 설명해준 뒤 그들이 아직 그 행동을 취하기 전에 연구자들은 동그라미 여러 개가 그려진 이미지를 제시하고 나머지 동그라미와 다른 동그라미 하나를 찾아내게 했다. 하나만 더 밝은색이거나 더 작은 동그라미였다.

놀랍게도 컵을 가리키거나 쥐려는 의도가 참가자들이 동그라미를 인지하는 방식을 바꾸었다. 그들이 컵을 가리킬 준비를 하고 있을 때 밝은색 동그라미를 더 쉽게 찾았고, 컵을 쥘 준비를 하고 있을 때는 작은 동그라미를 더 쉽게 찾았다. 어떤 행동을 의도하느냐에 따라 반응시간도, 시각피질 자체의 전기 활동에도 차이가 생겼다.[102]

마지막으로 아무것도 하지 말라는 지시를 받았을 때, 곧 팔을 뻗거나 붙잡을 의도가 없었을 때 참가자들의 시각피질은 두 종류의 다른 동그라미에 똑같이 반응했다. 이 연구가 이상해 보일

수도 있을 것이다. 하지만 어쨌든 이 연구는 결정 내리기가 대상에 대한 뇌의 인지 처리를 변화시킨다는 것을 증명한다.

물론 뇌가 세계를 인지하는 방식이 변했다고 문제가 다 해결되지는 않는다. 어둠 속에서 자동차 키를 찾는다고 상상해보자. 불을 켠다고 마술처럼 자동차 키가 눈앞에 나타나지는 않는다. 어쩌면 어제 입었던 바지 주머니에 있을 수도 있고, 소파 쿠션 밑에 숨어 있을지도 모른다. 하지만 불을 켜면 키를 찾을 가능성이 커지는 것은 너무나 분명하다. 아주 작은 결정이라도 결정을 내리는 것은 삶을 개선하는 방법에 환한 조명을 비춰주는 일이다.

결정하면 더 즐겁다

대개 우리는 좋은 일이 일어날 때 행복하다고 생각한다. 그러나 사실 우리가 가장 큰 행복을 느낄 때는 특정한 목표를 추구하기로 결심하고 그 목표를 달성했을 때다.

우울증이 지닌 큰 문제는 단기적으로 볼 때 아무것도 즐겁게 느껴지지 않는다는 점이다. 이는 전두-변연계의 의사소통에 문제가 생겨 오늘의 행위를 미래의 행복과 연결하지 못하기 때문에 생기는 문제다. 그래서 즉각적으로 즐거움을 주지 않는 행위는 하기 어려워지는 것이다.

충동이나 습관에 좌지우지되지 않고 어떤 목표를 추구하겠다고 능동적으로 선택하면 훨씬 더 큰 보람을 느낄 수 있다. 한 연구에서는 쥐를 짝지어 코카인을 주입했다. 이때 A 쥐는 레버를 눌러 코카인을 받을 수 있었고, B 쥐는 A 쥐가 레버를 누를 때까지 기다려야 했다. 결국 두 쥐는 동시에 동일한 양의 코카인을 주입받았지만, A 쥐는 능동적으로 레버를 눌렀고 B 쥐는 아무것도 할 필요가 없었다.[103] 그러자 충분히 짐작할 수 있듯이 A 쥐의 측좌핵에서 더 많은 도파민이 분비되었다. 따라서 자신이 정한 목표를 달성할 때가 우연히 좋은 일이 일어났을 때보다 훨씬 더 보람 있고, 더 큰 보상을 받은 느낌이 드는 것이다.

쥐에게 코카인을 주는 것은 썩 긍정적인 예가 아니지만, 다른 일들에도 동일한 과정이 적용된다. 자기가 결정해서 쿠키를 사면 누군가가 건네줄 때보다 먹는 게 훨씬 즐거워진다. 스스로 목표를 정하고 어떤 직종에서 일자리를 구하면 누군가가 갑자기 그 일자리를 제안했을 때보다 훨씬 보람차다. 자기가 마음먹고 침대에서 나오면 화장실에 가고 싶어 어쩔 수 없이 일어났을 때보다 훨씬 더 뿌듯하다.

원하지 않는 것을 피하는 결정이 아니라 원하는 것을 얻기 위한 결정을 내려라. 일어날 가능성이 있는 부정적인 결과에 초점을 맞추면 결정을 내리기가 더 어려워진다.[104] 원치 않는 것을 피하고자 결정을 내리는 것이 아니라 자기가 추구하고 싶은 특정한 목표를 능동적으로 선택하면 적어도 잠시 동안은 긍정적인 부분에 초점을 맞출 수밖에 없다. 예를 들어 "형편없이 일을 처리하고 싶지 않아"라고 말하는 대신 "일을 훌륭하게 해내고 싶어"라고 말하라. 이런 식의 긍정적 사고는 행동을 변화시키는 데 훨씬 더 효과적이다.[105]

또 다른 연구에서는 참가자들에게 도박 게임을 하게 했다. 한 무리의 사람들에게는 판돈을 얼마나 걸지 능동적으로 선택하게 했고, 다른 무리의 사람들에게는 선택권을 주지 않고 컴퓨터가 대신 선택하도록 했다. 돈을 땄을 때 참가자들의 뇌는 대체로 누가 판돈을 결정했는지에 관계없이 예측할 수 있는 반응을 보였다. 그러나 중요한 예외가 하나 있었다. 판돈을 얼마나 걸지 결정할 때 참가자들의 뇌에서 전방대상피질과 섬엽, 선조체, 해마의 활동이 증가했다. 이 영역들에서 활동이 일어났다는 것은 스스로 결정하는 일이 승리에 더 큰 의미를 부여하게 하고, 감정적으로 더 깊이 개입하도록 하며, 행동이 변화할 가능성을 높이고, 기억력을 향상한다는 것을 의미한다.[106]

또 한 fMRI 연구에서는 참가자들에게 컴퓨터 화면 속 풍선을 부풀리게 하는 또 다른 종류의 도박 게임을 하도록 했다.[107] 풍선이 커질수록 터질 가능성도 커졌고, 참가자들은 풍선을 조금만 더 부풀려 딸 돈의 액수를 늘릴지 말지 선택할 수 있었다. 그런데 다른 그룹에게는 선택권을 주지 않고 컴퓨터가 대신 선택하도록 했다. 스스로 선택할 때는 배측 전방대상피질과 섬엽, 측좌핵에서 더 많은 활동이 일어났다. 이는 곧 능동적 선택이 주의 회로에 변화를 야기하고, 그 행위에 대한 참가자들의 느낌을 달라지게 했으며, 도파민의 보상 활동을 증가시켰음을 뜻한다.

마지막으로 하버드 대학교에서 실시한 선택에 관한 고전적인 연구를 하나만 더 살펴보자. 이 연구에서는 참가자들에게 일련의 그림들을 보여주고 선호도에 따라 순위를 매기도록 했다.[108] 그런 다음 그림을 두 개씩 보여주며 둘 중 어느 그림을 자신의 집에 걸고 싶은지 물었다. 그리고 나중에 참가자들에게 그림의 순위를 다시 매기게 했다. 자기 집에 걸고 싶다고 능동적으로 선택한 그림의 순위는 처음보다 올라갔고, 집에 걸지 않겠다고 능동적으로 거부한 그림의 순위는 내려갔다. 이런 결과는 기억상실증이 있어 자기가 선택한 그림을 기억하지 못한 참가자들에게서도 마찬가지로 나타났다. 선택하는 단순한 행위가 의식적 기억보다 더 깊숙히 영향을 미친 것이다. 우리는 단지 좋아하는 것을 선택하기만 하는 것이 아니라, 자신이 선택한 것을 좋아하기도 한다.

목표를 세우면 도파민이 증가한다

사람들은 대개 학위 취득이나 승진처럼 장기적이고, 의미 있으며, 자신이 성취할 수 있다고 여기는 목표를 이루려 노력할 때 가장 좋은 능력을 발휘한다. 그것은 장기 목표를 마침내 달성했을 때뿐 아니라 성취에 점점 가까이 다가가는 모든 단계에서 도파민이 분비되기 때문이다. 또한 목표를 세우면 전전두피질이 더욱 효율적으로 행동을 조직할 수 있다. 그리고 행복에는 목표를 이루는 것보다 처음에 목표를 세우는 일이 더 중요하다.[109]

안타깝게도 우울증에 걸린 사람은 분명하게 정의되지 않은 막연한 목표를 세우는 경향이 있다. 이럴 경우 목표를 진척시키고 성취하기가 아주 어렵다.[110] 예컨대 "아이들과 시간을 더 많이 보낸다"가 막연한 목표라면, "일요일마다 아이들과 보드게임을 한다"는 구체적인 목표다. 목표를 제대로 정의하지 않으면 뇌는 우리가 실제로 그 목표를 이루었는지, 목표를 향해 다가가고 있는지 판단하기 어렵다. 그러면 도파민도 덜 분비될 뿐 아니라 진척 상황을 인지할 수 없어 추진력을 잃을 수 있다. 게다가 자신이 목표를 이룰 수 있다고 믿지 못하면 자포자기의 감정이 점점 깊어진다.[111] 그러므로 성취할 자신이 있는 목표를 최소한 몇 개 세워두는 것이 중요하다. 구체적이고 의미 있으며 이룰 수 있는 장기 목표를 세우는 것은 우울증의 진행 경로를 뒤집는 효과적인 방법이다.

구체적인 장기 목표를 세워라. 우선 자신에게 가치 있고 중요한 것이 무엇인지부터 생각한다. 그런 다음 자신이 중요하게 생각하는 일에 잘 맞으며 자신이 이룰 수 있는 구체적인 목표를 적어도 하나나 두 개 적는다. 구체적인 목표에는 분명하게 정의된 성공 기준이 있어야 한다. 그래야 미래의 어느 시점에 자신이 그 목표를 이루었는지 혹은 이루지 못했는지 확실히 알 수 있다. 작성한 목표가 영감을 주거나 동기를 부여하는가? 그렇지 않다면 다른 목표를 더 고민해보라. 구체적이고 의미 있는 목표를 찾았다면, 자신이 정말로 그 목표를 이룰 수 있다고 믿는가?
그렇지 않다면 그 목표를 자신이 성취할 수 있다고 생각하는 작은
목표들로 세분한다. 예를 들어 직장을 구한다는 목표가 너무
부담스럽다면 한 주에 이력서를 두 군데 보낸다거나 매일 10분간
온라인으로 직장을 물색해보겠다는 더 작은 목표를 세워보라.

결정하면 습관이 조절된다

4장에서 이야기했듯이 우리의 행동은 대부분 굳어진 습관적 행
동이나 충동에 따른 것이다. 우리는 많은 시간을 자동조종장치로
움직이며, 배측 선조체나 측좌핵이 이를 이끈다. 이미 프로그램된
습관적 행동을 중단하거나 충동을 억제하는 거의 유일한 방법은
전전두피질을 사용해 결정을 내리는 것이다.

중요한 것은 내측 전전두피질은 배측 선조체에 투사하고, 안
와전두피질은 측좌핵에 투사한다는 점이다.[112] 횡설수설처럼 들릴
지 모르지만, 어쨌든 이 말은 전전두피질이 습관과 충동을 조절
할 수 있다는 뜻이다. 그러면 우리는 자신의 삶을 더욱 잘 통제해
과거의 경험이나 현재의 환경에 좌지우지되지 않을 수 있다.

전전두피질을 활용해 나쁜 습관을 억제할 수 있을 뿐 아니
라 좋은 습관을 만들 수도 있다(자세한 설명은 8장에서 하겠다). 들이
고 싶은 좋은 습관이 있는데 아직 완전히 뿌리내리지 못했다면

그 습관은 배측 선조체에서 약하게 배선된 채 방아쇠가 당겨지기를 기다리는 상태라고 할 수 있다. 좋은 소식은 전전두피질이 그 좋은 습관에 방아쇠를 당겨 배선을 강화할 수 있다는 것이다. 자동조종장치에 따라 움직이고, 배측 선조체에 습관을 자리 잡도록 하는 것이 잘못된 일은 아니다. 자신이 바른 방향으로 가고 있음을 먼저 확실히 해두기만 한다면 말이다.

결정을 내리면 통제감이 생긴다

당신이 내리는 결정이 모두 옳지는 않겠지만 어쨌든 그것은 **당신 자신의** 결정이다. 포유류의 뇌는 세계를 전혀 통제하지 못할 때보다 어느 정도 통제력을 갖고 있을 때 훨씬 잘 작동한다. 결정을 내리지 못하는 상태에서는 통제력을 잃었다는 느낌이 더 강해지기 때문에 하강나선의 한 부분이 된다.

이런 상황을 가장 잘 보여주는 예가 통제할 수 없는 스트레스에 관한 실험에서 나온다. 한 연구에서는 쥐 두 마리를 짝지어 놓고 무작위로 꼬리에 작은 충격을 가했다.[113] 쥐들의 꼬리는 하나의 전선에 연결되어 있어 두 쥐 모두 동일한 충격을 경험했다. 그런데 A 쥐는 충격이 오면 쳇바퀴를 돌려 두 쥐 모두에게 오는 충격을 멈출 수 있었다. B 쥐도 쳇바퀴를 돌릴 수 있었지만 안타깝게도 그것은 어디에도 연결되어 있지 않아 B 쥐는 A 쥐가 충격을 멈춰주기를 기다릴 수밖에 없었다. 흥미롭게도 두 쥐 모두 동일한 무작위 충격을 동시에 같은 기간 동안 받았음에도 실험이 끝난 뒤 A 쥐는 상당히 잘 지냈지만, B 쥐에게는 우울증 증상이 나타났다. 그리고 상황을 전혀 통제할 수 없었던 B 쥐는 전두엽에서 도파민과 노르에피네프린이 감소했고, 뇌간에서 세로토닌이 감소했다. 자신이 상황을 어느 정도 통제할 수 있다고 느끼면 스트레스 수준을 낮출 수 있는 것이다.

영국의 한 연구팀은 사람을 대상으로 한 fMRI 실험에서 앞의 쥐 실험과 유사한 실험을 진행했다. 피험자들의 손에 전극을 연결해 무작위적인 자극을 준 것이다. 한 무리는 버튼을 눌러 충격을 멈출 수 있었고, 다른 무리는 컴퓨터가 충격을 멈췄다. 충격을 통제할 수 있는 경우 뇌의 통증 회로의 반응성이 줄고,[114] 배외측 전전두피질과 전방대상피질에서 활동이 증가했다. 흥미롭게도 내측 전전두피질의 활동이 많은 피험자일수록 통증을 덜 느꼈다. 이는 곧 결정을 내림으로써 내측 전전두피질의 활동을 늘리는 것이 스트레스에 대처하는 좋은 방법이라는 뜻이다.

스트레스의 원인을 직접 통제할 수 있어야만 결정 내리기에서 혜택을 얻을 수 있는 것은 아니다. 무엇에 대해서든 통제력을 갖고 있으면 그 혜택을 유리하게 활용하는 것이 가능하다. 예컨대 통제할 수 없는 스트레스에 노출된 쥐라도 '운동할 수 있는 쳇바퀴'라는 선택이 주어진 경우 부정적인 결과를 겪지 않았다.[115] 그런데 흥미로운 점은 쥐에게 강제로 운동을 시켰을 땐 그런 이점이 없었다는 것이다. 선택의 여지가 없어 억지로 해야 하는 경우에는 운동 그 자체가 스트레스의 원인이 되기 때문이다.[116] 앞장에서 다루었듯이 운동 그 자체도 분명 중요하지만, 운동을 하겠다고 결정하는 행위 역시 상승나선에 시동을 거는 아주 효과적인 방법이다.

여기서 중요한 것은 실제로 통제하는지의 여부가 아니라 통제하고 있다는 인식, 곧 통제감이다. 결정을 내린다고 정말 어떤 상황을 더욱 잘 통제하게 되는 것은 아닐지 모르지만 통제감을 높여줄 가능성은 크다. 그리고 통제감이 커지면 자신감이 커지고 기분이 좋아지며 의사결정 능력이 상승한다.

결정하면 걱정과 불안이 줄어든다

2장에서 설명했듯이 걱정과 불안을 촉발하는 것은 확실성이 아니라 가능성이다. 전전두피질이 검토해야 할 잠재적 시나리오가 너무 많을 때는 걱정과 불안을 촉발할 위험이 증가한다. 한 가지 길을 정해 선택하면 전전두피질이 최적화해야 할 변수의 수도 줄어든다.

결정이란 단순히 특정한 방향으로 가겠다는 의도를 만드는 일이다. 영원히 그 방향으로 가야 한다는 의미가 아니다. 이 장의 서두에서 언급했던 두 등반가처럼 당신이 황야에 있다고 상상해보라. 그리고 이제 갈림길을 만났다. 어느 쪽 길로 가야 할지 끝없이 생각만 할 수도 있고 한 길을 선택해 쭉 따라갈 수도 있다. 언젠가는 선택한 그 길이 잘못된 길임을 깨달을 수도 있다. 그렇다면 갈림길로 되돌아오면 된다. 출발했던 곳으로 돌아왔다는 사실때문에 그때까지 기울인 노력이 모두 허사가 되었다고 생각할 수있다. 하지만 그렇지 않다. 하나의 길을 정해 가다가 경로를 바꿔야 한다는 사실을 깨닫는 것은 가만히 앉아 아무것도 하지 않는것과 다르다. 처음에 내린 결정이 잘못된 것으로 밝혀지더라도 여전히 당신은 자신의 삶을 통제하고 있다.

한 연구는 직업을 결정하지 못한 사람들을 관찰해 이 점을증명했다. 이 연구에 참여한 사람들은 모두 직업을 선택하는 데어려움을 겪고 있었다. 연구자들은 참가자들을 두 그룹으로 나누어 한 그룹은 부정적인 생각을 바로잡는 데 도움이 될 교재를 공부하게 했고, 다른 그룹은 자신이 관심을 갖고 있는 직업에 대해조사하게 했다. 두 개입 방법 모두 부정적인 생각과 불안을 감소시켰고, 결정을 내리는 단호함을 향상시켰다.[117]

이 연구는 부정적인 결과에 초점 맞추기를 줄이면 결단력을키우는 데 도움이 된다는 것을 보여준다. 그리고 단순히 한 가지진로를 선택하기만 해도 동일한 효과가 난다는 사실 역시 보여준다. 두 번째 그룹의 참가자들은 나중에 어떤 직업을 갖게 될지 따로 선택할 필요가 없었다. 그들은 단지 결단력을 발휘하는 방향으로 한 걸음을 내디뎠고, 그로써 미래에 선택할 가능성의 수를 줄였다. 그러자 불안도 함께 줄었다.

처음부터 거창한 결정을 내릴 필요는 없다

대학 시절이 끝나갈 무렵, 나는 무엇을 하며 살아야 할지 결정하기가 너무 어려웠다. 이런 우유부단함은 나도 모르는 사이 스멀스멀 번져나가 그해 여름에 무엇을 할지도 결정하기 어려워졌고, 그러다가 주말에 무엇을 할지도 결정할 수 없는 지경에 이르렀다.

이러지도 저러지도 못하고 마비된 듯한 상태에 빠지면 모든 게 우리의 통제를 벗어난 것처럼 느껴진다. 처음부터 거창한 결정을 내릴 필요는 없다. 작게 시작하면 된다. 점심으로 무엇을 먹을지, 무슨 텔레비전 프로그램을 시청할지 선택하라. 삶의 어떤 부분에 단호히 결정을 내리면 다른 부분에 대한 결단력도 커진다는 사실을 보여준 연구가 있다.[118] 한 가지를 선택하고 그것을 행하되 거기에 의문을 달지 마라.

근육 운동을 하면 근육이 강해지고, 운동을 하면 다음번에 운동하기가 더 쉬워진다. 마찬가지로 시간을 끌거나 걱정하거나 충동적으로 행동하는 대신 한 가지씩 결정을 내릴 때마다 미래에 사용할 의사결정 회로가 튼튼해진다. 물론 5킬로미터를 달리면 근육이 피로하고, 1킬로미터를 더 달려 6킬로미터가 되면 처음 1킬로미터를 달릴 때보다 훨씬 더 힘들게 느껴진다. 결정도 마찬가지다. 연달아 많은 것을 결정해야 하면 의사결정 회로가 피로해지고 뇌는 다시 우유부단함이나 충동으로 돌아간다. 그래도 괜찮다. 운동과 마찬가지로 지금은 미래를 위해 뇌를 훈련하고 있는 중이니까. 그러니 다음에 결정을 내려야 할 땐 그 6킬로미터가 훨씬 더 쉽게 느껴질 것이다. 이렇게 상승나선을 위한 발판을 마련하는 것이다.

7장

수면의
신경과학

나는 대학 3학년 여름을 수면 연구실에서 일하며 보냈다. 우리는 그 연구실을 '수면 캠프Sleep Camp'라고 불렀다. 10대 아이들을 3주 연속 연구실에 머물게 하며 엄격하게 통제된 조건에서 그들의 수면 패턴과 호르몬 수준, 뇌파를 연구했다.

여름방학 아르바이트로는 멋진 일이었지만 그렇게 느긋하게 할 수 있는 일은 아니었다. 수면을 연구할 때 생기는 커다란 아이러니는 연구자 본인은 거의 잠을 잘 수 없다는 사실이다. 연구실에는 24시간 내내 연구자가 있어야 했고, 나는 새벽 3시 반부터 정오까지 근무했다. 뉴잉글랜드에서는 여름에 9시가 넘어야 해가 졌는데, 나는 8시 반에 잘 준비를 해야 했다. 그래 봐야 6시간밖에 자지 못했다. 수면의 신경과학을 공부하던 내가 이렇게 나쁜 수면 스케줄을 유지하고 있었으니 거기서 오는 부정적인 효과들을 예민하게 의식할 수밖에 없었다.

나는 지금 왜 여기서 그때 이야기를 꺼내는 걸까? 잠을 잘 못자는 것은 우울증의 가장 흔한 증상일 뿐 아니라 우울증을 일으키고 유지하는 가장 큰 요인이기 때문이다. '잠을 잘 못 잔다'는 말에는 잠을 너무 적게 잔다는 뜻뿐 아니라 수면의 질이 낮다는 뜻까지 포함된다. 잠을 잘 못 자면 기분이 처지고 통증에 대한 감수성이 높아지며 학습과 기억에 어려움이 생긴다. 집중력이 떨어지고 더욱 충동적이 된다. 신체적으로는 혈압이 상승하고 스트레스가 심해지며 면역계가 해를 입는다. 체중이 늘기도 한다.

잠을 잘 못 자는 일은 뇌에도 여러 가지 부정적인 영향을 미치는데, 특히 전전두피질과 해마가 큰 영향을 받는다. 세로토닌계와 도파민계, 노르에피네프린계의 기능에도 변화가 생긴다. 다행히 최근에 이루어진 몇 가지 대규모 연구는 수면의 질과 양을 높이는 일이 가능하며, 그렇게 하면 우울증을 상당히 완화하거나 애초에 우울증을 예방할 수 있다는 사실을 보여주었다.

수면 개선의 핵심은 두 가지로 요약할 수 있다. 불안과 스트레스를 해결하는 것 그리고 수면 위생을 개선하는 것이다. 수면 위생이 뭐냐고? 기다리던 질문이다.

좋은 수면 위생은 좋은 치과 위생과 같다

수면 위생은 잠자기 전에 하는 행동과 환경 또는 잠에 방해가 될 가능성이 있는 행동과 환경을 포괄하는 것으로 잠잘 시간에 하는 습관적 반복 행동 또는 그런 반복 행동이 전혀 없는 것, 침실의 소음 수준이나 조명 수준, 취침 시간과 기상 시간, 하루 종일 받은 빛의 양과 운동량이 포함된다. 수면과 관련된 문제는 대부분 나쁜 수면 위생 때문에 더 악화된다. 심지어 순전히 수면 위생이 나

쓰기 때문에 발생하는 경우도 있다.

　좋은 수면 위생은 좋은 치과 위생과 같다. 치아를 잘 관리하면 충치가 생기지 않을 가능성이 커지지만 절대 충치가 생기지 않는다고 보장할 수는 없다. 어떤 사람은 하루에 세 번씩 양치질을 하고 치실을 사용하는데도 충치가 생기고 어떤 사람은 양치질을 거의 하지 않는데도 치아가 멀쩡하다. 그런 개인차는 있으나 어쨌든 치과 위생을 제대로 지키지 않으면 치아 상태가 나쁠 가능성이 크다는 것은 분명하다. 잠도 마찬가지다. 게다가 수면 패턴은 삶의 단계에 따라 바뀌어야 한다. 대학 시절 밤을 새워 공부해도 괜찮았다고 해서 중년이 되어서도 뇌가 나쁜 수면을 순순히 받아들여 줄 거라 생각해선 안 된다. 수면과 관련된 문제를 겪고 있다면 수면 위생에 변화를 줌으로써 대부분 해결할 수 있다.

잠이 뇌에 영향을 미치는 메커니즘

'수면'이란 사실 수면의 다양한 하위 유형을 아우르는 포괄적인 용어다. 그 하위 유형들이 하나로 조직되어 수면 구조sleep architecture를 이루는데, 이 구조를 이해하는 것이 수면을 이해하는 첫 단계다. 수면에 관한 이야기 중 또 하나 중요한 부분은 잠자는 것 자체와는 무관하다. 그것은 우리 뇌에 내장된 시계라고 할 수 있는 일주기日週期 리듬circadian rhythms이다. 이 일주기 리듬은 하루를 주기로 다양한 호르몬과 신경전달물질을 조절한다. 수면 구조와 일주기 리듬을 이해한다면 잠이 뇌에 어떻게 영향을 미치는지 꽤 잘 이해할 수 있을 것이다.

수면의 구조

우리는 대부분 잠자는 것을 시간 낭비로 여긴다. 잠자는 동안 뇌가 할 일 없이 빈둥거린다고 생각하기 때문이다. 그러나 수면은 매우 섬세한 구조물로 깨어 있는 동안의 생활에 영향을 받으며 수면의 질은 다시 삶의 질에 큰 영향을 미친다. 그야말로 상승나선이 어떤 것인지 보여주는 훌륭한 예인 셈이다.

5장에서 언급했듯이 뇌는 수면의 몇 단계를 주기적으로 순환한다. 처음 잠이 들 때 뇌는 아주 가벼운 선잠인 1단계 수면에 들어가는데, 이때 뇌파의 속도가 느려진다. 1단계 수면이 너무 얕다 보니 수면장애가 있는 사람은 1단계 수면에 들었다가 자기가 잠들었다는 사실도 모른 채 깨어나는 경우가 많다.[119] 내내 잠들지 못하고 누워만 있었다고 착각하기 때문에 좌절감이 더 깊어진다. 1단계 수면이 5~10분 지속되면 뇌는 좀 더 깊은 2단계 수면으로 들어간다. 이후 1시간에 걸쳐 점진적으로 더 깊은 3단계, 4단계 수면으로 들어가는데, 이때 뇌 전기 활동 속도가 급격히 떨어진다. 이 때문에 3단계와 4단계 수면을 흔히 서파수면slow-wave sleep이라고 한다.

서파수면이 지나면 뇌가 훨씬 더 활발하게 활동하는 렘수면에 접어든다. 5장에서 이야기했듯이 우울증이 있는 사람은 렘수면의 양이 증가하고[120] 서파수면이 줄기 때문에 잠을 자도 푹 쉬기가 어렵다. 그래서 항우울제의 효능 중 하나가 바로 렘수면을 줄이는 것이다.[121]

이 모든 단계가 한 바퀴 도는 데에는 약 90분이 소요된다. 그런 다음 1단계부터 다시 시작한다. 뇌는 비디오게임이 단계별로 진행되듯이 1단계에서 2단계, 3단계, 4단계, 렘수면까지 순서대로 수면 단계를 거친다. 4단계 중에 깼다가 잠이 들면 1단계부터 다시 시작한다. 그러므로 잠을 계속해서 자지 못하면 수면 단계가 매끄럽게 넘어가지 못하고, 잠을 자도 피곤이 잘 풀리지 않는다. 흥미로운 점은 1단계에서 깨어나면 다른 단계에서 깼을 때보다 훨씬 푹 자고 난 느낌이 든다는 것이다. 인터넷을 검색해보면 1단계 수면에서 깨워주는 뇌파 알람시계나 앱을 구매할 수 있다. 그러나 사실 매일 같은 시간에 일어난다면 뇌가 자연스럽게 1단계에서 깨워줄 것이다.

일주기 리듬이 수면의 질을 결정한다

수면의 질은 일주기 리듬이라 불리는 하루 주기의 화학적 변동에도 영향을 받는다. 일주기 리듬은 시상하부의 조절을 받으며 배고픔, 각성 상태, 체온 등 여러 작용을 통제한다. 하루 주기 안에서 테스토스테론과 코르티솔, 멜라토닌 등 신경호르몬의 변동을 유발하는 것도 일주기 리듬이다.

우리가 완전한 어둠 속에서 산다 해도 뇌는 여전히 대략 24시간의 자연적인 리듬으로 변동을 이어갈 것이다. 그러나 보통 일주기 리듬은 24시간을 주기로 돌아가는 것이 아니라 햇빛이나 밝은 불빛에 의해 계속 낮 시간에 동기화된다. 안구와 시상하부를 연결하는 뉴런이 있는데 이들이 생체 시계를 매일 재설정한다.

> **해가 진 뒤에는 밝은 빛을 피하라.** 어둠 속을 걸어 다닐 필요까지야 없지만, 잠잘 시간이 가까워지면 집 안의 조명은 대부분 끄는 것이 좋다. 컴퓨터 모니터의 조도를 낮추고, 아니 그보다는 아예 스크린을 쳐다보지 않는 게 좋다. 잠을 자려 할 때는 침실을 아주 어둡게 해두어야 한다. 침실에 LED 조명이 달린 전자기기가 있다면 수면을 방해하기에 충분한 빛이 나오고 있는 셈이다. 다른 방으로 옮기거나 LED 조명을 가려두자.

수면의 질은 수면 시간이 일주기 리듬과 맞춰져 있을 때 가장 좋다. 불행히도 현대사회에는 그 둘을 맞추지 못하게 방해하는 요인이 많다. 첫 번째는 밝은 빛을 보지 말아야 할 시간에 보는 것이다. 해가 지면 일주기 리듬은 뇌에 이제 밤이니 슬슬 잘 준비를 해야 한다고 말한다. 그러나 밝은 전등이 켜져 있으면 뇌는 아직도 낮이라고 생각한다(어쨌든 뇌의 진화는 전구가 발명되기 훨씬 전에 이루어졌으니까). 그러면 일주기 리듬에도 변동이 생긴다. 전등, 텔레비전 화면, 컴퓨터 심지어 스마트폰까지 다양한 광원이 일주기 리듬을 바꿀 수 있다.

일주기 리듬과 수면 시간의 동기화를 방해하는 두 번째 요인은 취침 시간의 변화다. 뇌는 생체 시계의 특정한 '시간'에 취침할 것을 기대한다. 시상하부는 멜라토닌(피부색에 영향을 미치는 피부 속 멜라닌과 혼동하지 말자)이라는 신경전달물질의 분비를 촉발해 뇌의 나머지 부분들에 이제 잘 시간임을 알린다. 멜라토닌은 뇌가 잠을 자도록 준비시키는 일을 담당한다. 격렬한 운동을 하기 전에 조깅으로 근육을 준비운동시키는 것이나 무슨 일이든 할 수 있도록 커피가 우리를 준비시켜주는 것처럼 말이다. 취침 시간을 평소와 다르게 바꾸면 뇌는 잠잘 준비를 제대로 하지 못한다. 적절한 시간 동안 잠을 잘 수는 있겠지만 수면의 질은 떨어진다. 아쉽게도 뇌의 시계를 알람처럼 맞출 수는 없다. 우리의 뇌는 개와 같아서 훈련을 해야 하고, 그러려면 반복이 필요하다. 시간이 약간 달라지거나 이따금 늦게까지 깨어 있는 것은 괜찮지만 자신이 취침 시간이라고 여기는 시간이 명확히 있어야 한다. 그리고 가능하면 주말에도 그 시간을 지키도록 노력하라.

잠이 우리에게 해주는 일

현대의 수면 연구가 시작된 지 1세기가 지났지만 수면의 정확한 용도는 여전히 어느 정도 수수께끼로 남아 있다. 우리가 분명히 아는 사실은 질 좋은 수면을 충분히 취하지 못하면 나쁜 일이 일어나고, 수면의 질을 개선하면 대단한 혜택을 얻을 수 있다는 것이다.

잠은 깨어 있는 생활의 다양한 측면을 개선한다. 이를테면 기분을 좋아지게 하고, 스트레스를 줄여주며, 기억력을 강화하고, 통증을 완화한다. 집중력, 명료한 사고, 의사결정에 도움을 준다. 질 좋은 수면은 전반적인 건강에도 이롭다. 잠을 잘 못 자면 체중, 심장, 심지어 면역계에 부정적인 영향이 미친다.[122] 또한 수면장애가 있으면 약물이나 알코올에 중독될 위험이 높아진다.[123] 그러므로 자신의 우울증이 기본적인 건강이나 중독 문제와 연관이 있다면 수면 개선이 상승나선에 시동을 거는 좋은 방법이 될 것이다.

잠이 뇌에게 해주는 일

그렇다면 수면은 어째서 생활에 이토록 많은 변화를 일으키는 것일까? 그것은 뇌의 전기적·화학적 활동이 모두 수면의 영향을 받기 때문이다.

잠은 명료한 사고력을 준다

우울증에 걸린 사람은 대개 명료하게 생각하고 단호하게 결정하는 것을 어려워한다. 수면에 문제가 있으면 이런 문제가 더 악화된다.[124] 하룻밤 잠을 잘 못 자면 사고가 경직되고, 새로운 정보에 대한 적응력이 떨어지며, 주의력이 낮아진다. 다행히 수면을 개선하면 명료한 사고를 회복하고 주의력을 높일 수 있다.[125] 이는 전전두피질의 기능이 개선되기 때문이다.

한 fMRI 연구에서는 생각할 때의 뇌 활동을 관찰해 불면증이 있는 사람의 배내측 전전두피질과 복외측 전전두피질에서 활동이 줄어든 것을 발견했다.[126] 이 불면증 환자들은 약물치료 외의 방법으로, 주로 이번 장에서 제안하는 여러 방법을 활용해 치료를 받은 후 수면의 질이 상당히 향상되었고, 그 결과 전전두의 활동이 정상 수준으로 회복되었다. 그러니 수면의 질을 개선한다면 사고력과 의사결정 능력도 개선될 것이다.

잠은 걱정을 줄여준다

한밤중에 잠에서 깼다가 다시 잠들지 못해 끙끙댔던 적이 있는가? 이는 우울증에서 아주 흔한 증상이다. 이런 현상은 뇌가 긴장을 풀어야 할 서파수면 중에 전전두피질과 전방대상피질의 활동이 증가해 일어난다.[127] 이 활동들은 주로 수면 문제를 야기하는 것으로 알려진 계획 세우기 및 걱정과 관련된다.[128] 잠자리에 들기 전에 계획 세우기나 걱정하기를 줄일 방법이 있다면 수면의 질을 높이는 데 도움이 된다.

> **걱정거리를 적어본다.** 걱정과 계획 세우기는 전전두피질을 활성화하기 때문에 수면에 방해가 된다. 곧 잠을 자려 하면서

> 걱정을 하거나 계획을 세우고 있다면 그 생각을 글로 적어보라. 머리에서 꺼내 종이에 옮겨두고 걱정과 계획은 접어두어라.

잠은 뇌 회로의 의사소통을 개선한다

불면증과 우울증은 서로 주고받는 관계다. 불면증이 있으면 우울증이 생길 가능성이 크고, 우울증이 있으면 불면증이 생길 가능성이 크다.[129] 불면증과 우울증을 밀접하게 만드는 요인은 여러 가지가 있지만, 가장 큰 주범은 수면 중 전전두피질과 변연계 사이에 오가는 의사소통이다.

1장에서도 이야기했듯이 우울증은 전두-변연계의 의사소통 기능에 이상이 생긴 상태다. 변연계의 핵심 부분이 해마라는 사실도 기억할 것이다. 우리가 자는 동안 해마는 전전두피질에게 폭발적인 신호를 보내 말을 걸고 전전두피질은 여기에 응답한다.[130] 그러므로 수면은 전두-변연계의 적절한 의사소통에 아주 중요하다. 이는 잠을 설치는 것이 해로운 이유이자 수면을 개선하는 것이 상승나선을 가동하는 매우 좋은 방법인 이유이다.

잠은 학습과 기억력을 향상한다

새로운 기억을 만드는 데 핵심적인 역할을 하는 해마는 밤에 푹 잘 잤을 때만 제대로 기능한다.[131] 수면이 충실하지 못하면 학습에 기여하는 배외측 전전두피질 역시 방해를 받는다.

이는 곧 질 좋은 수면이 학습과 기억에 핵심이라는 뜻이다.

특히 수면은 미래와 관련된 정보를 선택적으로 더욱 강화하는데,[132] 이는 목표를 효과적으로 달성하는 일에 도움이 된다. 게다가 수면은 보람 있는 활동의 학습을 강화한다.[133] 이는 긍정적인 면에 초점을 맞추기가 더욱 쉬워진다는 의미다.

수면의 양뿐 아니라 질도 중요하다는 점을 기억하자. 네덜란드에서 실시한 한 연구에서는 약간의 소음을 이용해 참가자들이 서파수면 상태에 머물러 있지 못하게 방해했다.[134] 참가자들이 잠을 자며 보낸 시간은 동일했지만, 수면의 질은 낮았고 그 결과 해마의 기능이 떨어졌다.

잠자기 편한 환경으로 만들어라. 수면의 질이 높아지려면 뇌가 차분해져야 하는데, 불편하게 잠을 자면 뇌의 스트레스 반응이 활성화된다. 침실이 너무 춥거나 너무 덥거나 너무 환하거나 시끄럽다면 혹은 침실에서 나쁜 냄새가 난다면 의식적으로 인지하지 못하더라도 수면에 방해를 받을 수 있다. 그러니 이런 문제가 있다면 조치를 취하라. 제거할 수 없는 소음이 있다면 환풍기 소리 같은 백색소음을 더하라. 뇌에는 그런 백색소음이 덜 거슬린다.

네덜란드 연구팀이 사용한 유형의 방해는 약간의 소음이 있는 방, 이를테면 텔레비전을 작은 소리로 켜놓은 방에서 자는 것과 비슷하다. 그러므로 충분히 잠을 자고 있더라도 여전히 수면의 질을 개선할 여지는 있는 것이다. 수면의 질을 개선한다면 전두-

변연계의 의사소통이 더 원활해지고 학습 능력과 기억도 향상될 것이다.

잠은 멜라토닌을 만든다

좋은 수면 위생을 유지하고 있다면 뇌는 자기로 계획한 시간 약 30분 전부터 멜라토닌을 분비한다. 멜라토닌은 세로토닌에서 만들어지며 뇌가 질 좋은 수면을 취할 수 있도록 도와준다. 햇볕을 쬐면 멜라토닌이 잘 분비되고 수면의 질도 향상된다.[135] 그러니 낮 동안 햇볕을 많이 쬐도록 노력하자.

> **낮에는 환하게 생활하라.** 낮 동안의 밝은 빛은 일주기 리듬에 맞추도록 도와주고 수면의 질을 향상한다. 그러니 몇 분이라도 햇볕을 쬐며 산책해보자. 세로토닌이 증가하고[136] 통증이 감소하는[137] 효과까지 더해질 것이다. 병원에서 척추 수술을 한 후 회복 중인 환자들을 관찰한 연구가 있는데, 햇빛이 잘 드는 병실에 머문 환자들이 스트레스도 적고, 진통제도 덜 필요로 했다는 결과가 나왔다. 창가에 있거나 밖에 나가기 어려운 경우라면 해가 떠 있는 동안에는 적어도 환한 조명 아래에서 일하도록 하자.

잠은 기분을 좋게 만든다

낭만파 시인 윌리엄 워즈워스는 잠을 "참신한 생각과 즐거운 건강의 어머니"라고 표현했다. 잠이 부족하면 기분이 나빠지고 불안과 스트레스가 늘어나지만,[138] 수면의 질을 높이면 그 반대의 효과를 얻을 수 있다. 이는 아마 세로토닌계 때문일 것이다. 예를 들어 세로토닌을 증가시키면 서파수면을 늘리고 렘수면을 줄일 수 있다.[139] 또한 한밤중에 깨어날 가능성까지 줄어든다.

그뿐 아니라 세로토닌 활동은 일주기 리듬과도 영향을 주고받는다.[140] 눈에서 뇌간 영역으로 뻗은 채 세로토닌을 생성하는 뉴런들이 있는데 이 뉴런들은 주변 밝기 수준에 자극을 받아 활성화된다.[141] 낮 동안 반드시 밝은 빛을 많이 받아야 할 또 하나의 이유다.

일주기 리듬은 그 자체로 우리의 기분에 영향을 미친다. 일반적으로 긍정적인 감정이 아침에는 약하고 초저녁에 가장 강하게 나타나는 것도 바로 일주기 리듬 때문이다.[142] 일주기 리듬에 영향을 받는 방식은 사람마다 다르다. 올빼미형 인간과 아침형 인간으로 나뉘는 것이 그래서다. 일주기 리듬이 기분에 미치는 영향을 이해하는 것은 아주 중요하다. 때로 기분이 정말 엉망이고 인생을 다 망쳤다는 생각이 들 때, 그것은 단순히 일주기 리듬이 우리의 기분을 바꿔놓은 결과인 경우도 있다. 일주기 리듬을 완전하게 통제할 수 없다는 것은 아쉬운 일이지만, 그 사실을 받아들이고 다른 방법으로 상승나선을 가동시키거나 그 기분이 지나가기를 두어 시간만 기다리면 된다는 것을 알면 충분히 이겨낼 수 있다.

잠은 스트레스를 줄인다

수면장애는 심한 스트레스를 유발한다. 갓난아기를 키우는 부모나 당직 의사가 지독한 스트레스에 시달리는 것도 그 때문이다. 실제로 불면증 환자는 자기 전과 자는 동안에 스트레스 호르몬이 증가한다.[143]

잠을 잘 자야 스트레스에 대처할 수 있는 상태로 뇌를 준비시킬 수 있기 때문에 이는 큰 복병이다. 만성적으로 잠을 충분히 자지 못하면 전두엽 피질 전체에서 노르에피네프린 수용체의 생성이 줄어든다.[144] 스트레스에 적절하게 반응하려면 전전두의 노르에피네프린이 필수이기 때문에 이 역시 정말 안타까운 일이다. 스트레스를 줄이면 수면이 개선되고 수면을 개선하면 스트레스가 줄어든다. 또 하나의 상승나선이다.

잠은 도파민을 생성한다

도파민계는 서파수면과 렘수면을 모두 조절하는 데 도움을 준다.[145] 게다가 도파민만 수면과 통증, 우울증에 지대한 영향을 미치는 것이 아니라 수면과 통증, 우울증도 도파민계에 영향을 미친다.[146] 또한 도파민 수용체와 도파민 수송체, 도파민 자체의 생성을 포함해 도파민계의 여러 측면은 일주기 리듬에도 영향을 받는다.[147]

잠은 통증을 줄인다

수면, 기분, 통증 수준은 서로 작용을 주고받는다.[148] 잠을 잘 못 자면 부정적인 기분이 들고 통증이 심해지며 이는 다시 수면을 악화시킨다.[149] 만성 통증이 있는 사람들이 잠을 잘 못 자면 통증이 악화되는데, 이 효과는 기분이 우울할 때 더욱 증폭된다.[150] 질 낮은 수면은 통증을 심화시키고 기분을 우울하게 만든다. 우울한 기분은 통증을 한층 심화시키고 그 둘은 다시 수면에 영향을 미친다. 엄청난 문젯거리 같지만, 달리 생각하면 이 등식에서 한 항목만 바꿔도 셋 모두에 영향을 미칠 수 있다는 의미이기도 하다.

중요한 점은 밤새 깨지 않고 지속적으로 자지 못할 때 통증이 가장 크게 증가한다는 사실이다.[151] 요컨대 가장 중요한 것은 수면의 총량이 아니라 **지속적인** 수면의 총량이라는 말이다. 그러니 중간에 방해받지 않고 잘 수 있는 환경을 만들어야 한다. 이 말은 부족한 수면을 벌충하기 위해 규칙적으로 낮잠을 자는 것이 통증 완화에는 별 도움이 안 될 거라는 의미이기도 하다.

질 좋은 수면의 통증 완화 효과는 뇌가 스스로 만들어내는 모르핀이라고 할 수 있는 **엔도르핀**에서 나온다.

최근에 존스홉킨스 대학교에서 실시한 한 연구는, 수면 질이 낮은 사람들은 배외측 전전두피질, 전방대상피질을 비롯해 뇌의 다양한 영역에서 엔도르핀의 양이 줄어 있었음을 발견했다.[152] 수면과 관련해 엔도르핀이 어떻게 변화하는지를 보면, 밤에 잘 자는 것이 통증을 줄이는 데 왜 그렇게 큰 도움이 되는지 그 이유를 알수 있다.

잠은 뇌의 청소부다

뇌가 다양한 활동을 하면 화학물질 노폐물이 발생한다. 부엌에서 나오는 쓰레기처럼 뇌의 노폐물도 밖으로 내보내야 한다. 치우지 않고 두면 계속 쌓여 결국 우리의 발목을 잡는다. 잠은 뇌를 제대로 기능하지 못하게 방해하는 노폐물을 청소하는 중요한 역할을 한다.[153] 자고 나면 피로가 풀렸다고 느끼는 이유 중 하나가바로 이렇게 자는 동안 해로운 노폐물이 청소되었기 때문이다.

뇌를 푹 잠재우는 7가지 요령

수면 위생에 대해 알면 수면 위생을 더욱 잘 실천하고 따라서 수면의 질이 좋아진다는 여러 연구 결과가 있다.[154] 그러니 지금 이장을 읽고 있는 것만으로도 당신은 좋은 출발을 한 셈이다. 이제밤에 뇌가 푹 잘 수 있게 하는 몇 가지 구체적인 요령을 알아보자.

1. 내리 8시간을 잔다. 대부분의 사람은 8시간을 자야 한다.일반적으로 나이가 들수록 필요한 수면량은 줄어든다. 대학생이라면 8시간 24분 정도를 자야 하고, 연금을 받기 시작할 즈음의

나잇대면 7시간 정도로 충분하다. 중요한 점은 한 번에 연달아 자야 한다는 것이다(8시간 자는 것과 7시간 자고 낮잠을 1시간 더 자는 것은 전혀 다르다). 규칙적으로 낮잠을 자는 것은 좋지 않다. 계속해서 질 좋은 수면을 취하면 더 이상 잠이 모자란다는 느낌은 들지 않을 것이다.

2. 침대 또는 침실은 자는 용도로만 사용한다. 침대나 침실에서 일하지 마라. 인터넷 서핑도 하지 마라. 텔레비전도 보지 마라. 침실을 자는 용도로만 사용하면 뇌는 침대를 잠하고만 연결하게 되고 그러면 파블로프의 조건화처럼 침실은 저절로 졸음을 유발하는 장소가 된다. 물론 섹스는 거기서 해도 괜찮다(괜찮은 정도가 아니라고?).

3. 자기 전 준비 단계로 반복적 일과를 만들자. 그리고 매일 밤 그 일을 하자. 정신없이 바쁜 하루의 나머지 부분에서 자신을 분리해낼 수 있는 일 말이다. 특히 전전두피질의 긴장을 풀어줄 필요가 있다. 모든 일을 최대 속력으로 해치우다가 갑자기 침대에 누우면 잠들기 어렵거나 질 좋은 잠을 자기 어려울 수 있다. 취침용 반복 일과로는 양치질, 세수, 화장실 가기 그런 다음 잠시 독서하기 등을 할 수 있다. 허브 차를 한 잔 마시거나 자녀에게 책을 읽어주거나 기도를 하거나 아무튼 긴장을 풀어주는 어떤 행위든 다 좋다. 명상도 큰 도움이 된다. 다시 말하지만 섹스도 괜찮은데

아마 규칙적 반복 행동으로 만들기는 어렵지 않을까(가능하다면 당신에게 경의를).

4. 잘 시간이 가까워 올 땐 카페인을 피한다. 흠, 카페인을 섭취해도 잠이 잘 든다고? 그렇다 하더라도 카페인은 올바른 수면 구조를 해치고 수면의 질을 떨어뜨린다. 그러니 자기 전 몇 시간 동안은 홍차도, 녹차도, 커피도, 에너지 드링크도 마시지 마라.

5. 자기 전 3시간 이내에는 많은 양의 식사를 피한다. 소화불량은 잠을 방해하고, 위산역류는 누워서 몸이 수평이 되면 더 잘 일어난다. 그러나 간단하게 조금 요기하는 정도는 괜찮다. 오히려 도움이 될 수 있다. 배가 고프면 신경이 쓰여 잠이 잘 안 오기 때문이다. 마찬가지로 갈증이 나도 편히 잘 수 없으니 잠자리에 들기 전에 물을 한두 모금 마시자. 그렇다고 한 컵을 다 마시지는 말자. 한밤중에 방광이 잠을 깨울 수도 있으니까.

6. 술을 수면 보조제로 쓰지 말라. 맥주나 와인 한 잔은 빨리 잠드는 데 도움이 되지만 수면 구조를 흐트러뜨리기 때문에 밤새 자도 푹 쉰 느낌을 주지 못한다.[155] 게다가 잠들기 위해 알코올을 사용하는 횟수가 늘수록 그 효과는 점점 떨어진다. 알코올을 남용하면 우울증에서 나타나는 것 같은 서파수면 감소, 렘수면 증가의 패턴으로 이어질 수 있다.[156]

7. 운동하라. 신체 활동을 생활의 규칙으로 만들어라. 운동을 하면 일주기 리듬과 동기화하고, 스트레스가 줄며, 렘수면이 감소하고, 여러 가지 신경화학적 변화가 일어나 수면의 질이 향상된다.[157] 그러나 잠잘 시간이 너무 가까웠을 때 운동을 하면 오히려 잠들기 어려워질 수 있으니 적어도 몇 시간 간격을 두고 하자.

불면증에 효과가 있는 인지행동치료

인지행동 불면증 치료CBT-I에는 수면 위생이 포함되지만 CBT-I는 수면을 방해하는 잠재적인 부적응적 사고와 습관까지 해결한다. CBT-I는 수면 위생만 개선할 때보다 각성도와 사고, 수면의 질을 더욱 잘 향상하며[158] 우울증 치료에도 효과적일 수 있다.[159] 전문 치료사에게 CBT-I를 받으면 최선의 도움을 얻을 수 있으나 여기서는 스스로 해볼 수 있는 몇 가지 단순한 팁을 소개한다.

수면 일기를 쓴다. 수면 전문가를 만나면 가장 먼저 듣는 말이 수면 일기를 쓰라는 것이다. 가장 간단히 쓸 경우 취침 시간과 기상 시간만 기록해도 되지만 자세한 정보를 포함할수록 더 유용하다. 언제 잠자리에 들고 언제 일어날 계획인지, 잠들기까지 시간이 얼마나 걸릴 것이라 예상하는지, 스트레스는 어느 정도 수준이라고 생각하는지, 어떤 약을 복용했고 무슨 음식을 먹었는지,

잠자리에 들기 전에 어떤 활동을 했는지, 수면의 질은 어떤지 등을 기록해보라. 인터넷을 찾아보면 수면 일기를 쓰는 데 도움이 될 만한 자료가 많다. 일주일 동안 일기를 써본 다음에는 잠을 잘 자는 데 도움이 되는 것과 잠을 잘 못 자게 하는 것의 패턴을 찾아보라. 혼자서 수면 일기를 쓰는 것만으로는 도움이 안 된다 싶을 경우 수면 전문가에게 수면 일기를 보여줘라. 그러면 해결책을 얻는 데 획기적인 도움을 받을 수 있을 것이다.

불안을 줄인다. 충분한 수면을 취하지 못하는 것이 초조한가? 자신이 그렇게 느끼고 있다는 사실을 깨달으면 변연계의 과도한 활동을 줄일 수 있다. 2장에서 소개한 팁이 도움이 된다.

수면을 제한한다. 불면증에 걸렸을 때 가장 힘든 부분은 잠은 들지 않는데 자려고 가만히 누워 있는 것이다. 때로는 노력을 멈추는 게 해결책이 된다. 늘 8시간씩 자려고 노력하는데 6시간밖에 못 잔다면 6시간만 자려고 노력하라. 보통 11시에 잠자리에 들지만 12시가 다 될 때까지 잠이 들지 않는다면, 12시에 잠자리에 들고 평소대로 기상하라. 연속적인 수면을 더 많이 하고 잠 못들고 뒤척이는 시간을 줄이면 수면 시간을 서서히 바꿀 수 있다.

긴장을 풀라. 자꾸 움직일수록 잠들기는 더 어려워진다. 편안한 위치를 찾아 거기에 누워라. 시계를 보지 말고, 베개를 고쳐놓

지도 말고 그냥 느긋하게 긴장을 풀어라. 침착한 상태를 유지할 수 없다면 자리에서 일어나 다른 방으로 가라. 20~30분쯤 긴장을 풀 수 있는 일을 하고 다시 시도해보자.

8장

습관을
적이 아닌
동지로 만들기

1870년 봄, 젊은 날의 윌리엄 제임스는 '의미의 위기'에 봉착해 불안과 우울로 가득 찬 시기를 보내고 있었다. 그러던 어느 날 자유의지에 관한 소논문을 읽은 뒤 습관을 바꾸면 기분을 바꿀 수 있다는 것을 깨달았다. 그리고 3년 만에 하버드 대학교에서 교편을 잡았고 결국에는 미국 심리학의 아버지가 되었다. 1890년에 그는 이렇게 썼다. "그러므로 모든 교육에서 가장 위대한 일은 신경계를 우리의 적이 아니라 우방으로 만드는 것이다. […] 가능한 한 이른 시기에, 자신이 할 수 있는 유용한 행동을 가능한 한 많이, 자동적·습관적으로 만들어야 한다." 그 시대에 이미 그는 생활의 변화가 뇌의 변화를 유도할 수 있음을 이해했던 것이다. 그리고 지금 우리에게는 그 이해를 뒷받침해주는 신경과학까지 있다.

습관은 어떤 행동을 할지 생각하지 않고 그냥 하는 행동이다. 4장에서는 뇌가 나쁜 습관에 걸려드는 방식에 관해, 곧 배측 선조체가 반복적 일상을 통제하고 측좌핵이 충동을 통제하는 방식에 관해 이야기했다. 이번 장에서는 그 영역들을 우리에게 유리한 쪽으로 작동하게 만드는 방법을 이야기하고자 한다. 그 방법을 알면 뇌의 습관 시스템을 잘 활용해 일을 처리할 수 있게 되고, 그러면 늘 과로하고 있는 전전두피질에만 의존하지 않아도 된다. 좋은 습관을 들이는 것은 상승나선에 강력한 추동력으로 작용한다. 일단 습관이 작동하면 추가로 노력을 기울이지 않아도 삶을 변화시키는 일에 착수할 수 있기 때문이다.

반복할 때마다 더 깊이 새겨진다

이미 우리는 습관이 반복으로 만들어진다는 사실을 안다. 그러나 다시 한 번 말하자. 습관은 반복에 의해 만들어진다. 그런데 어떤 행동은 다른 행동에 비해 조금만 반복해도 습관이 된다. 도파민을 더 많이 분비하게 만드는 활동이 그렇다. 안됐지만, 대개는 나쁜 습관이 더 많은 도파민을 분비시키므로 이런 활동은 그리 자주 하지 않아도 쉽게 버릇이 든다. 담배를 피우면 측좌핵에서 도파민이 많이 분비된다. 그러므로 담배를 많이 피우지 않아도 흡연은 금세 습관이 된다. 이와 대조적으로 치실을 사용할 땐 도파민이 그리 많이 분비되지 않으니 치실질을 습관으로 만들려면 아주 오랫동안 매일 훈련해야 한다.

새로운 습관을 들이려면 처음에는 물론 노력을 해야 한다. 언제나 헬스장에 가고 싶거나 늘 침착함을 유지하거나 친구를 만나러 가고 싶어지는 것은 아니다. 그것은 아직 선조체 안에서 제대로 연결이 확립되고 강화되지 않았기 때문이다. 새로운 습관이 자리 잡으려면 전전두피질이 개입해야 하고 그러려면 정신적인 노력이 필요하다. 우울증 상태에서는 더 많은 노력이 필요하다.

반가운 사실은 배측 선조체가 반복에 잘 반응한다는 것이다. 우리가 어떤 활동을 하고 싶어 하는지 하기 싫어하는지에 상관없이 그 활동을 반복할 때마다 배측 선조체에 더 깊이 새겨진다. 처음 몇 번이 가장 어려운데 그때는 아직 전전두피질에 의지해야 하기 때문이다. 그러나 일단 과감하게 밀어붙여 그 장벽을 넘으면 행동의 부담은 의식적으로 노력해야 하는 전전두피질에서 무의식적으로 수월하게 할 수 있는 배측 선조체로 넘어간다.

나쁜 습관을 고치는 기발한 방법

영국에서 실시한 두 가지 연구가 나쁜 습관을 고치는 기발한 방법을 찾아냈다. 묘수는 바로 자기긍정이다. 진부하게 들릴지 모르지만 결과는 부인할 수 없다.

첫 번째 연구는 흡연자를 대상으로 한 설문 연구였다.[160] 대조군에 속한 사람들에게는 "아이스크림 중에서 초콜릿 맛이 제일 맛있나요?"처럼 의견을 묻는 질문을 무작위로 던졌다. '자기긍정' 그룹에 속한 사람들에게는 자신의 가장 좋은 부분에 초점을 맞추도록 하는 질문을 던졌다. "당신에게 상처 준 사람을 용서해준 적이 있나요?"라든가 "다른 사람의 감정을 배려한 적 있나요?" 같은 질문이었다. 그렇다고 답하면 더 자세히 이야기해달라고 요청해

긍정적인 특징에 주의를 집중하도록 유도했다. 그런 다음 두 그룹 사람들 모두에게 담뱃갑에 적힌 흡연이 건강에 미치는 부정적인 효과를 읽게 했다.

이 연구 결과 자기긍정 그룹에 속한 흡연자들이 담배를 끊겠다는 의지를 더 강하게 보였고, 실제로 금연 방법을 알아본 비율도 더 높았다. 중요한 점은 자기긍정 효과가 담배를 가장 많이 피운 흡연자에게서 가장 강하게 나타났다는 점이다. 이는 가장 나쁜 상태에 있는 사람은 작은 자기긍정만으로도 큰 효과를 얻을 수 있음을 의미한다.

두 번째 연구는 첫 번째 연구와 비슷하게 구성됐는데, 다만 참가자들에게 건강한 식습관의 혜택에 대한 정보를 제공했다는 차이가 있었다. 이 연구에서는 연구가 끝난 후 한 주 동안 자기긍정 그룹이 대조군에 비해 과일과 채소를 의미 있는 차이가 날 만큼 더 많이 먹었다.[161]

자기긍정. 바꾸고 싶은 습관을 생각하기 전에 먼저 다음 질문을 보고 '예' 또는 '아니오'로 답하시오. '예'라는 답이 나오면 자세한 대답을 쓰시오.

1. 자신에게 상처 입힌 사람을 용서한 적이 있습니까?
2. 다른 사람의 감정을 배려한 적이 있습니까?
3. 자신보다 불우한 사람에게 돈이나 물건을 준 적이 있습니까?
4. 안 좋은 일을 겪은 사람의 기운을 북돋아 주려고 노력한 적이 있습니까?
5. 친구가 목표한 바를 추구하도록 격려한 적이 있습니까?

두 연구는 자신의 긍정적인 특징에 대해 생각하면 습관을 바꾸기가 더 쉬워진다는 것을 보여준다. 멋진 일이기는 하지만 여기에는 과연 어떤 신경과학적 근거가 있는 걸까?

우리는 다른 연구들을 통해 행복한 기억이 세로토닌을 촉진한다는 사실을 알게 되었다.[162] 자신을 긍정적으로 돌아보는 일에도 이와 유사하게 세로토닌 활동을 증가시키는 효과가 있는 것 같다. 세로토닌은 전전두피질이 제대로 기능하는 데 핵심적인 역할을 하는 신경전달물질이므로 이는 매우 중요한 사실이다. 또한 자신을 돌아보는 일과 감정을 의도적으로 조절하는 일은 내측 전전두피질을 활성화한다.[163] 따라서 자기긍정은 생각하는 전전두피질이 습관에 따라 움직이는 선조체를 극복하고 좋은 결과를 이끌어내도록 돕는다.

스트레스가 습관을 강화한다

레지던트 과정에 있는 의사는 긴 근무시간과 야간 근무, 까다로운 환자, 자신의 실수로 누군가 죽을 수도 있다는 두려움까지 감당해야 한다. 한마디로 그들은 엄청난 스트레스를 받는다. 게다가 어엿한 의사가 되려면 수개월 동안 맹렬히 공부해 의사 면허 시험에 합격해야 한다. 요컨대 엄청난 스트레스에 또 엄청난 스트레스가 더해지는 것이다.

포르투갈의 한 연구팀은 만성 스트레스가 미치는 영향을 연구하기 위해 의사 면허 시험이 치러지기 직전에 지난 세 달 동안 시험공부를 해온 레지던트 그룹에 fMRI 스캔을 실시하고, 시험을 치지 않는 레지던트들로 구성된 대조군과 비교했다.[164] 그 결과 스트레스를 받은 피험자들은 의도보다 습관에 따라 행동하는 경우가 더 많았다. 그들은 계속 똑같은 선택을 했고, 그것을 선택할 때 보상이 점점 줄어들었음에도 달라지지 않았다. 예상대로 습관적 행동의 증가는 습관을 담당하는 배측 선조체 내에서 일어난 처리 과정의 변화 때문이었다. 게다가 스트레스는 의사결정을 담당하는 안와전두피질을 축소했다. 이후 피험자들에게 긴장을 풀 시간을 주고 6주 후에 다시 관찰하자 아니나 다를까 배측 선조체의 활동이 정상으로 회복되었고, 안와전두피질도 정상적인 크기로 돌아왔다.

스트레스는 의도에 따라 행동하기보다는 예전에 하던 습관대로 행동하도록 뇌를 편향시킨다. 우리가 스트레스에 대처하기 위해 습관적으로 하는 행동, 곧 대처 습관을 고치기 어려운 이유 중 하나다.

대처 습관의 난처한 점은 그 행동을 하지 않으면 스트레스가 차 있는 상태 그대로 유지된다는 점이다. 대처 습관을 억제하려 하면 스트레스를 더 많이 받고, 그러면 뇌는 더욱더 대처 습관대로 행동하고 싶어 한다. 이는 명백한 하강나선이다. 이를 해결할 가장 좋은 방법은 스트레스를 줄일 다른 방법을 찾는 것이다.

스트레스 수준을 낮추는 방법에는 여러 가지가 있다. 운동 (5장)과 결정 내리기(6장), 수면 위생 개선(7장), 바이오피드백(9장), 감사하기(10장), 사회적 상호작용(11장)까지. 자신이 원하는 만큼 스트레스를 줄이지는 못할 것이다. 그래도 약간의 스트레스에는 좋은 점이 있다. 습관은 스트레스가 있는 상태에서 더 깊이 학습되기 때문이다.[165] 조금이라도 습관을 바꾸는 데 성공한다면, 스트레스가 없는 상태에서 습관을 바꾸려고 노력할 때보다 훨씬 더 큰 효과를 거둘 수 있다.

뇌는 개와 같다

저술가이자 그래픽노블 작가인 닐 게이먼은 2012년에 한 졸업식 연설에서 아주 예리한 말을 했다. "당신이 실수를 하고 있다면, 그 것은 당신이 세상에 나가 무언가를 하고 있다는 뜻입니다." 실수를 전혀 하지 않아야만 습관을 바꿀 수 있는 것은 아니다. 실수는 거의 피할 수 없다.

앞에서도 말했듯이 습관은 반복을 통해 만들어진다. 다시 말하면 **연습**을 통해 만들어진다. 농구선수 르브론 제임스가 점프 슛을 끊임없이 연습하는 것처럼 우리는 끊임없이 습관들을 연습한다. 연습이기 때문에 실수하는 것이 당연하다. 특히 초기에는 더 많은 실수를 한다.

오래된 습관이 지속되는 이유는 선조체의 활동 때문이다. 헬스장에 가거나 몸에 좋은 음식을 먹거나 샤워로 하루를 시작하는 것처럼 좋은 습관을 새로 들이려 할 땐 다행히 전전두피질이 선조체를 이긴다. 문제는 전전두피질이 그 일에 주의를 기울이고 있는 동안만 선조체를 이길 수 있다는 것이다. 전전두피질은 항상 경계심을 곤두세우고 있을 수 없다. 전전두피질은 할 일이 아주 많고 주의를 기울일 자원은 한정되어 있다. 주의가 산만해졌거나 스트레스에 치여 더 이상 주의를 기울이지 않게 되면 다시 선조체가 나서 사태를 장악한다. 그럴 때면 아이스크림을 정신없이 퍼먹다 거의 반 통을 다 먹고 나서야 상황을 깨닫는다.

> **변하겠다고 결단하라.** 변하겠다고 결단하는 것은 단순히 변하기를 원하는 것보다 훨씬 더 효과적이다. 그리고 이렇게 결단을 내렸을 때 성공할 확률이 대단히 높아진다.[166] 바꾸고 싶은 부분을 구체적으로 명시해두는 것도 성취 가능성을 높인다. 예컨대 "운동을 더 많이 하기로 결심했다"보다는 "화요일과 목요일 출근 전에 헬스장에 가기로 결심했다"가 더 효과적이다.

선조체를 훈련해야 하는 개라고 생각하자. 테이블 위에 쿠키 접시를 놔두고는 그 쿠키를 먹었다고 개에게 화를 낼 수는 없다. 개들은 원래 그런다. 무엇을 기대했단 말인가? 가만히 서서 내내 개만 지켜보고 있다면 쿠키는 안전하겠지만, 그럴 수는 없는 노릇이다. 언젠가는 전화를 받거나 출근을 해야 하니까. 우리 뇌도 꼭 이 개와 같다. 쿠키를 먹지 않도록 선조체를 훈련하지 않는다면, 전전두피질이 다른 곳으로 감시의 눈길을 돌린 사이 무슨 일이 일어날지는 뻔하지 않은가?

좋은 습관을 만들려다 실수를 하면 우리는 흔히 의지력의 실패라고 말한다. 그러나 좋은 습관을 이어가는 것은 단순히 의지력의 문제가 아니다. 우리가 의지력을 유지할 수 있는 건 전전두피질이 주의를 기울이고 있고, 제대로 작동할 만큼 충분한 세로토닌이 있을 때에 한해서다. 이제 달라지겠다고 결심하는 것은 물론 아주 중요한 첫걸음이지만, 선조체는 사실 우리가 무엇을 원하는지에 별 관심이 없다. 선조체가 관심을 갖는 것은 반복일 뿐이다.

100퍼센트 항상 성공만 할 수 없고, 대부분 성공하기도 어렵다. 그렇다고 자기 자신에게 화를 내봐야 뇌를 다시 길들이는 과정에는 아무런 도움이 되지 않는다. 오히려 방해만 된다. 이런 좌절감이나 자기비판은 스트레스의 원천이며 다시 옛 습관을 반복하게 만들 가능성을 키운다. 변화의 열쇠는 우리가 마음먹은 대로 습관을 실행에 옮기지 못했다는 사실을 깨닫는 순간 찾아온다. 그 특별한 순간이 바로 전전두피질이 자신의 존재를 드러내며 우리에게 목표를 상기시키고 다시 시도하라고 말해줄 절호의 기회다.

어쩌면 당신은 여러 번 실수를 반복할지 모른다. 그러나 한 번 실수했다고 포기한다면 선조체에 포기를 훈련하게 하는 셈이 된다. 머릿속에서 포기하라고 속삭이는 작은 목소리가 들릴 수 있다. 그 목소리에 자꾸 귀 기울일수록 목소리는 점점 습관처럼 반복될 것이고, 저항하기는 점점 더 어려워질 것이다. 우리가 목표를 향한 실천을 고수하면 그 목소리는 점점 약해진다.

집에서 작고 귀여운 강아지를 훈련할 때 그 강아지를 대하듯이 자신을 참을성 있고 친절하게 대하라. 강아지에게 자꾸 스트레스를 주는 건 방바닥에 쉬를 하도록 유도하는 일일 뿐이다. 처음에 습관이 들지 않으면 그냥 다시 시도하면 된다. 그리고 또다시…… 또다시……. 그러다 보면 언젠가는 습관이 붙는다.

세로토닌이 좋은 습관을 만든다

지금 당신 앞에 마시멜로가 하나 담긴 접시가 놓여 있다고 상상해보자. 실험복을 입은 상냥한 여성이 당신 옆에 앉아 있다. 그녀는 자신이 곧 방에서 나갈 거라고, 마시멜로를 먹고 싶으면 먹어도 된다고 말한다. 그런데 자신이 돌아올 때까지 기다리면 마시멜로를 **두 개** 주겠단다. 참, 이 시나리오에서 당신은 네 살이다. 자, 그래서 당신은 어느 쪽을 선택할 것인가? 지금 하나를 먹을까? 나중에 두 개를 먹을까? 현명하게 선택해야 한다. 이 선택이 나머지 인생에 영향을 미칠 수도 있으니까.

이 유명한 실험은 40여 년 전에 실시했던 것이다. 기다렸다가 마시멜로를 하나 더 받은 아이들은 기다리지 않고 냉큼 먹어버린

아이들보다 성공적인 삶을 살았다. 대학 입학시험 성적이 더 높았고, 대학에 진학한 비율이 더 높았으며, 마약을 한 비율은 더 낮았다.[167] 마시멜로 실험은 전전두피질의 세로토닌 기능과 습관적이고 충동적인 선조체를 이길 수 있는 능력을 시험한 것이다. 실제로 최초의 마시멜로 실험에 참가한 아이들의 뇌를 40년 뒤 fMRI로 스캔했는데, 전전두의 활동에서 차이가 드러났다.[168] 네 살 때 기다렸다 마시멜로를 하나 더 받은 사람들은 아니나 다를까 충동을 통제하는 복외측 전전두피질에서 더 큰 활동을 보였다.

다행히 세로토닌계는 네 살 때 꼼짝없이 고정되지 않는다. 세로토닌의 활동을 촉진할 수 있고, 그럼으로써 좋은 습관을 더 쉽게 만들 수 있다.[169] 이제 그 방법을 몇 가지 소개하겠다.

햇볕 쬐기

인간이 처음 진화를 시작했을 무렵에는 LED 화면과 형광등으로 밝힌 칸막이 사무실이 없었다. 대신 사람들은 태양에서 빛을 얻었다. 햇빛에는 인공조명보다 확연히 우위에 있는 장점들이 있다.

우선 햇빛의 자외선을 피부로 흡수하면 우리 몸에서 비타민 D가 만들어진다. 비타민 D의 여러 중요한 기능 중 하나는 세로토닌 생성을 촉진하는 것이다. 둘째로 햇빛은 대부분의 인공조명보다 훨씬 강렬하다. 사무실 전등이 아주 환하다고 생각할지 모르지만, 그것은 단지 우리 눈이 주위 밝기에 잘 적응하기 때문이다.

사실상 맑고 화창한 날 햇빛의 광도는 그보다 1백 배는 더 밝다. 밝은 햇빛은 세로토닌 생성을 향상하고 세로토닌 수송체가 재흡수되는 것을 막는다(이는 항우울제가 하는 일이기도 하다). 마지막으로 하늘을 푸르게 보이도록 하는 햇빛의 산란광은 일주기 리듬을 조절하는 광수용체를 자극하는 데 가장 적합하다. 그러므로 인공조명보다 질 좋은 수면을 촉진하는 데 훨씬 뛰어나다.

마사지 받기

아기부터 산모, 유방암 생존자, 편두통을 앓는 사람에 이르기까지 마사지가 효과가 있음을 확인한 연구가 많다. 이 결과들은 마사지가 세로토닌을 30퍼센트 정도까지 끌어올린다는 사실을 분명히 보여준다.[170] 또한 마사지는 스트레스 호르몬을 줄이고 도파민 수준을 높이는데, 이는 새로운 좋은 습관을 들이는 데 도움이 된다.

운동하기

5장에서 자세히 이야기했지만 반복해서 나쁠 게 없다. 운동은 세로토닌의 생성과 분비를 모두 증가시킨다. 특히 달리기나 자전거 타기 같은 유산소 운동이 세로토닌을 끌어올리는 데 가장 좋다. 흥미롭게도 운동을 하려고 지나치게 노력하거나 억지로 해야 한다고 느끼면 제대로 된 효과가 나지 않을 수 있다. 스스로의 선택에 따라 운동한다고 받아들이면 신경화학적 효과가 달라진다. 어쩌면 그것은 태곳적부터 전해오는 본능의 결과인지 모른다. 무언가를 사냥하기 위해 달리는 것과 무언가에게 사냥당하지 않으려고 달리는 것의 차이랄까.

행복한 기억 되새기기

전체 퍼즐 중 제일 간지러운 조각처럼 보일 수 있지만, 어쩌면 가장 중요한 조각일지 모른다. 게다가 가장 간단히 할 수 있는 일이기도 하다. 인생에서 일어났던 긍정적인 일을 떠올리기만 하면 되는 것이다. 이 단순한 행위가 전방대상피질에서 세로토닌 생성을 증가시킨다.[171] 이 사실을 밝혀낸 연구는 슬픈 기억을 떠올리는 것이 전방대상피질의 세로토닌 생성을 감소시킨다는 사실도 밝혀냈다. 그러므로 긍정적인 기억을 떠올리면 세로토닌을 증가시키고, 부정적인 일을 생각하지 않도록 막아주는 두 가지 효과가 있는 것이다.

> **즐거웠던 때를 기억하라.** 어린 시절에 경험한 특별한 생일파티나 재미있었던 여행 혹은 유난히 즐거웠던 어느 일요일 오후를 기억해도 좋다. 세부적인 장면을 머릿속에 떠올려보는 것도 좋고, 나중에 참고할 수 있도록 적어두면 더 좋다. 기억이 잘 안 난다면 옛 친구와 이야기를 나눠보거나 사진을 보거나 행복했던 시절의 일기를 읽어보라. 이를 필요한 만큼 반복하라.

좋은 습관을 들이기 위해 해야 할 일

우울증 상태에서는 목적 지향적이고 의도적인 행위나 습관이 충동과 균형을 이루지 못한다. 전전두피질이 선조체를 적절하게 통제하지 못하기 때문이다. 좋은 습관을 들이려면 당장 전전두피질부터 활성화해야 한다.

살아야 할 이유에 집중하기

독일의 철학자 프리드리히 니체는 이렇게 말했다. "살아야 할 **이유**를 갖고 있는 사람은 살아가는 거의 모든 **방식**을 견뎌낼 수 있다." 장기 목표가 있으면 그 **이유**가 생긴다. 자신에게 정말 중요한 무언가를 이루려면 수많은 단기적 충동을 억제해야 한다. 좋은 학점을 받으려면 사교 모임에는 여러 차례 빠져야 하고, 자식에게 주의를 기울이는 부모가 되고 싶다면 텔레비전 시청을 줄여야 한다. 이는 충동을 실행할 때 분비되는 도파민을 포기한다는 의미이기도 하다. 그런데 다행히도 충동을 억제하는 것이 언제나 도파민을 감소시키기만 하는 것은 아니다. 충동을 이겨내면 실제로 기분이 좋아지기 때문이다.

핵심은 장기 목표 추구를 책임지고 있으며, 측좌핵의 도파민 분비를 조절할 수 있는 전전두피질이다.[172] 그러므로 더 큰 가치를 두는 일에 기여하기만 한다면 충동을 억제하는 데서 보람을 느낀다. 예를 들어 의사가 되는 것이 꿈이라면 영화를 보러 가는 대신 집에서 공부하는 게 더 큰 만족감을 줄 수 있다. 또 자녀의 학자금 마련을 위해 저축하는 경우에는 마음껏 쇼핑하고 싶은 충동을 억누르는 것이 보람을 느끼게 할 수 있다.

> **어떻게 하면 더 좋은 삶이 될지 생각해보라.** 나쁜 습관을 없애면 당신의 삶이 어떻게 개선될까? 한 연구팀은 알코올중독자에게 술 사진을 보여주며 그런 생각을 해보라고 요청했다. 삶이 어떻게 개선될지에 초점을 맞추자 배측 선조체와 측좌핵에서 활동이 감소했다.[173] 술과 관련된 반복 행동과 충동을 줄임으로써 그들은 음주 습관을 바꾸는 일에 착수했다.

장기 목표가 하나도 없다면 좋은 습관을 들이기가 아주 어렵다. 어떻게 장기 목표를 세워야 할지 모르겠다면 6장을 참조하라. 그리고 충동이 일어날 때마다 의식적으로 자신이 가치를 두는 것과 목표를 상기하려 노력하라. 그러면 전전두피질이 올바른 방식으로 활성화되어 단기적 희생을 보람차게 느낄 수 있다.

자기감정을 알아차리기

자기 인식은 마음챙김의 한 기법으로 전전두피질의 활성화를 도와준다. 이는 단순히 자신의 감정 그리고 다른 사람과 세상에 대한 자신의 감정적 반응을 의식적으로 알아차리려 노력하는 것이다. 감정을 자각하면 복외측 전전두피질에서 활동이 증가하고, 이는 다시 내측 전전두피질을 통해 전달되어 편도체의 반응성을 낮춘다.[174] 풀어서 이야기하자면, 화가 났거나 슬프거나 불안하거나 스트레스를 받았을 때 지금 어떤 감정을 느끼고 있는지 알아차릴 수만 있다면 실제로 기분이 더 나아진다는 말이다.

감정은 통제할 수 없지만 환경은 통제 가능하다

습관이 일단 선조체에 저장되면 그 후로는 생각 하나, 감정 하나, 환경 속의 요소 하나에 의해 촉발된다. 생각과 감정을 항상 통제할 수는 없지만 환경은 대체로 통제가 가능하다.

4장에서 이야기했듯이 습관에서 빠져나오지 못하는 이유는 흔히 우리가 속한 환경이 지속적으로 그 습관을 촉발하기 때문이다. 그렇다면 그 습관을 촉발하는 구체적인 환경 신호가 무엇인지 밝혀내고(찰스 두히그의 《습관의 힘》을 보면 더 자세히 알 수 있다) 그 신호를 피하거나 바꾸면 된다. 마트에 갈 때마다 쿠키를 잔뜩 사온다면 다음번에는 과자류 진열대 앞을 지나가지 말라.

구체적인 방아쇠가 무엇인지 모르겠다면 자신을 둘러싼 환경 가운데 마음에 들지 않는 것을 아무거나 하나씩 바꿔보라. 거실에 걸린 그림을 바꾼다거나 침실에 페인트를 새로 칠한다거나 가능하면 이사를 하는 것도 괜찮다. 새 직장을 구해보라. 휴가를 가보라. 새로운 취미를 가져보라. 새 옷을 사보라. 이상한 충고 같지만, 변연계는 환경의 미묘한 신호를 포착하는 일에 아주 능한 데다 선조체와 밀접하게 연결되어 있기 때문에 아주 작은 변화로 큰 효과를 얻을 수 있다.

물론 어디에 가든 자신의 성향은 그대로 남아 있다는 점이 무시할 수 없는 문제이긴 하다. 그러나 자신을 바꾸는 가장 쉬운 방법은 먼저 환경을 바꾸는 것이다.

생산적인 꾸물거림

체육관에 가고 싶을 수도 있고, 마감 기한이 다가오는 프로젝트를 마무리해야 하거나 집에 손봐야 할 일거리가 있을 수도 있다. 그런데 기운이나 동력을 끌어올릴 수 없다. 게다가 미루면 미룰수록 불안감이 커진다. 기운도 없고, 해야 할 동기도 느낄 수 없을 때 억지로 일하려 애쓰는 것은 차 안에 앉아 가속기를 밟지 않고 방향을 돌리려 애쓰는 것과 비슷하다. 운전석에 앉아 핸들을 돌려봐야 아무 일도 일어나지 않는다. 핵심은 운전을 시작하는 것이다.

우리가 해야 하는 일들도 마찬가지다. 페이스북을 들여다보거나 형편없는 리얼리티 TV쇼를 보거나 심지어 아무것도 하지 않은 채 미루고만 있는 상황은 운전석에 앉아 운전은 하지 않고 핸들만 잡고 놀고 있는 상황과 다름없다. 어디로도 데려다주지 않는다. 대신 무언가 생산적인 일, 무엇이든 좋으니 생산적인 일을 그냥 시작하라. 원래 했어야 할 일이 아니라도 괜찮다. 싱크대에 놓인 접시를 하나라도 닦자. 구두를 신어보자. 업무 관련 이메일을 한 통 보내자. 할 일 목록에서 체크해야 할 일 중 아무거나 골라서 하자. 중요도가 떨어지는 일이라도 괜찮다. 어쨌든 해야 할 일이고, 그 일이라도 하면 계속 앞으로 나아갈 수 있다.

일단 생산적인 일을 하기 시작하면 선조체와 전전두피질의 몇몇 부분에서 도파민이 분비된다. 그러면 정말로 해야 할 일을 할 수 있는 에너지와 동력이 생겨난다. 조금 미적거리는 것은 전혀 문제되지 않는다. 미적거리면서도 조금은 생산적이 되고자 노력하자.

윌리엄 제임스가 그랬듯이 우리도 신경계를 적이 아닌 동지로 만들 수 있다. 우리에게는 좋은 습관을 만들 힘이 있고, 좋은 습관은 우울증에서 벗어나게 할 힘이 있다.

9장

바이오피드백의
힘

우리 아버지는 꽤 행복하고 느긋한 분인데, 매주 세 번씩 차를 몰고 댄스 스튜디오에 다녀오는 일이 아버지의 이런 성향에 일조하는 것 같다. 단단한 목재가 깔린 환한 방에서 머리카락을 다 밀고 서핑용 반바지를 입은 근육질 남자가 영어와 산스크리트어가 뒤섞인 말투로 속삭이듯 수업을 진행한다. 아버지와 다른 학생들은 몸을 구부리고 비틀며 이상한 자세를 취한다. 유리창에는 이들이 입과 코에서 내뿜은 습기가 뿌옇게 서려 있다.

아버지는 약 10년 동안 요가를 해오셨다. 나는 스포츠는 좋아하지만, 여러 해 동안 이 이상한 형태의 강도 높은 스트레칭이 뭐가 그리 대단한지 이해하지 못했다. 그러나 직접 요가를 시작하고 우울증의 신경과학을 더 자세히 배우고 난 뒤 나는 고대로부터 내려온 이 수련이 신체와 뇌의 관계를 새롭게 이해하는 또 다른 길임을 깨달았다.

수십 년 동안 요기들은 요가가 우울증을 치료하고 만성 통증을 완화하며 스트레스를 줄여주고 심지어 면역계를 개선하는 데다 혈압을 낮춘다고 주장해왔다. 이 모든 것이 뉴에이지의 황당한 횡설수설처럼 들릴지 모르지만, 놀랍게도 지금은 과학 연구가 이 모든 주장을 뒷받침한다. 당당한 전사 자세나 까마귀 자세를 취하는 것이 이렇게나 광범위한 효과를 낳는다는 것이 마법처럼 느껴진다. 하지만 그것은 사실 마법이 아니라 신경과학이다.

여기서는 요가만을 이야기하려는 것이 아니다. 이 장에서는 **바이오피드백**biofeedback, 곧 몸이 하는 일에 따라 뇌의 활동이 달라진다는 단순한 사실을 다룬다. 요가는 그저 의식적인 바이오피드백을 통해 뇌의 변화를 촉진하는 하나의 예일 뿐이다.

바이오피드백에는 심장박동 수 모니터라든가 신체가 무엇을 하고 있는지 알려주는 기계장치 같은 특별한 기술이 필요하다고 생각하는 사람들이 있다. 그런 기술은 신체의 변화를 쉽게 파악하는 데 도움을 주지만, 사실 우리 뇌에는 그런 기술이 필요치 않다. 뇌는 신체에, 그러니까 심장박동 수와 호흡수, 근육 긴장 등 수십 가지 신체 활동에 주의를 기울일 수 있는 완벽한 능력을 지니고 있기 때문이다. 뇌는 우리가 의식하든 하지 않든 그 모든 일을 항상 예의주시하고 있다.

> **요가를 하자.** 요가는 스트레칭, 호흡, 긴장 풀기, 자세 바꾸기를 포함해 이 장에서 제안하는 거의 모든 요소를 활용하며, 실제로 우울증을 치료하는 데 도움이 된다.[175] 등을 젖히고 가슴을 여는 요가 동작은 특히 긍정적인 감정을 높이는 데 효과적이다.

우리는 뇌가 우리 몸을, 특히 감정과 관련해 몸을 통제할 수 있다는 것을 알고 있다. 겁을 먹거나 흥분하면 심장 뛰는 속도가 빨라진다. 좌절을 느끼면 턱에 힘이 꽉 들어간다. 그러나 이 책에서 다룬 거의 모든 내용이 그렇듯이 감정도 일방통행로가 아니다. 감정은 피드백 회로다. 뇌의 활동은 몸이 어떻게 하느냐에 따라 달라진다.

자세를 바꾸거나 얼굴의 긴장을 풀거나 호흡 속도를 늦추는 것처럼 아주 단순한 행동이 뇌의 활동에 극적인 영향을 미칠 수 있고 생각과 기분, 스트레스에도 영향을 미친다. 이런 변화는 대개 일시적이지만 지속적인 변화도 가능하다. 습관을 바꾸는 경우가 특히 그렇다. 자신의 몸을 자각하면 바이오피드백을 더욱 향상할 수 있다.

바이오피드백은 어떻게 작동하는가

뇌는 끊임없이 신체의 각 부분들이 보내는 신호를 받아 그곳에 어떤 느낌이 드는지를 파악한다. 그 신호들을 이해하고 통제하는 법을 알면 상승나선에 강력하게 박차를 가할 수 있다.

뇌에는 몸에서 오는 감각만을 전담하는 영역이 있다. 또한 각 감각(미각, 후각, 청각, 촉각, 시각)은 감각피질에 각자의 위치를 갖고 있다. 감각 중에는 감정적인 성분이 포함된 것도 있는데, 그러한 감정 성분은 섬엽에서 처리한다. 감각을 처리하는 방식이 어떻게 다른지는 통증과 관련해 가장 분명하게 드러난다. 예컨대 부엌 찬장 문에 머리를 부딪치면 촉각피질은 그 사실을 감지하고 '지금 막 뭔가가 내 머리에 부딪혔구나'라고 생각한다. 반면에 섬엽은 '아야, 아야야! 아이고, 아야!'라는 반응으로 처리한다.

> **배가 고픈 건가, 스트레스를 받은 건가?** 감정적인 감각은 그리 엄밀하지 않기 때문에 뇌가 잘못 해석하는 경우가 자주 발생한다. 예를 들어 뇌는 배에서 무슨 일이 일어났다는 신호를 받는다. 그때 뇌는 스트레스받은 것을 배가 고프다는 신호로 해석할 수 있고, 배가 고픈 것을 스트레스받았다는 신호로 해석할 수도 있다. 이런 유형의 신호는 자동차의 엔진점검등과 비슷하다. 어떤 일이 벌어졌다고 경고해주기는 하지만 정확히 무슨 일이 벌어졌는지는 말해주지 못한다. 자신의 감정을 차분하게 스스로 평가해보면 신호를 구분하는 데 도움이 된다.

통증뿐 아니라 근육의 긴장이나 배 속의 울렁거림 같은 여러 감각에도 감정적인 요소가 담겨 있다. 이런 감각들이 보내는 신경 신호는 미주신경迷走神經, vagus nerve을 통해 전달된다. 상체 전체에 퍼져 있는 미주신경은 심장박동 수, 호흡, 소화 등 여러 신체 기능에 관한 정보를 뇌에 실어 보내는데 그러한 기능에는 대개 감정적인 요소가 담겨 있다.

우울증 상태일 때의 바이오피드백

어머니가 하시던 말씀을 기억하는가? "인상 쓰지 마라. 평생 찡그린 얼굴 된다." 대략 맞는 말이다. 얼굴을 찡그리면 기분이 나빠지고, 기분이 나빠지면 얼굴을 더욱 찡그리게 된다. 바이오피드백의 힘을 잘 인지하지 못하고 있는가? 그렇다면 바이오피드백이 지금 의도치 않게 우리를 하강나선에 빠뜨리거나 그곳에서 빠져나오지 못하게 막고 있을 수 있다.

우울증 상태일 때 사람들은 자기도 모르게 부정적인 유형의 바이오피드백을 만들어내는 경향이 있다. 예를 들어 어깨를 앞으로 구부정하게 늘어뜨린 소심하고 내향적인 자세를 취하고 있으면 슬픔이 더욱 깊어진다. 우울증에 걸린 사람들은 근육이 심하게 긴장되어 있는데, 그럴 경우 불안감이 심화되고[176] 심박변이도 heart-rate variability가 떨어진다.[177] 이 용어를 들어봤든 들어보지 못했든 어쨌든 우리 기분에 큰 영향을 미친다. 심박변이도란 들어서 짐작되는 딱 그 뜻이다. 건강한 사람은 심박이 때에 따라 더 빨리 뛰기도, 천천히 뛰기도 하면서 조금씩 변한다. 신체 기능에 관한 정보는 미주신경을 타고 이동하면서 숨을 내쉴 때마다 심장박동 수를 떨어뜨린다. 그러나 우울증에 걸린 사람들은 미주신경의 활동이 떨어져 있기 때문에 심장도 그만큼 속도를 잘 바꾸지 못한다. 그들의 심장은 마치 메트로놈처럼 일정하게 뛴다. 실제로 미주신경을 전기로 자극하는 것이 우울증의 한 치료법(12장)일 만큼

이는 아주 중요한 사실이다. 안타깝게도 미주신경을 직접 자극하려면 수술을 받아야 하지만, 우리가 스스로 행동을 통해 자극하는 방법도 있다. 이제 그 방법들을 이야기해보자.

찬물 뿌리기. 얼굴에 갑자기 찬물을 뿌리면 간접적으로 미주신경이 자극되어 심장박동 수가 느려진다. 압도된 느낌을 받았거나 스트레스를 받았거나 불안하다면 세면기로 가서 두 손 가득 찬물을 받아 얼굴에 뿌려보자.

부정적인 표정, 웅크린 자세, 과도한 근육 긴장, 심박변이도의 감소는 모두 우울증 상태를 보여주는 징후이다. 그러나 뇌에서 나타나는 다른 많은 양상이 그렇듯이 이들 역시 우울증의 결과이기만 한 것이 아니라 원인의 일부이기도 하다.

음악의 힘을 활용하라. 악기를 연주하든 라디오를 듣든 음악은 심박변이도를 높여준다. 실제로 음악을 만들면 더 강력한 효과를 얻을 수 있다.[178] 음악에는 해마, 전방대상피질, 측좌핵을 포함해 변연계의 대부분이 참여한다. 음악을 즐기고 음악에서 동기를 부여받는 것, 음악이 감정을 조절하는 데 도움을 주는 것도 모두 그 때문이다.[179] 또 음악은 마음을 진정시키고 혈압을 낮추고[180] 스트레스를 줄인다. 그러니 라디오에서 나오는 노래를 따라 부르거나 좋아하는 노래로 재생 목록을 만들어보자. 더 좋은 건 춤을 추러 가는 것이다. 춤에는 음악과 운동, 사교가 한데 녹아 있어 상승나선으로 가는 추진력을 세 배로 강하게 얻을 수 있다.

그런데 다행히 바이오피드백은 우리가 바꿀 수 있다. 몸에서 차분해지고 싶다는 신호(예를 들어 길고 깊게 호흡한다)나 행복하다는 신호(고개를 높이 들고 미소 짓는다)를 받으면 뇌는 차분하고 행복하다고 느낄 가능성이 더 커진다. 여기 그 방법이 있다.

바이오피드백 활용법 1: 미소

미소는 매우 효과적인 도구다. 대개 사람들은 행복하니까 미소를 짓는다고 생각하지만, 반대로 미소를 짓기만 해도 행복해진다.

미소를 지으면 긍정적인 감정이 커진다. 1980년대에 실시한 한 고전적인 연구에서는 연필을 이용해 사람들을 자기도 모르는 새 미소 짓거나 찡그리게 만들었다.[181] 참가자들에게는 감정을 연구하는 실험이라고 말해주지 않은 채, 입술을 대지 않고 이로만 물고 있거나, 입술로 물고 있거나, 손에 쥐는 세 가지 방법 중 하나로 연필을 잡고 있도록 했다. 연필을 이로 문 채 입술이 연필에 닿지 않게 하면 입 모양이 미소를 지을 때처럼 된다. 입술로 연필을 물고 있으면 미소 짓기가 불가능하고 찡그림과 비슷한 표정을 지을 수밖에 없다. 연필을 손으로 쥔 그룹은 대조군이었다. 이런 상황에서 참가자들에게 만화를 보여주고 얼마나 웃겼는지 점수를 매기게 했다. '미소' 그룹은 '찡그림' 그룹보다 만화가 훨씬 더 웃기다고 생각했고, 대조군은 두 그룹의 중간 정도로 웃기다고 생각했다.

> **스마일!** 미소를 짓자. 얼마나 간단한 일인가. 게다가 기분까지
> 좋아진다. 연필도 필요 없다. 다른 사람에게 보이려고 미소 짓지
> 말고, 거울을 보면서 미소 짓지도 말라. 그냥 얼굴의 긴장을
> 풀고 양쪽 입꼬리를 끌어올리자. 바이오피드백이라는 복잡하고
> 경이로운 과정이 곧바로 작동할 것이다.

그보다 최근의 한 연구에서는 참가자들에게 감정이 실린 표정 사진들을 보여주고, 뺨을 끌어올리거나(미소 짓거나) 눈썹을 수축시켜보라(찡그려보라)고 요청했다.[182] 참가자들은 찡그린 채로 사진을 볼 때보다 미소를 지으며 볼 때 사진 속 얼굴을 더 즐거운 표정으로 인식했다. 우리가 미소를 짓고 있을 때는 다른 사람들에게서 긍정적인 감정을 감지할 가능성이 크고, 이는 자신의 기분에도 큰 영향을 미칠 수 있다. 그뿐 아니라 잠깐 미소를 짓고 만 경우에도 그 효과가 몇 분간 지속되었다.

> **웃자.** 안면 피드백에서 최대의 혜택을 얻고 싶다면 웃어라.
> 웃긴 일이 하나도 없더라도 그냥 입을 벌리고 "하하하" 소리를
> 내보자. 뇌는 진짜 웃음과 가짜 웃음을 잘 구별하지 못하고,[183]
> 가짜 웃음은 종종 진짜 웃음을 유발한다.

안면 피드백이 효과를 나타내는 이유는 뇌가 특정한 안면 근육(예컨대 입가에 있는 큰광대근)의 수축을 감지하면 '내가 지금 무언

가에 행복해하고 있나 봐'라고 생각하기 때문이다. 마찬가지로 그 근육이 수축되지 않았을 땐 '아, 지금은 나 행복하지 않은가 봐'라고 생각한다.

현실 세계에서는 직접적인 신경 피드백뿐 아니라 사회적 피드백의 이점도 누릴 수 있다. 미소에는 전염성이 있다. 미소를 지었는데 그다지 행복해진 느낌이 들지 않더라도 주위에 있는 사람들이 함께 미소 지을 가능성이 커지기 때문에 자신의 기분도 따라서 좋아질 수 있는 것이다.

마지막으로 에너지를 북돋워 진짜 마음에서 우러나는 미소를 지을 수 있다면 훨씬 더 큰 혜택을 볼 수 있다. 이것은 보기 좋은 사진을 찍는 데 아주 좋은 요령이기도 하다. 큰광대근을 쓰면 입가를 통제해 가짜 미소를 지을 수 있지만, 눈가 근육인 눈둘레근은 실제로 미소를 지을 때만 수축한다. 사람들이 눈가가 수축되지 않은 사진 속 미소를 가짜 같다고 생각하는 이유는 그 미소가 **정말로** 가짜이기 때문이다.

바이오피드백 활용법 2: 곧고 반듯한 자세

"구부정한 자세 바로 해라." 어머니 말씀이 또 옳았다. 자신감 있고 단호해지고 싶다면 곧고 반듯한 자세로 서서 세상을 향해 가슴을 활짝 열어라. 자세는 바이오피드백의 아주 중요한 근원이다.

독일에서 실시한 한 연구는 참가자들에게 자신만만한 자세 또는 확신이 없는 자세로 선 상태에서 의사결정을 내리도록 했다.[184] 사람들은 자신만만한 자세로 서 있을 때 훨씬 더 결단력을 발휘했다. 그러니 결단력을 키우고 싶다면 말 그대로 결단력 있는 자세를 취하자.

자신감 있는 자세는 전반적인 생각과 믿음을 더욱 자신만만하게 만들어준다. 스페인에서 실시한 한 연구는 참가자들에게 자신감 있는 자세나 회의적인 자세를 취한 채 각자 자신의 긍정적 혹은 부정적인 특징에 관한 글을 쓰게 했다.[185] 자신만만한 자세를 취한 참가자들은 좋은 내용이든 나쁜 내용이든 관계없이 자신이 쓴 글에 더욱 강력한 믿음을 피력했다. 자신의 긍정적인 자질에 대한 확신은 그들을 더욱 낙관적으로 만들었다.

또한 자신 있는 자세는 다른 사람들에게 받은 칭찬의 효과를 배가시켰다. 텍사스의 한 연구팀은 참가자들을 자신감 있는 자세 그룹과 회의적인 자세 그룹으로 나누고 그들에게 시험을 잘 본다고 말해주었다.[186] 그러고는 나중에 어려운 시험을 치르도록 했는데, 회의적인 자세를 취한 사람들은 더 쉽게 포기했고 자신만만한 자세를 취한 사람들은 더 열심히 노력했다. 두 그룹 모두 시험 보는 능력을 칭찬받았지만, 자신감 있는 자세를 취한 참가자들만이 그 긍정적인 정보를 내면화했다는 점을 기억하자.

자신감 있는 자세가 자동적으로 행복하게 만들어주는 것은 아닐지 모르지만, 우리가 하는 생각에 대한 뇌의 반응을 조절하는 것은 분명하다. 그러니 자신감 있는 사람이 되고 싶다면(예를 들어 '이번 면접은 끝내주게 해낼 거야'라든가 '담배를 끊겠어'), 가슴을 앞으로 내밀고 턱을 높이 든 채 긍정적인 생각을 하라. 마찬가지로 누군가가 칭찬을 해주면 그 말을 정말 믿는 것처럼 행동하라.

자세는 뇌의 반응뿐 아니라 사회적 피드백도 야기한다. 자신의 기분은 순전히 자신이 결정한다고 생각하기 쉽지만, 다른 사람들도 우리가 취한 자세를 보면 자동적으로 인지하고 그에 반응한다. 그러면 우리는 (의식적으로든 무의식적으로든) 그들의 반응을 알아차리고 그로부터 영향을 받는다.

자신만만한 자세를 취하면 사람들은 우리를 더욱 믿음직스럽게 여긴다. 우리 뇌는 '와, 반듯하게 서 있는 걸 보니 나 무척 자신만만한가 봐'라고 생각할 뿐 아니라 '와, 사람들이 전부 나를 대단히 신뢰하는 것 같은데. 난 굉장히 자신감 있는 사람임이 틀림없어'라고도 생각한다.

마지막으로 반듯한 자세는 자신감에만 영향을 미치는 것이 아니라 에너지도 끌어올려 준다. 〈바이오피드백〉이라는 저널에 실린 한 연구는 구부정한 자세가 에너지 수준을 떨어뜨리며,[187] 이는 심한 우울증을 앓는 사람에게 더욱 강력하게 적용된다는 사실을 보여주었다. 불쾌감을 잘 느끼는 사람은 구부정한 자세를 취하고 있을 때 더욱 불쾌한 기분을 느꼈다. 이는 자세를 바로잡으면 우울증이 가장 심한 사람이 가장 큰 효과를 볼 수 있음을 의미한다. 또한 이 연구에서는 흥미롭게도 깡충깡충 뛰어가는 것skipping

이 에너지 수준을 올린다는 것을 알아냈다(그러니 보는 사람이 없을 때는 복도에서 깡충깡충 뛰어가보자).

자세를 바꾸면 신경호르몬 수준이 변화한다. 하버드 대학교에서 실시한 한 연구에서는 다리를 넓게 벌린 상태로 서거나 앉는 자세가 테스토스테론을 증가시키고 스트레스 호르몬인 코르티솔을 감소시킨다는 것을 알아냈다.[188] 신경호르몬의 이러한 변화도 위에서 이야기한 자신감 있는 자세의 효과들을 야기한 요소 중 하나일 것이다.

결국 핵심 메시지는 자신이 없을 땐 턱을 높이 들고 곧고 반듯하게 서서 가슴을 내밀라는 것이다. 그러면 결단력이 생기고 긍정적인 생각을 내면화할 수 있으며, 신체적으로 더 많은 에너지를 얻게 될 것이다.

바이오피드백 활용법 3: 평온한 표정

이마의 한가운데, 양미간 바로 윗부분을 생각해보자. 그곳에 긴장이 느껴지는가? 무언가 걱정되는 일이 있는가? 그 부분의 근육은 눈썹주름근(피부를 주름지게 해서 이런 이름이 붙었다)으로 눈썹을 모으고 아래로 끌어내려 이마에 주름을 만든다. 불쾌함, 분노, 걱정 등 부정적인 감정을 표현하게 해주는 근육이다. 그런데 찡그린 이마는 실망과 불만의 원인이 되기도 한다. 뇌는 '미소' 근육이 움직이는 걸 감지할 때 우리가 행복하다고 생각하듯이 눈썹주름근이 수축된 걸 알아차리면 화가 났거나 걱정하고 있다고 생각한다.

> **선글라스를 쓰자.** 화창한 날 우리는 눈부신 햇빛을 피하려고 눈썹주름근을 수축시켜 눈을 찡그린다. 사실은 날씨가 화창해 기분이 좋아졌는데도 이렇게 찡그리면 뇌는 살짝 짜증이 났다는 신호로 받아들인다. 선글라스는 눈부심을 줄여주므로 선글라스를 쓰면 눈을 찡그리지 않아도 된다. 멋쟁이로 보이는 데다 안면 바이오피드백을 통해 더 차분해지니 일석이조다.

기발한 연구가 하나 있다. 연구자들은 테이프로 참가자들의 양 눈썹에 골프공을 올려둘 때 사용하는 골프티를 붙이고 둘을 서로 맞닿게 해보라고 요청했다. 이 요청대로 하려면 눈썹을 찡그리는 수밖에 없었다.[189] 참가자들은 이마를 찡그린 상태로 제시된 사진들을 보았을 때 더 큰 슬픔을 느꼈다. 찡그린 이마는 분노와 혐오의 감정을 강화하며, 사람을 덜 행복하고 덜 상냥하고 더 무관심하게 만든다.[190]

> **턱의 긴장을 풀자.** 스트레스를 받으면 자기도 모르게 이를 꽉 물게 된다. 이를 물면 긴장감이 더 높아진다. 그러니 턱을 편안하게 내리고 이리저리 굴리듯 움직인 다음 입을 크게 벌려보라. 이때 하품이 나올 수 있는데 하품은 우리를 더 침착하게 만들어준다.

그렇기 때문에 눈썹 근육들이 긴장하고 있을 때 부정적인 감정을 더 많이 느끼고 긍정적인 감정은 덜 느끼게 된다. 긴장을 풀면 어떻게 될까? 돈이 너무 많고, 몇 년 더 젊어 보이고 싶어 하는 사람들이 흥미로운 증거를 제시해주었다. 보톡스 이야기다. 보톡스는 얼굴의 특정 근육을 마비시킴으로써 주름을 제거하는 신경 독소다. 눈썹주름근을 마비시키면 이마에 주름 짓기가 아주 어려워진다. 보톡스 치료를 받은 사람 가운데 불안이 줄어든 경험을 한 경우가 많은데 이는 단지 그들이 불안감에 상응하는 얼굴 표정을 지을 수 없었기 때문이다.[191] 불행히도 그들은 기쁨 또한 그만큼 잘 느끼지 못했다. 신나는 기분이나 놀라움 역시 온전하게 표현할 수 없었기 때문이다.

바이오피드백 활용법 4: 천천히 깊게 호흡하기

호흡은 신체의 가장 중요한 기능이며, 다른 기본 기능들(먹기, 섹스 등)과 마찬가지로 변연계와 밀접하게 연관된다. 호흡과 관련된 문제가 있는 사람들은 우울증에 걸릴 위험이 훨씬 더 높다.[192] 호흡법을 바꾸면 감정 상태를 매우 신속하게 바꿀 수 있으며 따라서 호흡은 상승나선을 만들기에도 아주 효율적인 도구이다.

> **심호흡을 하자.** 불안하거나 무언가에 압도된 느낌을 받았을 땐

느린 호흡이 도움이 된다. 천천히 여섯(경우에 따라서는 여덟)을 세면서 코로 숨을 들이마신다. 최대한 들이마신 상태에서 2초 정도 멈췄다가 다시 천천히 여섯을 세면서 코를 통해 숨을 내쉰다.

서로 다른 호흡 유형은 신체와 뇌에서 서로 다른 효과를 낸다. 스웨덴에서 실시한 한 연구는 다른 호흡 유형들(느린 호흡, 빠른 호흡, 엄청나게 빠른 호흡)을 조합한 호흡이 낙천적인 감정을 증가시키고 우울, 불안, 전반적인 스트레스를 감소시킨다는 것을 보여주었다.[193] 호흡은 미주신경이 전달하는 신호를 통해 뇌에 영향을 미친다. 앞에서 이야기한 것처럼 미주신경은 심장으로 신호를 내려보내기만 하는 것이 아니라 뇌간으로 신호를 올려보내기도 한다. 미주신경이 보내는 신호는 휴식과 이완을 담당하는 회로인 부교감신경계parasympathetic nervous system를 활성화하는 데에도 중요한 역할을 한다. 부교감신경계는 투쟁-도피 반응을 통제하는 교감신경계와 반대 역할을 한다. 천천히 호흡하면 미주신경의 활동이 증가하고 뇌의 부교감계 활동이 촉진된다. 천천히 깊이 호흡하면 차분하게 진정되는 것은 그 때문이다.

반대로 빠른 호흡은 부교감신경계를 비활성화하고 교감신경계를 활성화한다. 불안하거나 흥분했거나 겁이 나면 호흡이 빨라진다. 그런데 호흡을 빨리하면 이런 감정이 들 가능성이 커지는 것 역시 사실이다. 빠른 호흡은 우리를 불안하게 할 수 있지만 흥분되게 만들 수도 있고 경우에 따라선 그것이 유리하게 작용하기도 한다. 계획대로 헬스장에 가려면 (아니면 다른 일을 하기 위해서라도) 에너지가 조금 더 필요할 때가 있지 않은가.

> **빠른 호흡으로 에너지를 얻자.** 때로는 에너지가 더 필요하다고 느낄 때가 있다. 그럴 때는 20~30초 동안 짧고 얕게 호흡해보라. 현기증이 날 수 있으니 너무 오래 하는 것은 좋지 않다.

바이오피드백 활용법 5: 근육 이완

스트레스를 받거나 불안할 때면 근육이 긴장하는 경향이 있는데, 본인은 그것을 의식하지 못할 수 있다. 하지만 뇌는 근육이 긴장했음을 감지하고 '나 긴장했나 봐'라고 생각한다. 흥미롭게도 근육은 스스로 수축과 이완을 하는 게 아니다. 근육이 팽팽하게 긴장하고 있다면 그것은 뇌가 그렇게 하라고 명령했기 때문이다. 그렇다면 뇌가 긴장을 풀도록 어떻게 도울 수 있을까?

> **힘을 꽉 줬다가 빼기.** 긴장한 근육을 풀어야 한다는 사실을 뇌에게 알려주려면 먼저 근육을 단단히 긴장시키는 것이 도움이 된다. 숨을 깊이 들이마신 다음 근육에 단단히 힘을 준다. 몇 초 동안 그 상태를 유지하다가 한숨을 쉬듯이 숨을 내쉬며 긴장을 푼다. 감정에 가장 큰 영향을 미치는 안면 근육의 긴장을 푸는 것이 가장 중요하지만 손, 엉덩이, 위의 근육을 이완하는 것 역시 중요하다.

스트레칭을 하면 근육 긴장을 푸는 데 도움이 되고 신경계 전체를 진정시키는 데에도 큰 도움이 된다. 엔도르핀과 엔도카나비노이드가 자극되어[194] 통증을 줄일 수도 있다. 복잡한 자세를 취할 필요는 없다. 어떤 식의 스트레칭이든 모두 좋다.

마사지를 받는 것도 근육 긴장을 푸는 아주 좋은 방법이다. 마사지는 통증, 스트레스, 불안을 줄여주고 수면의 질을 개선한다.[195] 마사지가 이렇게 다양한 효과를 내는 이유는 아마도 세로토닌과 도파민 분비를 촉진하고 코르티솔을 감소시키기 때문일 것이다.[196] 때로는 테니스공을 놓고 그 위에 눕거나 기대거나 근육 위로 세게 굴리며 문지르는 방법으로 마사지하는 것도 도움이 된다. 전문가에게 마사지 받는 것과 똑같은 효과는 못 보겠지만 금전 부담이 없고 신속하게 개운한 효과를 볼 수 있다.

그러나 일단은 반듯한 자세로 앉아 깊게 호흡해보자. 얼굴의 긴장을 풀고 입가를 끌어올리고, 바이오피드백의 마법에 우리를 맡겨보자.

10장

감사 회로가
부정적 감정을
밀어낸다

1940년대 후반, 결핵을 앓던 알베르 카뮈는 전쟁으로 피폐해진 파리를 떠나 고향인 북부 알제리로 향했다. 비 내리는 잿빛 12월, 완전히 달라진 고향의 모습을 본 카뮈는 젊은 날을 되살리려 한 자신의 희망이 얼마나 어리석었는지 뼈아프게 깨달았다. 그러다 문득, 자신의 추억 속에는 청년 시절에 경험한 따뜻한 기쁨이 그때 그 모습 그대로 남아 있음을 깨닫고 이런 글을 남겼다. "이 깊은 겨울의 한가운데서, 나는 아무도 무너뜨릴 수 없는 여름이 내 안에 살아 있음을 깨달았다."

우울증에 걸리면 인생은 실망만이 가득하고 편안한 밤의 숙면, 훌륭하게 마무리한 업무, 다정한 사람의 얼굴처럼 간절하게 필요한 것은 하나도 없는 것만 같다. 원하는 것과 소유한 것 사이에는 언제나 거리가 있지만 우울증에 짓눌려 있을 때만큼 그 간격이 넓어 보이는 때도 없다. 3장에서 이야기했듯이 어떤 사람의 뇌는 부정적인 부분에 초점을 맞추도록 배선되어 있는데, 그런 경향은 우울증에 걸리면 더욱 악화된다. 그러나 부정적인 경향을 직접 무너뜨릴 강력한 힘이 있으니 그것은 바로 '감사'다.

감사가 부정성을 무너뜨리는 막강한 해독제인 이유는 삶의 조건에 따라 흔들리지 않기 때문이다. 가난하고 굶주리는 와중에도 따뜻한 산들바람에 고마움을 느낄 수 있다. 반대로 돈과 권력을 소유했더라도 남편이 음식 씹는 소리 하나에 짜증을 느낄 수 있다. 감사는 마음의 한 상태다. 실제로 우리 뇌에는 감사 회로가 있는데, 이 회로는 심각한 운동 부족 상태다. 감사 회로를 튼튼하게 만들면 육체 및 정신의 건강이 향상되고, 행복이 커지며, 수면이 개선되고, 다른 사람들에게 더 깊이 연결되어 있다고 느낀다.

감사가 삶에 주는 3가지 실질적인 혜택

근래에 감사의 이로움을 보여주는 연구가 수십 건 실시되었다. 아마도 감사의 가장 중요한 이로움은 기분을 좋아지게 한다는 점일 것이다.[197] 고마움을 생각하고, 더 많이 표현하면 더욱 쉽게 긍정적인 감정을 느낄 수 있다.

감사는 자살 가능성을 줄인다

우울증의 가장 심각한 문제는 단순히 살아갈 가치가 없다고 생각하는 것이 아니라 그 생각을 행동으로 옮길 수 있다는 점이다. 그런데 감사는 실제로 자살을 생각할 가능성을 줄이는 것으로 드러났다.[198]

중요한 점은 절망의 정도가 가장 심한 사람에게서 감사가 가장 큰 효과를 발휘했다는 것이다. 모든 것이 암울하고 무의미하게 보일 때 작더라도 감사의 마음을 느낄 수 있다면 아주 큰 변화를 이뤄낼 수 있는 것이다.

> **감사의 편지를 자세하게 써보자.** 친구든 선생님이든 동료든 자기에게 유난히 친절하지만 아직 한 번도 제대로 고마움을 표현하지 못한 사람을 생각해보자. 그 사람이 당신의 인생에 어떤 영향을 미쳤는지 자세한 이야기를 담아 감사의 편지를 써보자. 그런 다음 커피나 술을 함께하자는 약속을 잡아보자. 그렇게 만나서 직접 편지를 전해주는 거다. 상대에게는 어떤 종류의 만남인지 미리 말하지 말고 깜짝 놀라게 해주자. 이런 식으로 감사함을 표현하면 효과가 오래 지속된다. 한 연구 결과에 따르면 감사 편지를 쓰고 직접 전해주면 행복이 깊어지며, 그 수준이 두 달 후까지도 지속되었다.[199]

감사는 불안도 줄여준다.[200] 걱정과 불안은 모두 무언가 나쁜 일이 생길 수 있다는 가능성에서 생겨난다. 그러나 뇌가 동시에 초점을 맞출 수 있는 대상의 수에는 한계가 있기 때문에 우리가 미래에 일어날 수 있는 좋은 일에 감사하는 마음을 가지면 부정적인 감정을 밀어내고 감사가 그 자리를 차지해 걱정이 사라져 버린다.

감사는 건강한 몸과 마음을 만든다

스위스의 한 연구팀은 약 1천 명을 대상으로 설문 조사를 실시해 감사하는 마음의 정도와 건강의 관계를 밝혀냈다. 그 결과 고마운 마음을 많이 표현하는 사람이 신체적으로나 심리적으로 더 건강했고, 건강에 유익한 활동에 참여할 확률 역시 더 높았다.[201] 또한 감사하는 사람은 건강이 나쁠 경우 그에 관해 무언가 조치를 취하려는 의지를 더 강하게 드러냈다. 현재의 상황을 바꾸겠다는 적극성을 불러일으키는 것은 세로토닌일 가능성이 가장 크다. 세로토닌이 제 기능을 하지 못할 때 사람들은 운명을 체념적으로 받아들이는 경향이 있기 때문이다.

감사는 사회적 지지를 높인다

다음 장에서 더 자세히 살펴보겠지만 사회적 지지는 상승나선을 만드는 데 도움이 되고, 감사는 사회적 지지를 높인다. 한 연구에서는 감사한 일에 관해 일주일마다 일기를 쓰도록 한 그룹을 자기를 괴롭히는 일에 관해 일기를 쓴 그룹, 중립적인 일에 관해서만 일기를 쓴 그룹과 비교했다.[202] 또 다른 참가자 그룹에게는 자신을 다른 사람들과 비교해보라고 요청했다. 연구자들은 평균적인 대학생 그룹과 만성 질환을 앓아 우울증에 걸릴 위험이 높은 환자 그룹을 모두 관찰했다. 그 결과 연구자들은 감사가 전반적으로 참가자들의 삶의 질을 높였고, 그들을 더욱 낙천적으로 만들었으며, 통증과 고통을 줄이고, 실제로 그들이 운동을 더 많이 하도록 만들었다는 사실을 알게 되었다. 또한 다른 사람들과 더 긴밀하게 연결되어 있다는 느낌을 갖게 했다는 아주 중요한 사실을 알아냈다.

도움을 받아라. 기분이 뭐라고 표현할 수 없을 정도로 나쁠 때는 행복했던 기억에 초점을 맞추기가 어렵다. 아니 기억을 떠올리는 것조차 어렵다. 행복한 사건을 떠올리기 어려울 때는 옛 친구와 이야기를 나누거나, 지난 사진을 보거나, 옛날 일기를 읽어보라. 이는 감사 일기를 써야 할 또 하나의 이유이다. 상황이 힘들어질 때 돌아보고 힘을 얻을 수 있는 기록을 남겨두자.

영국의 한 연구팀은 삶의 전환기를 지나고 있는 사람들(이 경우에는 대학 생활을 시작하는 학생들)을 관찰했다.[203] 삶의 전환기에는 많은 것이 불확실하고 불확실성은 변연계를 가동시킨다. 그리고 환경이 바뀌면 습관도 바뀌기 때문에 조심하지 않으면 그리 바람직하지 않은 습관적 반복 행동에 빠질 수 있다. 이 연구에서는 감사하는 마음이 큰 학생들이 스트레스가 줄고 우울의 수준이 더 낮았다는, 예상에서 별로 벗어나지 않은 결과가 나왔다. 앞의 연구와 마찬가지로 이 연구에서도 감사를 표현하면 사회적으로 지지받는다는 느낌이 더 강해진다는 사실이 드러났다. 그러니까 감사에서 출발해 더 많은 사회적 지지를 얻고, 그러면 기분이 좋아지고, 감사할 거리가 많아져 계속 앞으로 나아가거나 위로 올라갈 수 있는 것이다.

감사가 뇌에 미치는 효과

감사에는 긍정적인 효과가 많지만 감사가 뇌에 미치는 효과를 직접적으로 검토한 연구는 그리 많지 않다. 그러므로 이미 나와 있는 소수의 연구 결과 그리고 비슷한 개념을 검토한 다른 연구들을 통해 추론해보는 수밖에 없다.

감사는 도파민 회로의 활동을 개선한다

감사의 혜택은 제일 먼저 도파민계에서 시작된다. 고마움을 느끼면 도파민을 생성하는 뇌간 영역이 활성화되기 때문이다.[204] 게다가 다른 사람들에게 감사하는 마음을 갖는 것은 사교 도파민 회로의 활동을 증가시키는데, 그러면 사회적 상호작용이 즐거운 일로 느껴진다.

> **감사 일기 쓰기.** 매일 몇 분간 시간을 내서 감사하다고 느끼는 일을 세 가지 써보자. 좀 더 좋은 습관으로 만들려면 매일 같은 시간에 일기를 쓰도록 노력하자. 세 가지가 생각나지 않으면 한 가지라도 써라. 하나도 생각나지 않는다면 그냥 "오늘 먹은 음식에 감사한다" 또는 "오늘 입은 옷에 감사한다"라고 써라. 현재 상황의 90퍼센트가 마음에 안 들더라도 여전히 감사할 10퍼센트가 남아 있다.

감사는 세로토닌을 증진한다

감사가 주는 아주 강력한 효과 중 하나는 세로토닌을 증진한다는 것이다. 감사해야 할 것들을 생각해내다 보면 자기 삶의 긍정적인 측면에 초점을 맞출 수밖에 없다. 이 단순한 행동이 전방대상피질에서 세로토닌의 생성을 늘린다.[205] 이 점을 밝힌 연구자들은 슬픈 사건을 기억할 때 전방대상피질에서 세로토닌 생성이 감소한다는 사실도 알아냈다. 그러므로 좋은 일을 기억하면 이중의 효과를 얻을 수 있다. 직접적으로 세로토닌을 증가시키고, 간접적으로는 나쁜 일을 기억하지 않게 막아주는 것이다.

감사는 수면의 질을 높여준다

감사는 수면의 질을 높여주기 때문에 상승나선을 가동하는 아주 좋은 방법이다. 7장에서 우리는 수면을 개선하는 일이 얼마나 중요한지 알아보았다. 캐나다에서 실시한 한 연구에서는 불면증이 있는 대학생들에게 일주일 동안 매일 감사 일기를 쓰도록 했다.[206] 이 단순한 개입으로 수면이 개선되고, 신체적인 문제가 줄었으며, 걱정을 덜 하게 되었다. 만성 통증이 있는 사람들도 감사 일기를 쓰자 수면이 개선되고 불안과 우울이 감소했다.[207]

연민과 존경이 감사와 비슷한 효과를 낸다

부정성을 물리치는 낙천성 역시 감사의 한 유형이라 할 수 있다. 앞으로 **일어날 수 있는** 좋은 일들에 감사하는 마음이기 때문이다. fMRI 실험들을 통해 복측 전방대상피질이 낙천성을 매개한다는 사실이 잘 알려져 있는데,[208] 그렇다면 복측 전방대상피질은 감사에서도 중요한 역할을 할 것이다. 반드시 좋은 일이 일어날 것이라고 믿는 게 아니라 좋은 일이 일어날 **수도 있다**고 믿는 것, 어떤 일이 일어나더라도 나는 문제없다고 생각하는 것이 낙천성이다. 이럴 때 자신의 유연성에 감사하는 마음 또한 낙천성이다. 실패하고 무너질 가능성이 매우 높다고 생각될 때조차, 어떤 조건이든 끝까지 이기고 버텨낼 수 있는 부분이 있다. 그것이 바로 카뮈가 '아무도 무너뜨릴 수 없는 여름'이라고 부른 것이다. 원하기만 한다면 언제든 감사의 상승나선에 올라탈 수 있다.

> **잠에서 깨어날 때 감사하라.** 아침에 일어날 때 그날 기대되는 일한 가지를 생각해보라. 기대할 것이 아침 식사뿐이더라도.

연민과 존경도 감사와 유사하다. 이 감정들 역시 전방대상피질을 활성화하고 섬엽과 시상하부를 활성화한다.[209] 섬엽은 내부 감각을 반영하기 때문에 섬엽이 활성화된다는 것은 감정이입이 투사된 결과일 것이다. 즉 다른 사람이 느끼는 것을 자신도 느끼는 것이다. 시상하부의 활동은 감정적 흥분이 증가할 때 나타나는 징후다. 우리가 다른 사람들에게 느끼는 감사도 뇌에서 이와 비슷한 효과를 낸다.

유머는 감사의 또 다른 이름이다

음미는 감사의 또 다른 변종이다. 감사가 뇌에 미치는 영향에 관한 연구는 그다지 많지 않지만 음미, 그중에서도 특히 유머의 음미에 관한 연구는 제법 이루어졌다.

과학적으로 볼 때 농담을 받아들이는 것은 두 부분으로 이루어진다. 하나는 어떤 언행이 웃기기 위해 의도된 것임을 인지하는 것이고, 다른 부분은 실제로 농담을 이해하고 거기 담긴 유머를 음미하는 것인데 여기에는 흔히 웃음이나 미소가 따라붙는다.

과학자들은 피험자가 만화책을 보는 동안 뇌 활동을 관찰해 인지와 음미의 뇌 활동을 구분했다. 이를 통해 유머를 음미할 때 안와전두피질과 편도체가 활성화되는 것이 밝혀졌다.[210] 유머와 관련해 편도체가 활성화한다는 사실은 편도체 활성화가 늘 나쁜 것만은 아니라는 사실을 잘 보여준다. 변연계가 감정에 풍부하게 반응하는 것은 중요한 일이다. 그러나 변연계의 균형이 잘 잡힌 것이 가장 이상적이다.

또 다른 연구는 유머를 음미하는 것이 도파민이 풍부한 측좌핵과 도파민을 생산하는 뇌간 영역을 활성화한다는 사실을 밝혀냈다.[211] 유머가 즐거운 이유를 이로써 설명할 수 있다. 또한 배측 선조체의 여러 영역도 활성화했는데, 이는 유머를 음미하는 일에도 무언가 습관적인 면이 있다는 것을 암시한다. 다시 말해 유머는 연습해 갈고닦을 수 있는 일인 것이다. 이제 유튜브에서 웃긴 동영상을 봐도 될 과학적 변명이 생겼다.

우리가 먹이를 주는 늑대가 이긴다

체로키족의 오래된 전설에는 두 마리 늑대의 싸움에 관한 이야기가 있다. 한 마리는 분노, 질투, 자기 연민, 슬픔, 죄책감, 원한을 나타낸다. 다른 한 마리는 기쁨, 평화, 사랑, 희망, 친절, 진실을 대표한다. 두 늑대의 싸움은 사실 우리 내면에서 벌어지는 싸움이다. 그러면 이 싸움에서 둘 중 어느 쪽이 이길까? 바로 우리가 먹이를 주는 늑대다.

자부심과 죄책감, 수치심은 모두 초점이 자신에게 맞춰져 있으면서 도덕적 평가가 개입되는 감정들이다. 그중에서 자부심은 감사와 사촌뻘이기는 하지만 그 이면에는 죄책감과 수치심이 자리 잡고 있다. 감사는 모두에게 유익한 것인데, 우울증 상태에서는 왜 수치심과 죄책감 쪽으로 강력하게 끌려가는 것일까?

자부심, 수치심, 죄책감은 각각 차이점을 지녔음에도 배내측 전전두피질, 편도체, 섬엽, 측좌핵을 비롯해 비슷한 뇌 회로들을 작동시킨다.[212] 측좌핵을 제외하고 이 영역들의 활동을 가장 강력하게 촉발하는 감정은 자부심이다. 흥미롭게도 측좌핵에서만은 죄책감과 수치심이 자부심을 이긴다. 우리가 죄책감과 수치심에 끌려가는 이유가 이로써 설명된다. 그 감정들이 뇌의 보상중추를 활성화시키기 때문이다. 뇌가 죄책감과 수치심을 강화할 수는 있지만, 장기적으로 볼 때 그 감정들은 우리의 행복에 이롭지 않다. 음식에 관해서도 같은 말을 할 수 있다. 초코바가 과일보다 측좌핵을 더 활성화시키지만 장기적으로 볼 때 우리에게 가장 이로운 음식은 아니다. 대신 뇌에게 감사라는 먹이를 주자. 영양가가 풍부하고 부가적인 혜택도 많으니까.

비교는 감사의 조건이 아니다

감사한 마음을 갖고자 노력할 때 자신보다 불우한 사람과 비교하고 싶은 유혹을 느낄 수 있다. 그렇다. 나는 새 차를 사지는 못했으나 아예 차가 없는 사람도 있다. 이런 생각을 감사와 같다고 여길지 모르지만 사실은 그렇지 않다. 여러 연구 결과가 자기보다 못한 사람과 자신을 비교하는 것에는 감사처럼 이로운 효과가 없다는 것을 보여준다.[213]

감사는 자신이 가진 것들의 가치를 실제로 음미하는 데서 오는 감정이다. 다른 사람이 무엇을 가졌는지 갖지 못했는지는 상관없다. 감사의 힘은 시기심을 줄이고, 이미 자신이 지니고 있는 것의 가치를 높이고, 그럼으로써 삶에 대한 만족도를 높여주는 데 있다.[214]

> **심호흡하라.** 코를 통해 숨을 천천히 길게 들이쉰다. 숨이 최대한 차면 잠시 멈추고 '이 숨에 감사합니다'라고 생각한 다음 천천히 숨을 내쉰다.

더욱이 자신을 다른 사람과 비교하면 사회적 비교를 담당하는 회로를 활성화하게 된다. 물론 어떤 상황에서는 내가 유리한 입장에 처하겠지만, 모든 상황에서 내가 유리한 입장에 놓이는 것은 아니다. 게다가 뇌가 다른 사람이 어떤 생각을 할지 판단하는 방식은 자신의 생각을 외부로 투사하는 것이다. 그러므로 스스로 사회적 비교를 많이 한다면 다른 사람들도 나에 대해 사회적 비교를 할 것이라 가정할 가능성이 크고, 그러면 자신이 비판받고 배제된다고 느낄 수 있다.

다른 한편으로 사람들에게 감사와 친절, 연민을 표현하면 긍정적인 사회적 회로가 작동한다. 그리고 자신이 다른 사람에게 이런 감정을 느낀다면 다른 사람도 자신에게 이런 감정을 느낄 것이라고 가정할 가능성이 커진다.

잊지 않고 챙겨서 감사할 줄 아는 것

언젠가 보이스카우트 캠프에 참여했을 때 한 나이 많은 스카우트 단장이 낚싯대를 들고 호수로 가는 모습을 보았다. 한두 시간 뒤 돌아온 그에게 낚시가 어땠느냐고 물었다. "아주 좋았지"라고 그가 대답했다. "얼마나 잡으셨는데요?"라고 내가 또 물었다. 그는 "아무것도 안 잡았어"라고 대답했다. 그러고는 이렇게 덧붙였다. "이건 '낚시'지 '잡기'가 아니거든."

감사할 거리를 항상 발견할 수 있는 건 아니지만, 발견하지 못했다고 해서 찾아보는 것이 소용없는 일이라는 뜻은 아니다. 중요한 것은 감사할 거리를 발견하는 것이 아니라, 애초에 잊지 않고 감사할 거리를 찾아 나서는 것이다.

잊지 않고 챙겨서 감사할 줄 아는 것은 일종의 감정 지능이다. 한 연구는 감사하는 마음이 실제로 복내측 전전두피질과 외측 전전두피질 모두에서 뉴런의 밀도에 영향을 미친다는 사실을 알아냈다.[215] 이 밀도 변화를 보면 감정 지능이 좋아질수록 복내측 전전두피질과 외측 전전두피질에서 뉴런의 효율이 더 좋아진다는 것을 알 수 있다. 단순히 말해 감정 지능이 높아지면 감사하는 데 노력이 훨씬 덜 들어간다는 말이다.

감사의 경우 대개 감사할 거리를 찾고 살펴보고 발견해내는 과정이 감사 회로를 작동시킨다. 눈에 무엇이 보이게 될지는 우리가 통제할 수 없으나 무엇을 찾을지는 통제할 수 있다. 물론 감사할 거리를 발견하는 것은 보너스지만, 그것이 다는 아니다.

11장

그저
사람들 속에 있기

몇 년 전 나는 심각한 우울증에 빠진 대학생과 이야기를 나눈 적이 있다. 그는 상태가 진짜 심각해질 때면 기숙사 방 안에 혼자 틀어박혀 지냈다고 했다. 아직 어떻게든 공부는 할 수 있었지만, 오직 혼자 있고만 싶었다는 것이다. 그래서 혼자 있다 보면 마음 상태가 점점 더 악화되었고 결국 공부조차 할 수 없게 되었다. 그러면 공부도 포기하고 그냥 아무것도 하지 않은 채 누워만 있었다고 한다. 다행히도 그는 자신의 이런 패턴을 알아차렸다. 혼자 있고 싶었지만, 그러면 자신에게 해롭다는 사실을 깨달은 것이다. 그 때부터 그는 혼자 있고 싶어질 때마다 억지로 아래층으로 내려가 사람들이 웅성거리는 라운지에서 공부를 했다. 일부러 누군가에게 말을 걸지는 않았지만, 반드시 주위에 사람들이 있는 곳으로 갔다. 이것만으로도 그는 자신이 하강나선 속으로 더 깊이 미끄러져 들어가는 것을 막을 수 있었다.

우울증은 사람을 고립시키는 병이다. 사람들 곁에 있어도 혼자 외로이 떨어져 있다는 느낌이 드는데, 바로 이런 점 때문에 사람들과 아예 물리적으로 떨어져 있고 싶어진다. 그러나 이처럼 고독을 바라는 상태는 우울증에 걸린 뇌가 보이는 증상 가운데 하나이다. 운동하기 싫은 마음이 운동하지 않는 상태를 고착시키는 것처럼 고독을 바라는 마음은 우울증을 더 고착시킨다. 이 책이 주는 뇌 과학의 매우 중요한 원리 중 하나는 아무리 혼자 있고 싶더라도 우울증을 치료할 희망은 종종 다른 사람들에게 있다는 것이다.

> **사람들과 함께 있어라.** 하강나선은 혼자 있을 때 작동할 가능성이 크다. 기분이 점점 처진다고 느껴지면 도서관이나 커피숍처럼 사람들이 있는 곳을 찾아가라. 사람들과 대화할 필요까지는 없다. 그저 물리적으로 같은 공간에 있는 것만으로도 도움이 된다.

인간은 사회적인 종種이다. 우리는 함께 생존하도록 진화해왔고, 우리의 뇌는 다른 사람들과 상호작용하고 서로 연결되어 있다고 느낄 때 가장 건강하다. 이 말은 연결이 끊어졌다는 느낌이 들 때 파괴적 영향을 미칠 수 있다는 뜻이기도 하다. 다행히 가족, 친구뿐 아니라 모르는 사람과, 심지어 반려동물과 상호작용을 하면 우울증의 진행 경로를 뒤집을 수 있다는 것을 분명하게 보여준 연구들이 있다. 사회적 상호작용은 수많은 뇌 회로와 신경전달물질계의 활동에 변화를 가져온다. 대화와 신체 접촉이, 심지어 그저 사람들 속에 있는 것이 스트레스, 통증, 불안, 우울 증상 들을 줄이고 차분함과 행복감을 높여준다. 잠시 후 이 모든 장점들에 대해 이야기할 텐데, 그 전에 먼저 이러한 개념을 받아들이는 것이 왜 그토록 어려운지 그 이야기부터 해보자.

따돌림과 육체적 고통의 상관관계

시인 에밀리 디킨슨은 "외로움이 없으면 더 외로울 것이다"라고 썼다. 그녀는 혼자 지낸 것으로 유명하지만, 그러면서도 혼자 있는 것을 늘 두려워했다. 사실 흔히 볼 수 있는 이 명백한 역설은 친밀함을 가장 강렬히 원하는 사람이 대체로 거부에 가장 예민하기 때문에 생긴다. 우울증에 걸렸든 걸리지 않았든 타인은 흔히 스트레스와 불안의 원천이 될 수 있다.

사람의 뇌는 다른 사람들이 자신을 어떻게 생각하는지 신경쓰도록 배선되어 있는데, 비판받거나 거부당한다고 느끼면 몹시 괴로운 이유가 바로 그 때문이다. 실제로 한 fMRI 실험에서는 사회적 따돌림이 육체적 통증과 동일한 회로를 활성화한다는 사실을 밝혀냈다.[216] 이 실험에서 참가자들은 다른 두 선수와 가상의 공 던지기 게임을 하는 동안 뇌 스캔을 받았다. 참가자들에게는 나머지 두 선수가 실제 사람이라고 말했지만 사실은 컴퓨터로 조작한 것이었다. 처음에 '다른 선수들'은 참가자와 공을 주고받으며 점잖게 게임을 했다. 그러다 어느 시점부터 참가자를 무시하고 둘이서만 공을 주고받았다. 이 작은 변화로도 사회적으로 배제된 느낌을 끌어내기에 충분했고, 그러자 육체적 통증을 겪을 때와 똑같이 전방대상피질과 섬엽이 활성화되었다. 우리가 따돌림당하지 않으려 하는 이유는 뜨거운 난로를 만지지 않으려 하는 이유와 똑같다. 바로 아프기 때문이다.

거부에 대해 깊이 생각해보기. 어떤 일을 거부라고 여길 때, 그 생각이 사실은 오해에 지나지 않는 경우가 자주 있다. 예를 들어 친구에게 전화해달라는 음성 메시지를 남겼는데 그 친구가 전화를 하지 않을 수 있다. 그럴 때 친구가 나에게 상처를 주려 한다거나, 이제는 나에게 관심이 없어진 거라고 단정하기 쉽다. 그러나 친구가 연락하지 않은 이유는 그 외에도 얼마든지 있을 수 있다. 친구가 너무 바쁘거나 잊어버렸을 가능성이 훨씬 크다. 아니면 메시지가 온 것을 몰랐을 수도 있다. 다른 가능성을 생각해내면 내측 전전두피질이 활성화되어 변연계의 감정 조절을 개선해 기분이 나아질 수 있다. 친구에게 직접 설명을 요구하는 게 도움이 될 때도 있다. 게다가 불쾌한 기분이나 우울증이 사회적으로 따돌림받는다는 느낌을 더 과장할 수 있다는 사실을 인지하자. 그러니 상황이 무척 나쁘게 보여도 사실은 그리 심하게 나쁘지 않음을 알아차리자.

흥미롭게도 자존감이 낮은 사람은 전방대상피질이 상대적으로 많이 활성화되어 있는데, 이는 그들의 뇌가 사회적 배제에 더 민감하다는 사실을 반영한다.[217] 우울증일 때도 뇌가 사회적 배제에 민감해져서 스트레스 반응을 더 강력하게 나타내는 경향이 있다.[218] 그렇지만 사회적 배제에 민감성이 높은 것이 본질적으로 나쁜 일은 아니다. 사실상 이러한 민감성은 사람들과 잘 어울리고 싶게 만들기 때문에 집단 내에서 조화를 이뤄내는 원동력이 되기도 한다. 그러나 이 책에서 언급한 다른 많은 특징처럼 따돌림에 대한 민감성 역시 하강나선을 만들 위험이 있다.

다른 사람들이 나에게 해를 입힐 힘을 갖고 있다면 때로 혼자 있고 싶어 하는 것도 무리는 아니다. 충분히 합리적인 대처 기제이며 지나치지만 않다면 괜찮다. 그러나 스트레스를 풀기 위해 아이스크림을 먹는 것처럼 잠시 동안은 기분이 나아질지 몰라도 문제가 해결되지는 않는다. 게다가 우울증 상태라면 문제는 더 심각해질 수 있다.

우울증은 사랑의 신경화학을 교란한다

사랑 및 친밀한 관계와 관련해서 홀로 유난히 주목받는 신경호르몬이 있다. 그 이름은 옥시토신이다. 옥시토신은 흔히 '사랑의 호르몬'이라고 불린다. 옥시토신은 가볍게 애무하거나 섹스를 할 때, 누군가가 우리에게 신뢰를 표현할 때, 때로는 대화 중에 상대를 향한 신뢰감과 애착이 깊어질 때 분비된다. 또한 옥시토신은 스트레스와 두려움, 통증을 완화한다.

그러나 안타깝게도 우울증 상태에서는 옥시토신계의 컨디션이 나빠진다. 우울증에 걸린 사람에게 옥시토신이 더 많다고 주장하는 연구가 있고, 더 적다고 주장하는 연구가 있다. 이것이 역설적으로 여겨질 수 있지만, 옥시토신 수준은 서로 다른 우울증의 하위 유형들에 영향을 미치고 또 그로부터 영향을 받는다.[219] 여기에는 개인마다 각자 특수한 뇌 회로들이 상호작용한 결과 독특한 우울증 사례들을 만든다는 견해가 반영되어 있다. 서로 다른 연구들에서 나온 결과가 그렇게 명확하지는 않지만, 간단히 우울증 상태에서는 옥신토신계 전체가 제대로 돌아가지 않는다고 보면 이해가 쉽다. 생물학적인 용어로는 **비통제**dysregulated 상태라고 한다. 우울증일 때는 옥시토신이 분비되어야 할 때 분비되지 않거나 분비되지 말아야 할 때 분비되는 경우가 있다.[220] 게다가 옥시토신에 대한 뇌의 반응이 대상을 정확히 겨냥하지 못할 때도 있다.

여러 연구가 우울증 상태에서 옥시토신의 전반적인 기능에 대해 일치하는 결과를 내놓지 못했지만, 그중에는 좀 더 좁은 맥락에서 옥시토신의 기능을 밝힌 연구들이 있다. 예를 들어 옥시토신 수준이 낮은 사람은 인생을 살 가치가 없다고 느끼는 비율이 상대적으로 높았다.[221] 그리고 아동학대를 겪었던 이들을 비롯해 우울증에 걸릴 위험이 큰 다수의 사람들은 옥시토신 수준이 낮았다.[222]

유전 역시 명백하게 한 역할을 담당한다. 옥시토신계를 조절하는 특정 유전자 중에는 우울증과 불안을 심화시키는 것들이 있다.[223] 그뿐 아니라 우울증에 걸린 사람은 옥시토신 수용체와 관련된 특정 유전자를 갖고 있는 비율이 높았다. 이 유전자는 사회적 관계를 맺는 데 있어 자신감을 떨어뜨리고 인정 욕구를 높였다.[224] 흥미로운 점은 이러한 유전자와 인간관계의 연관 관계가 우울증에 걸린 사람들에게서만 관찰되고, 동일한 유전자를 가졌지만 우울증에는 걸리지 않은 건강한 대조군에게서는 나타나지 않았다는 것이다. 이는 그 유전자 자체가 본질적으로 나쁜 것이 아님을 시사한다. 그러나 일단 하강나선이 시작되면 유전이 그 하강나선을 더욱 강화하는 것이다.

게다가 우울증에 걸린 사람들이 사회적 상호작용에서 얻는 기쁨도 옥시토신 수준과 상관관계가 있다.[225] 그러니까 옥시토신 수준이 저하된 우울증 환자는 사회적 인정과 지지도에서 상대적으로 기쁨을 덜 느낀다는 말이다. 불행히도 이는 잠재적인 하강나선이다. 사회적 상호작용이 도움이 된다고 느끼지 못하면 사람들과 어울릴 가능성이 줄어들고, 그러면 옥시토신의 수준은 더 떨어질 것이기 때문이다.

그러나 옥시토신은 애초에 우울증을 예방하는 역할도 한다. 아주 흥미로운 한 연구에서 연구진은 생쥐를 사소한 부상에서 회복하게 했다. 한 그룹은 생쥐를 홀로 두었고 다른 그룹은 두 마리씩 짝을 지었다.[226] 혼자서 회복기를 보낸 생쥐들은 우울증 증상을 나타내는 비율이 더 높았고 어려운 과제를 쉽게 포기했다. 반면 짝과 함께 회복한 생쥐들은 우울증 증상이 더 적게 나타났고 훨씬 강인한 태도를 보였다. 게다가 연구자들은 짝을 지은 생쥐들에게 항우울 효과가 나타난 것이 옥시토신 증가 때문이라는 것도 밝혀냈다. 전체적으로 볼 때 옥시토신과 전두-변연계 회로의 이상은 유대감을 떨어뜨림으로써 하강나선을 만들 가능성이 있다. 다행히 다른 사람들의 존재가 옥시토신계와 전두-변연계 회로를 개선해 우울증에서 벗어나도록 도와준다.

타인이 뇌를 위해 하는 일

사람들과 상호작용하면 통증과 불안, 스트레스가 줄어들고 기분이 좋아진다. 이런 이점들은 옥시토신이 강화되고 전두-변연계 의사소통이 개선된 결과다. 다른 사람들이 곧바로 기분을 좋게 만들어주지 못할 때에도 타인과의 상호작용은 뇌가 올바른 방향으로 가도록 밀어준다.

통증과 불쾌감을 줄인다

얼음물이 담긴 통에 견딜 수 없을 만큼 고통스러워질 때까지 손을 담그고 있는 걸 좋아할 사람은 아무도 없을 것이다. 그러나 참가자들에게 정확히 이런 일을 요청한 연구가 있었다.[227] 어떤 참가자들은 혼자 앉아 있었고, 어떤 참가자들은 모르는 사람과 함께 앉거나 친구와 함께 앉아 있었다. 혼자 앉아 있었던 참가자들은 훨씬 강도 높은 고통을 느꼈고, 친구와 함께 있었던 참가자들은 지지하는 존재가 옆에 있다는 사실이 통증을 대단히 줄여주었다고 말했다. 친구가 아무 말 하지 않고 곁에 앉아 있기만 한 경우에도 통증이 경감되었다. 전혀 모르는 사람이 말로 지지를 표하거나 아니면 그냥 곁에 앉아 있기만 해도 같은 효과가 나타났다.

만성 통증을 앓는 환자에게서도 이와 동일한 효과를 관찰했다. 한 연구에서는 배우자나 연인이 함께 있을 때 환자들의 통증이 상당히 줄어든다는 사실을 밝혀냈다.[228] 놀랍게도 때로는 사랑하는 사람을 생각하기만 해도 통증이 줄었다.[229] 더욱 놀라운 사실은 모르는 사람과 이야기를 나눌 때에도 같은 결과가 나온다는 것이었다.[230] 통증은 내부감각으로, 그곳에 초점을 맞추면 더욱 심해진다. 다른 사람과 대화를 나누면 전전두의 사교 회로가 활성화되기 때문에 통증에 맞춰져 있던 뇌의 초점을 돌리는 데 도움이 된다.

또한 매우 아픈 상황에서 누군가와 손을 맞잡는 일이 우리와 우리 뇌에 위안을 줄 수 있다. 한 연구에서는 기혼 여성들에게 작은 전기충격을 받게 될 것이라고 예고한 뒤 fMRI로 그들의 뇌를 스캔했다.[231] 고통스러운 충격을 예상하는 동안 뇌의 통증 회로와 걱정 회로에서 예상되는 반응 패턴이 나타났다. 섬엽과 전방대상피질, 배외측 전전두피질이 활성화된 것이다. 이후 피험자들에게 남편의 손을 잡거나 실험자의 손을 잡게 하고 다시 그들의 뇌를 스캔했다. 피험자가 남편의 손을 잡자 충격의 위협이 주는 효과가 작아졌다. 전방대상피질과 배외측 전전두피질 모두에서 활동이 준 것인데, 이는 곧 통증 회로와 걱정 회로가 덜 활동했음을 의미한다. 게다가 부부 사이가 돈독할수록 불편함과 관련된 섬엽의 활동이 더 많이 떨어졌다. 그러나 모르는 사람이 실험자의 손을 잡은 것만으로도 전방대상피질의 활동이 감소하고, 피험자가 충격에 느끼는 불편함이 줄어들었다.

친구, 가족, 모르는 사람이 기분을 좋아지게 한다

우울증에 걸리면 대개 혼자 있고 싶어진다. 하지만 실제로는 친구, 친지들과 함께 시간을 보내면 우울한 기분이 완화된다.[232] 놀랍게도 친구와 가족의 지원은 항우울제의 약효까지 향상했다.[233] 약물을 복용하기 전에 사회적 지지를 더 많이 받은 사람은 증상이 감소하거나 완전히 회복될 가능성이 더 높았다. 그뿐 아니라 이 연구는 증상이 호전될수록 주변 사람들의 지원도 더욱 적극적이 된다는 것을 보여주었다. 그러므로 사교성은 우울증에서 벗어나는 데 도움이 되고, 도움을 받으면 더 사교적이 되는 것이다. 또 하나의 상승나선이다.

> **친구와 함께하는 활동을 하라.** 우울증에 걸리면 말하기가 싫어진다. 누군가와 함께하면서도 말해야 한다는 부담을 느끼지 않을 만한 활동을 시도해보라. 영화를 보러 가거나 보드게임을 하는 것도 좋다. 원하지 않는다면 자신의 우울증에 대해 말해야 한다는 부담을 느낄 필요는 없다. 하지만 말하고 싶은 마음이 생기면 그 참에 친구에게 흉금을 털어놓아보자.

모르는 사람과 말을 주고받는 것도 도움이 된다. 시카고의 한 연구팀은 버스와 열차로 통근하는 사람들에게 돈을 지불하고 낯선 사람과 대화를 시도해보거나 그냥 조용히 앉아 있게 했다.[234] 그 결과 모르는 사람과 이야기를 나누는 것이 기분을 더 좋아지게 한다는 사실을 알 수 있었다. 대부분의 참가자가 모르는 사람과 대화하는 일이 불쾌할 것이라며 걱정했지만, 실제로 이야기를 나눈 뒤에는 즐거워했다. 그러니 비행기에서 옆자리에 앉은 사람이나 스타벅스에서 줄을 섰을 때 곁에 있는 사람과 대화를 시도해보라. 물론 무슨 일이 일어날지 불안하겠지만, 긍정적인 경험이 될 가능성이 크다.

사회적 상호작용이 기분과 약효에 긍정적인 영향을 미치는 이유는 옥시토신계가 세로토닌계를 보조하기 때문이다. 세로토닌을 생성하는 뉴런 중에는 옥시토신 수용체를 갖고 있는 것이 많기 때문에 옥시토신이 분비되면 그 뉴런들이 세로토닌의 분비를 증가시키는 것이다.[235] 그러므로 옥시토신은 앞에서 다룬 세로토닌의 혜택들이 더 잘 발현되도록 돕는다.

스트레스와 불안을 완화한다

친구들과 함께 지내는 것도 스트레스와 불안을 떨어뜨리는 데 도움이 된다. 한 연구는 공적인 연설을 앞둔 사람들의 스트레스 수준을 관찰했다. 일부 참가자는 연설 전에 친구들과 시간을 보내는 것이 허용되었고, 다른 참가자들은 그렇지 못했다. 친구와 이야기를 나눈 참가자는 그렇지 않은 참가자에 비해 스트레스 호르몬 수준과 불안감이 감소했고 더 차분해졌다.[236] 스트레스가 심한 상황에서는 대부분 응원해주는 사람이 함께 있을 경우 이겨내기가 더 쉬워진다.

이러한 효과는 편도체와 해마에 변화가 일어난 결과다. 편도체의 반응성이 너무 민감해져 있으면 미세한 자극에도 스트레스 반응이 촉발된다. 마치 방아쇠를 당기고 싶어 손가락이 근질근질한 총잡이와도 같다. 다행스러운 점은 옥시토신이 편도체의 이러한 움찔거림을 가라앉힐 수 있다는 것이다.[237] 또한 옥시토신은 편도체와 전전두피질, 전방대상피질 사이의 의사소통을 증진한다.[238] 편도체의 반응성을 떨어뜨리고 전두-변연계 회로를 강화하면 감정이 통제 불능 상태에 빠지지 않도록 조절하는 데 도움이 된다.

게다가 우리는 스트레스가 해마에 해로우며 실제로 해마에서 뉴런을 줄어들게 할 수 있음을 알고 있다. 다행히 옥시토신은 스트레스의 해로운 효과들에서 뇌를 보호하는 데도 일조한다. 운동, 항우울제와 마찬가지로 옥시토신 역시 해마에서 새 뉴런의 성장을 촉발하는데,[239] 이는 스트레스가 심한 상황에서도 그렇다. 따라서 스트레스가 심한 시기에는 옥시토신을 활용해 뇌의 건강을 유지할 수 있다. 지금부터 그 정확한 방법을 알아보자.

단 한 사람만 내 편이어도 충분하다

사회적 지지는 다양한 형태로 이루어진다. 심지어 문자메시지나 페이스북 댓글, 이메일도 사회적으로 거부당했다는 느낌을 상쇄하는 데 도움이 된다. 앞서 이야기한 연구에서 사용한 것 같은 가상 공 던지기 게임을 활용한 또 다른 연구가 있다. 여기서는 게임을 통해 참가자들에게 사회적으로 배제되었다는 느낌을 갖게 한 다음 실험자들이 정서적인 응원의 메시지를 보냈다.[240] 이러한 정서적 응원은 불편한 마음과 관련된 섬엽의 활동을 줄이고 전전두피질의 내측과 외측 영역 모두에서 활동을 증가시켰다. 이런 결과는 정서적 응원이 전전두의 활동을 촉진한다는 것을 시사한다. 이는 곧 변연계의 반응을 약화시킬 것이라는 뜻이기도 하다. 그러니 온 세상이 나를 적대시하는 것처럼 느껴질 때 내 편을 들어주는 사람이 단 한 명이라도 있다면 큰 차이를 만들 수 있다.

> **감사하는 마음을 가져라.** 감사하면 사회적 지원을 받는다는 느낌이 커진다는 사실을 기억하는가?(10장) 일주일에 한 번, 고마운 일에 대한 감사의 글을 써보자. 이렇게 단순한 일만으로도 사람들과의 연결감을 강화하기에 충분하다.

행복감을 전염시킨다

친구와 가족을 돕는 일뿐 아니라, 자원해 다른 사람을 돕는 일도 우울증의 증상을 완화하고 긍정적인 감정을 높이는 데 도움이 된다.[241] 그러므로 다른 사람을 돕는 것은 자기 자신을 돕는 아주 좋은 방법이다. 다른 사람을 도우면 뇌의 감정이입 회로가 활성화된다. 감정이입을 하려면 내측 전전두피질이 개입해야 하기 때문에 전두-변연계 의사소통에 긍정적인 영향을 미친다. 흥미로운 점은 그 효과가 노인들에게서 가장 확연하게 나타난다는 사실이다. 그러니 은퇴가 가까워오고 있거나 이미 지났다면 자원봉사를 통해 우울증 치료에 큰 효과를 볼 수 있다.

행복을 느끼기 어려운 상태일 때는, 스스로 자기 안에서 행복감을 만들어내는 것보다 다른 사람에게서 행복한 감정을 흡수하는 것이 훨씬 쉽다. 행복에는 전염성이 있고 마치 유행성감기처럼 사회적 네트워크를 통해 퍼져나간다.[242] 20년 동안 4천 명 이상을 연구·관찰한 하버드 대학교 연구자들은 가까이에 행복감을 느끼는 친구가 살고 있을 경우 본인도 행복해질 확률이 25퍼센트 증가한다는 사실을 확인했다. 그리고 바로 옆집에 행복한 친구가 있을 경우 그 효과는 34퍼센트까지 올라갔다.

중독을 벗어나는 데 도움을 준다

사람들과 친밀한 관계를 형성하면 기분이 좋아지는 이유는 도파민 때문이다. 그러니 도파민과 옥시토신이 서로 상호작용한다는 사실은 별로 놀랍지 않다. 도파민 뉴런은 시상하부에서 옥시토신이 생성되는 부분에 연결되며,[243] 옥시토신은 뇌간에서 도파민이 생성되는 부위를 자극한다. 게다가 도파민이 풍부한 측좌핵은 옥시토신 뉴런이 내보내는 정보를 받는다. 안타깝게도 옥시토신이 제대로 작용하지 못하면 도파민과 온전하게 상호작용할 수 없게 되는데, 사회적 상호작용이 항상 즐거운 일만은 아닌 것은 그 때문이다. 그러나 사람들과 상호작용함으로써 얻을 수 있는 이점들을 감안하면 그 일이 언제나 즐겁지만은 않더라도 규칙적으로 사교 활동을 하는 것이 매우 중요하다.

중독과 관련된 문제도 옥시토신과 도파민의 상호작용을 들어 설명할 수 있다. 코카인 같은 남용 약물은 시간이 지나면서 해마와 시상하부, 측좌핵을 비롯한 매우 중요한 영역들에서 옥시토신의 수준을 급격히 떨어뜨린다.[244] 옥시토신의 감소는 중독이 친밀하고 건전한 인간관계를 형성하고 유지하는 데 방해가 되는 이유를 설명해준다. 실제로 옥시토신은 남용 약물에 대한 측좌핵의 반응을 감소시키기 때문에 중독에서 벗어나는 데에도 도움이 된다.[245] 다시 말해 옥시토신이 그 약물들의 중독성을 약화시키는 것이다. 게다가 옥시토신은 음주량도 감소시킨다.[246]

사교성을 담당하는 뇌 회로를 활성화하는 법

옥시토신을 증가시키는 방법 또는 포괄적으로 사교성을 담당하는 뇌 회로들을 활성화하는 방법에는 여러 가지가 있다. 여기에는 대개 포옹과 악수, 마사지 등 다양한 형태의 접촉이 포함된다. 사람들과 이야기를 나누거나 때로는 단순히 사람들 주변에 있는 것 역시 사교적 뇌를 활성화하고 옥시토신을 분비한다. 반려동물도 옥시토신 분비에 도움이 될 수 있다.

포옹과 악수

옥시토신을 분비시키는 가장 기본적인 방법 중 하나는 접촉이다.[247] 사람들과 접촉하는 것이 적절하지 않은 경우가 분명 많을 것이다. 그러나 가까운 사람과 악수를 하거나 등을 살짝 두드리는 것 같은 가벼운 접촉은 대개 문제되지 않는다. 가까운 사람과는 좀 더 자주 접촉을 시도해보자. 포옹, 특히 긴 포옹은 옥시토신을 분비하는 데 매우 효과적이다(오르가슴도 마찬가지).

> **온도를 높여라.** 따뜻한 느낌이 옥시토신을 촉진할 수 있다. 아니면 적어도 옥시토신과 비슷한 효과를 내 신뢰와 관대함의 느낌을 강화한다.[248] 그러니 포옹을 할 수 없다면 담요를 둘둘 말거나 뜨거운 찻잔을 잡고 있자. 따뜻하게 샤워하는 것도 좋다.

마사지

마사지가 통증을 줄여주는 이유는 옥시토신계가 진통 효과가 있는 엔도르핀을 활성화하기 때문이다.[249] 게다가 마사지를 하면 세로토닌과 도파민이 증가하고 스트레스 호르몬인 코르티솔이 줄어[250] 수면의 질이 좋아지고 피로가 풀린다.[251] 그러니 컨디션이 나쁘면 마사지를 받아보자. 이는 행복감을 느끼게 하는 신경전달물질계를 능동적으로 작동시키는 일이다.

친구들과 함께하기

자신을 늘 응원해주는 친구나 가족, 동료와 정기적으로 시간을 보내는 사람은 스트레스에 유연하게 반응한다.[252] 이 사실을 증명한 연구는 스트레스가 줄어드는 것이 배측 전방대상피질의 활동 감소와 연관된다는 점도 밝혀냈다. 다시 말해 이는 배측 전방대상피질이 부정적인 것에 덜 집중하고 있는 상태가 되었다는 뜻이다.

친구와 대화를 나누면 스트레스가 풀리는 이유는 옥시토신이 증가하기 때문일 것이다.[253] 그러나 대화를 하면 긴장이 풀리는 사람이 있는가 하면, 직접 얼굴을 마주하고 대화를 나누는 동안에는 내측 전전두피질이 더 많은 처리 과정을 거치기 때문에 피곤하다고 느끼는 사람도 있다.[254] 원만한 성격일수록 전전두피질이 큰 노력을 기울일 필요가 없다. 다른 사람들과 대화하는 것이 힘들게 느껴진다면, 비판과 논쟁을 줄이고 좀 더 부드럽고 협조적으로 사람을 대하도록 노력해보자.

> **좋아하는 사람과 대화하라.** 그 사람들의 페이스북을 찾아가 스토킹하라는 말이 아니다. 이메일을 보내보라. 전화를 걸어보라. 더 좋은 건 함께 산책을 하거나 만나서 커피를 마시거나 무언가 재미있는 일을 함께하는 것이다.

스트레스를 줄이는 측면에서 모든 '대화'의 형식이 동등한 효과를 내는 것은 아니다. 한 연구에서는 8세부터 12세까지의 여자아이들을 실험실로 데려가 관객 앞에서 어려운 SAT 문제를 풀게 했다.[255] 말할 필요 없이 그것은 스트레스가 심한 일이었다. 그런 다음 아이들을 네 그룹으로 나누어 세 그룹은 각각 만나러 가거나 전화 통화를 하거나 문자메시지를 보내 엄마와 연락을 취하게 했고, 나머지 한 그룹은 어떤 연락도 하지 못하게 했다. 엄마를 만나거나 이야기할 수 있었던 아이들은 코르티솔이 줄고 옥시토신이 증가했다. 반대로 어떤 연락도 취할 수 없었던 아이들은 코르티솔 수준이 매우 높고 옥시토신 수준이 낮았다. 흥미로운 부분은 문자메시지를 보낸 그룹의 코르티솔과 옥시토신 수준이 연락을 취하지 못한 그룹과 유사했다는 것이다. 말로 하는 대화에는 문자메시지로는 다 담아내지 못할 위안이 되는 무언가가 있는 것이다.

> **스포츠 팀을 응원하자.** 우울증을 이겨내는 강력한 방법 중 하나는 소속감을 느끼는 것이다. 구경만 하더라도 승리는 즐거운 일이다. 이기는 팀을 응원하면 테스토스테론이 증가하고[256] 그러면 기력과 성적 충동이 늘어난다. 스포츠 팀은 소속될 수 있는 집단을 만들어준다. 게임에서 져도 함께할 동지들이 있는 것이다. 그리고 졌다 하더라도 다음에 이길 수 있다는 희망은 언제나 살아 있다.

때로는 다른 사람을 생각만 해도 도움이 될 때가 있다. 네덜란드의 한 연구팀이 실시한 연구에서는 참가자들에게 친밀하게 느끼는 사람, 자신에게 문제가 생기면 찾아갈 만한 사람을 생각해보라고 요청했다.[257] 그 사람이 뒤에 서서 자신을 응원하고 있다고 상상하게 한 뒤, 사회적으로 따돌림당한다는 느낌이 들 만한 상황을 겪게 했다. 친한 친구를 생각하자 스트레스 반응을 담당하는 시상하부의 반응성이 감소했다. 게다가 친구와의 연대감은 내측 전전두피질과 복외측 전전두피질의 활동을 강화함으로써 자신의 삶과 감정을 더 잘 통제할 수 있다고 느끼게 해주었다.

반려동물 기르기

이라크와 아프가니스탄에서 돌아온 군인은 일반인보다 우울증을 앓을 확률이 다섯 배나 높다. 이런 그들에게 개 한 마리를 주면 엄청나게 도움이 된다. 물론 일반인도 마찬가지다. 반려동물이 우울증을 완화해준다는 사실을 밝힌 연구가 몇 건 있다. 반려동물은 주의의 초점, 습관, 바이오피드백을 변화시키며 옥시토신을 비롯한 신경전달물질의 효과를 증진한다.

개를 데리고 산책하는 것 또한 매우 이롭다. 일본의 한 연구팀은 실험 참가자들에게 심박변이도를 관찰할 수 있는 휴대용 심전도를 장착하고 개와 함께 산책하게 했다.[258] 기억할지 모르지만 우울증 상태에서는 심박변이도가 떨어진다. 따라서 심박변이도를 높이면 바이오피드백을 통해 우울증을 완화하는 데 도움이 된다(9장). 산책시킬 개를 받자 참가자들의 심박변이도는 의미심장할 정도로 상승했다. 개를 산책시킨 후 집으로 돌아와 앉아 있는 동안에도 상승 상태가 유지되었다.

일본에서 실시한 또 다른 연구는 강한 유대감을 갖고 있는 개, 즉 눈을 맞춰줄 가능성이 큰 개와 함께 놀면 옥시토신이 증가한다는 것을 보여주었다.[259] 이는 우리에게 응원과 신뢰를 기대하고 의지하는 어떤 존재가 있을 때 옥시토신이 증가한다는 것을 시사한다. 단순히 개를 쓰다듬는 것만으로도 상승나선이 가동될 수 있다. 다른 가벼운 접촉과 마찬가지로 쓰다듬는 행위 역시 옥시토신을 촉진한다. 개를 쓰다듬을 때, 심지어 다른 사람의 개를 쓰다듬을 때도 도파민과 엔도르핀이 증가한다.[260] 이렇게 다른 신경전달물질들까지 증가하기 때문에 상승나선의 추진력이 더욱 강해진다.

반려동물이 주는 항우울 효과는 꼭 개를 산책시키거나 함께 노는 데서 오는 것이 아니라 살아 있는 다른 존재를 책임진다는 점에서 오는 것인지도 모른다. 한 연구에 따르면 은퇴자용 주택에 거주하는 고령의 주민들에게 카나리아를 돌보게 했더니 우울증 증상이 완화되는 결과가 나왔다.[261] 책임지고 돌봐야 할 대상이 있으면 그 대상은 주의의 초점을 유지해주고 습관에도 영향을 미친다.

마지막으로 반려동물은 직접 옥시토신을 증가시킬 뿐 아니라, 다른 사람들과의 사회적 상호작용을 촉진하는 역할도 한다. 이를 '사회적 촉매 효과'라고 한다. 개를 데리고 산책하다 보면 전혀 모르는 사람이 미소를 지어 보이거나 말을 걸어올 확률이 높아진다는 것이다.[262] 반려동물은 다른 사람들과 긍정적인 상호작용을 할 기회를 늘려줌으로써 외로움과 고립감을 물리칠 수 있는 사교의 상승나선을 만들어준다.

몇 가지 조심할 것

옥시토신을 활용해 상승나선을 작동시키는 일이 언제나 순조로운 건 아니다. 그러나 잠재적으로 어떤 방해 요소가 있는지 미리알아 대비해두면 실제로 그 일이 닥쳤을 때 잘 대처할 수 있다.

옥시토신은 성호르몬에 민감하다

옥시토신 뉴런은 에스트로겐이나 테스토스테론처럼 시시각각 변하는 성호르몬의 수준에 매우 민감하다.[263] 성호르몬 수준이 급등하거나 급락하면 옥시토신 뉴런이 원활하게 작동하지 못한다. 성호르몬은 임신 후나 청소년기에 급격히 변하기 때문에 성호르몬 변화에 민감한 옥시토신의 변화가 산후 우울증과 10대들의 우울증에 원인을 제공할 수 있는 것이다. 성호르몬 수준은 사회적 지위에도 영향을 받아서 예컨대 실직을 하면 호르몬에 부정적인 영향을 미친다. 마지막으로 성호르몬은 연애를 시작할 무렵과 헤어진 후에도 변화한다.

옥시토신계의 민감성을 잘 인지하고 있으면 미리 예상해 하강나선을 예방하는 데 도움이 될 것이다. 운동이나 포옹 등, 이 장에서 제안한 방법들을 잘 활용하자. 친구들과 어울리는 걸 잊지말고, 친구들에게 이따금 당신이 어떻게 지내고 있는지 점검해달라는 부탁도 해보자. 일주일에 한 번은 가족을 방문하는 것을 습관으로 삼자. 혹시라도 내면에서 불안이 요동치면 2장에서 다루었던 마음챙김 기법들을 실천해보자. 오르락내리락하는 옥시토신 때문에 자신의 감정이 과장되어 있다는 것을 단순히 알아차리기만 해도 상황에 휩쓸리지 않고 통제할 수 있다는 자신감이 생길 것이다.

옥시토신이 만병통치약은 아니다

안타깝게도 옥시토신이 모든 문제를 즉각적으로 해결해주진 않는다. 옥시토신이 주는 혜택을 누리려면 노력이 필요하다. 옥시토신은 유대감을 증진시키지만, 그렇다고 항상 스트레스를 낮춰주는 것은 아니다. 스트레스는 자신이 통제할 수 없는 일들이 벌어질 때 심해진다. 누군가를 좋아하는 마음이 강해질 때면 흔히 자신이 인생을 통제할 수 있다는 자신감이 떨어진다(2장에서 소개한 팁들이 이때 도움이 된다). 게다가 누군가를 염려하면 섬엽의 반응성이 증가하기 때문에 사랑하는 사람이 고통스러워하는 모습을 보면 우리 몸이 반응을 나타낸다.[264] 감정이입을 한다는 건 멋진 일이지만, 소중한 사람이 고통받는 것을 지켜보는 일은 견디기 어려울 만큼 압도적일 수 있다.

그리 달갑지 않은 소식이 또 있다. 부모님과 사이가 썩 좋지 않았다면 옥시토신의 긍정적인 효과를 활용하기 어렵다. 최근의 한 연구에서는 여성들이 아기 울음소리에 보이는 반응을 관찰했다. 연구자들은 피험자들에게 막대를 붙잡고 있게 하고 스프레이로 옥시토신을 뿌렸다.[265] 어린 시절에 엄한 훈육을 받은 적 없는 여성들은 아기 울음소리를 듣자 막대를 쥔 손을 느슨하게 풀었다. 아마 아기를 부드럽게 달래주려는 준비동작인 듯했다. 그러나 엄한 훈육을 받은 여성들은 손의 힘을 풀지 않았다. 어렸을 때 엄한 훈육을 받았다면 옥시토신이 자동적으로 따뜻하고 온화한 상호작용의 조건을 만들어주지 못하는 것이다.

옥시토신이 친밀한 감정을 강화해주기는 하지만, 부모와 가졌던 관계를 그 바탕으로 삼는다. 예를 들어 최근의 한 연구에서는 남성들에게 약간의 옥시토신을 뿌리고 자신의 어머니에 대해 생각해보라고 요청했다.[266] 어머니와 긍정적인 관계를 맺었던 사람들은 옥시토신을 뿌린 뒤 모자관계를 한층 더 긍정적으로 기억했다. 그러나 어머니와 사이가 좋지 않았던 남자들은 한층 더 나쁘게 기억했다. 부모와의 관계가 좋지 않았던 사람은 뇌가 친밀한 관계에 부정적으로 반응하는 경향을 보일 수 있다.

지나간 어린 시절은 바꿀 수 있는 게 아니니 억울할 것이다. 그러나 다행히도 장기적으로 옥시토신계를 변화시키는 일은 가능하다. 옥시토신 뉴런들은 자극을 받으면 구조적인 변화를 일으킨다. 정기적으로 자극하면 이러한 변화가 여러 달 지속되고,[267] 그러면 발화 패턴에 장기적인 변화가 일어날 수 있다.[268] 옥시토신을 자극하기 위해 하는 일은 무엇이든 옥시토신계 전체를 향상하는 데 도움이 된다. 뇌는 대체로 쓰면 발달하고 안 쓰면 퇴화하는 식으로 작동한다. 옥시토신도 예외는 아니며, 심혈관계와 마찬가지로 운동을 시켜 강하게 만들 수 있다.

처음부터 사람들에게 다가가려 하면 두려움이 앞설 수 있으므로 전문 치료사를 먼저 만나보는 것도 좋다(12장 참고). 운동을 처음 시작할 때 개인 트레이너의 도움을 받는 것과 비슷하다. 그리고 이것만은 꼭 기억하자. 옥시토신이 즉각 기분을 좋게 만들어주지는 못하더라도, 분명히 뇌의 화학적·전기적 활동을 변화시키고 있음을 말이다. 교회든 스포츠 팀이든 활동 집단이든 소속감을 느낄 수 있는 커뮤니티를 찾아보자. 계속 사람들과 상호작용하려 노력하고, 끈기를 갖고 자신을 기다려주자. 뇌를 재배선하는 데에는 충분한 시간이 필요하니까.

12장

전문가라는
도구

주방을 리모델링할 때는 시공업체에 전화한다. 자동차 변속기를 갈아야 할 때는 카센터를 찾아간다. 거의 모든 특수한 작업에는 도움을 주는 전문가가 있다. 항상 전문가가 필요한 건 아니지만 전문가가 나서면 같은 일도 더 빨리, 더 잘 해낼 수 있다. 그런데 우울증에 걸린 사람 중 다수는 전문가의 도움을 구하길 꺼린다.

이 책에서는 대부분 스스로 할 수 있는 자구책을 소개했다. 그렇다고 전문적인 도움의 힘을 깎아내릴 의도는 전혀 없다. 정신과 의사와 심리학자 들은 상승나선을 이루는 한 요소이다. 그들은 뇌 회로를 조절하도록 도와주고, 행복에 좀 더 쉽게 다가가게 해주며, 집중력을 키워주고, 스트레스와 불안, 우울을 줄여주는 도구 같은 존재다. 아니, 단순한 도구가 아니라 우리가 스스로를 도울 수 있도록 북돋우고 회복을 촉진할 더 많은 도구를 제공하는 코치가 되어준다.

심리치료 외에도 현대 과학은 뇌가 제대로 작동하게 뒷받침해주고 우울증의 진행 방향을 돌릴 다양한 방법을 개발해왔다. 항우울제는 좋은 출발점이지만, 도움이 되는 치료법이 그뿐만은 아니다. 의료 전문가와 정신 건강 전문가에게 맡기는 것도 뇌를 바로잡는 데 도움이 된다.

사람마다 뇌가 다르듯
우울증의 양상도 다르다

우울증에 놀라운 효과를 발휘하는 치료법은 많다. 문제는 그 방법들이 모든 사람에게 완전히 효과적이지는 않다는 것이다. 우울증에 걸린 사람 1백 명이 한두 달 동안 약을 복용하면 그중 30명 정도만 완전히 회복한다.[269] 치유율치고 그리 대단하다고는 볼 수 없지만, 그래도 오직 알약을 복용하는 것만으로 우울증을 극복한 사람이 30명은 된다는 뜻이다. 나머지 20명은 상당히 회복되지만 그래도 여전히 우울한 상태가 남아 있다. 불행히도 나머지는 아주 조금만 나아지거나 차도가 전혀 없다. 그러나 그 50명이 다른 약을 시도해보면 그중 15명이 나아진다. 또 다른 약을 시도하면 그중에서 또 일부가 나아진다.

심리치료 한 가지만 받는 경우에는 치유율이 첫 번째 약 투약과 거의 비슷하게 나온다. 즉 50명 정도가 우울증을 극복하거나 상당히 회복한다. 심리치료와 약물치료를 병행할 땐 회복할 가능성이 거의 두 배가 된다.[270]

물론 어느 치료법이 효과가 있을지 모른다는 것에 실망할 수 있다. 그러나 이 책에서 소개한 다른 모든 방법이 그렇듯이 특정한 생활의 변화가 정확히 얼마만큼 도움이 될지는 거의 언제나 알 수 없다.

어떤 사람은 운동을 조금만 해도 큰 효과를 본다. 또 어떤 사람은 수면 패턴을 바꾸기만 해도 기적적인 변화를 이룬다. 프로잭 Prozac이 필요한 사람이 있고, 웰부트린Wellbutrin이 필요한 사람이 있다(프로잭과 웰부트린은 항우울제 상품명이다 – 옮긴이 주). 그 모든 것은 각자 뇌 회로의 특유한 조율에 달려 있다. 시도해보기 전에는 자신의 뇌가 어떤 식으로 조율되어 있는지 알 도리가 없다.

이런 치료법들이 가진 한 가지 단점은 몇 주가 지나야 효과가 나타난다는 것이다. 사람들은 대개 즉시 효과가 나타나지 않으면 치료를 중단한다. 약물치료의 경우 특히 더 그렇다. 하지만 그것은 좋은 전략이 아니다. 체육관에 겨우 일주일 나가고 "나에게는 운동이 효과가 없네"라고 말할 수는 없다. 몸 상태가 좋아지는 것을 보려면 적어도 한두 달은 걸린다. 우울증 치료도 마찬가지다. 가장 대규모로 진행된 우울증 치료 연구에서 완쾌한 사람 중 절반은 완전히 회복될 때까지 6주 이상 걸렸다. 그보다 더 오래 걸린 사람도 많았지만, 어쨌든 결국에는 완쾌했다.[271] 그러니 치료할 때는 끈기를 가져야 한다. 처음에는 효과가 없더라도 나중에 불쑥 효과가 나타나기 때문이다.

한 가지 확신할 수 있는 것은 아직 기분이 좋아지지 않았더라도 약이 뇌에 긍정적인 효과를 미치고 있다는 사실이다. 기분이 좋아지는 것은 뇌가 바른 방향으로 바뀌도록 우리가 삶의 변화를 이뤄내는 데서 온다. 사람들의 뇌는 모두 각자 다르고 우울증도 각자 다르다. 그래서 치료 과정은 때로 탐험의 여정이 된다.

심리치료는 뇌를 어떻게 변화시키나

사람들과 대화를 나누는 행위가 실제로 뇌를 얼마나 변화시킬까? 많이 변화시킨다. 앞 장에서 친구나 사랑하는 사람의 응원이 주는 이점에 대해 이야기했지만, 전문가와 상담하는 일에도 특유의 이점이 있다. 치료사가 친구와 가족을 대신할 수 있다는 말이 아니라 치료사만이 줄 수 있는 도움이 있다는 말이다.

심리치료는 변연계의 반응성을 낮춘다

이 책의 서두에서부터 여러 번 설명했듯이 우울증은 전두-변연계의 의사소통 기능에 이상이 생긴 상태다. 심리치료는 변연계의 활동을 정상화하기 때문에 매우 좋은 치료 방법이다. 독일에서 진행한 한 연구는 우울증 환자들에게 비교적 장기간 정신분석을 받도록 했다. 상징과 현재 문제의 원인이 된 유년기의 문제들을 다룬 프로이트식 정신분석이었다.[272] 정신분석을 시작했을 때와 1년이 지난 뒤, 환자들에게 고립감이나 인간관계의 어려움을 떠올리게 할 만한 사진들을 보여주며 fMRI 스캔을 실시했다. 치료 이전에 우울증 그룹은 대조군에 비해 내측 전전두피질의 활동이 많았다. 이는 이미지를 과도하게 자기초점적·감정적으로 처리하고 있었음을 암시한다. 치료 후에는 내측 전전두피질의 활동이 건강한 대조군과 같은 수준까지 떨어졌다. 게다가 편도체와 해마, 복측 전방대상피질의 반응성이 떨어져 변연계를 통제할 수 있는 상태로 돌아왔다. 이렇게 심리치료는 우울증의 뇌 활동 패턴을 성공적으로 제거했다.

> **전문 치료사를 만나보라.** 정신과 의사나 심리학자 혹은 치료사와 진료 약속을 잡자. 그들은 우울증으로 힘들어하는 사람을 돕도록 수년간 훈련받아왔다. 전문가가 도움이 된다는 생각이 미덥지 않은가? 상승나선을 이루는 거의 모든 측면이 그렇듯이 어떤 해법이 효과가 있을 거라고 확신하진 못하지만, 그렇더라도 무엇보다 확실한 건 시도하지 않으면 아무것도 달라지지 않는다는 사실이다.

듀크 대학에서는 여섯 달 동안 인지행동치료로 우울증을 치료하는 연구를 진행했다. 인지행동치료란 부적응성 사고와 행동을 변화시키려는 치료 방식이다. 더불어 치료 이전과 이후에 참가자들의 fMRI 스캔을 실시했다.[273] 치료 이전에 실시한 스캔에서는 우울증 환자의 변연계가 감정적 정보와 중립적 정보를 잘 구분하지 못한다는 것을 보여주었다. 다시 말해 우울증에 걸린 뇌는 감정적인 내용의 유무와 상관없이 모든 정보를 똑같이 다루었다. 3장에서 말했듯이 이런 유형의 반응은 변연계가 과도하게 활성화된 결과로 하강나선으로 향하는 원인을 제공한다. 치료 후 뇌는 감정적인 정보와 비감정적인 정보를 구분하기 시작했다. 편도체와 해마 같은 변연계의 핵심 영역들에서 좀 더 적절한 구별 활동을 보인 것이다. 곧 전두-변연계의 균형이 회복된 것이다.

심리치료는 뇌가 느끼는 즐거움을 증가시킨다

우울증일 때는 어떤 일이든 예전보다 즐거움도 보람도 더 적게 느껴지는 것이 보통이다. 다행히 행동활성화치료BAT, Behavioral Activation Therapy를 활용하면 이런 문제를 해결할 수 있다. 행동활성화치료는 즐겁고 의미 있고 유용한 활동을 하도록 만들며, 하강나선으로 이어질 만한 행동을 줄여준다. 이를테면 8장에서 이야기한 '생산적인 꾸물거림'도 행동활성화치료를 적용한 방법이다. 매일 샤워를 하거나 매일 침대를 정리하는 것 같은 사소하지만 유용한 과제를 습관적으로 행하게 만드는 일도 여기에 포함된다(www.flylady.net에서 유용한 팁을 더 많이 찾아볼 수 있다). 왜 그런 일을 해야 하는지 모르겠다거나 그런 일을 하는 게 전혀 즐겁지 않더라도, 묵묵히 따라 하다 보면 작은 목표를 이뤄내면서 거기에 따라오는 중립적인 혜택들을 누릴 수 있다.

노스캐롤라이나 대학교에서 진행한 한 연구는 우울증 환자들에게 두 달 동안 행동활성화치료를 받게 한 다음 fMRI 스캐너 안에서 도박 게임을 하도록 했다.[274] 그 결과 치료가 보상에 대한 뇌의 반응, 특히 동기부여를 담당하는 안와전두피질의 반응을 증가시켰음을 알아냈다. 의욕과 동기가 부족하거나 평소에 즐기던 취미가 재미없어졌다면 행동활성화치료가 도움이 될 것이다.

> 예전에 즐기던 일을 하라. 좋아하던 활동과 취미가 더 이상 재미없게 느껴지면 큰 스트레스를 받는다. 하지만 스스로

일종의 행동·활성화치료를 함으로써 이를 극복할 수 있다. 예전에
즐겁게 했던 일(테니스, 친구와 영화 보기 등)의 목록을 작성하라. 그런
일에서 즐거움이 느껴지지 않는 것은 일시적인 상황일 뿐임을
깨닫고, 비록 지금은 즐겁지 않더라도 과거에 즐겁게 했던 일을
계속해나가라.

행동활성화치료는 즐거운 활동과 좋은 습관을 촉진하는 배
측 선조체의 활동을 증가시킨다. 대인 관계 심리치료나 약물치료
등 다른 치료법도 배측 선조체를 강화한다.[275] 이처럼 좋아하던
일에서 즐거움을 되찾을 방법은 많이 있다.

심리치료는 전전두피질의 불안 활동을 줄인다

캐나다의 한 연구팀은 심리치료가 우울증에 걸린 뇌에 미치
는 효과를 연구하면서 인지행동치료와 항우울제의 효과를 비교
했다.[276] 인지행동치료에는 마음챙김 기법과 행동활성화치료가 포
함되었다. 연구 결과 인지행동치료는 해마의 활동을 늘리고 전전
두 영역의 활동을 줄이는 것으로 나타났다. 전전두의 활성이 떨어
진 상황은 걱정 회로의 활동이 줄어든 것과 관련된 듯했다. 게다
가 이런 변화는 약물치료로 인한 변화와는 구별되었다. 이는 심리
치료와 약물치료가 서로 다른 측면에서 우울증을 공격한다는 것
을 의미한다.

또 다른 캐나다 연구팀은 마음챙김을 기반으로 한 스트레스
감소 프로그램MBSRP, Mindfulness-Based Stress Reduction Program에 등록

한 사람 중 그다지 심하지 않은 수준의 불안증과 우울증을 지닌 이들을 관찰했다.[277]

　마음챙김 수련은 그 자체가 심리치료는 아니지만, 인지행동치료의 여러 기법을 포함하고 있으므로 서로 겹치는 부분이 많다. 참가자들은 자신의 감정을 받아들이는 태도를 익히도록 가르침을 받았다. 우리는 종종 부정적인 감정은 느끼지 않기를 바란다. 그래서 부정적인 감정이 생기면 밀어내는 경우가 많다. 그러나 아쉽게도 이런 방법으로는 부정적인 감정이 해소되지 않을 뿐 아니라 오히려 좌절감만 더 깊어진다. 반면 받아들임은 내가 느끼는 감정이 단지 느낌일 뿐이라고 가르친다. 그 자체로는 좋은 것도 나쁜 것도 아니라는 것이다. 그냥 느껴지는 것일 뿐이다. 흥미롭게도 우리가 부정적인 감정 때문에 속을 끓이고 있을 때 그런 감정이 느껴진다는 걸 인정하기만 해도 그 감정이 떨쳐지는 경우가 많다. 아침 안개가 햇살을 받으면 사라지듯이 말이다.

　연구자들은 몇 차례의 수업을 통해 마음챙김 기술을 배운 참가자들에게 슬픈 영화를 보여주었다. 그랬더니 놀랍게도 그들의 뇌가 슬픔에 반응하는 방식이 달라져 있었다. 우울증과 불안증뿐 아니라 신체적 증상도 유의미하게 감소했다. 마음챙김 훈련은 슬플 때 섬엽과 외측 전전두피질이 비활성화되는 현상을 줄여 슬픔을 느낄 때에도 평소의 기능을 유지할 수 있게 했다. 마지막으로 마음챙김은 낙천성과 관련된 복측 전방대상피질의 활동도 증가시켰다. 마음챙김이 뇌 활동에 일으키는 이런 미묘한 변화들을 보면 뇌를 우울증에 붙잡아두는 복잡한 패턴들이 무엇이고, 그런 패턴이 상승나선에 얼마나 방해가 되는지 알 수 있다.

심리치료는 세로토닌을 강화한다

핀란드의 한 연구에서는 우울증 심리치료가 전전두피질 대부분에서 세로토닌 수용체의 수를 증가시켰다는 결과가 나왔다.[278] 이는 완벽하게 납득이 가는 이야기다. 전전두 영역의 세로토닌은 감정과 충동을 잘 조절할 수 있도록 도와주기 때문이다. 또한 전방대상피질을 비롯해 주의 회로를 구성하는 부분들에서도 세로토닌이 증가한 것으로 나타났다.

하지만 심리치료는 사람마다 서로 다르게 작용한다는 사실을 기억하자. 심리치료를 받고 상태가 호전된 사람 중 대부분은 세로토닌 수용체 분자의 수가 상당히 증가했지만,[279] 세로토닌 수용체에 변화가 없는 사람도 있다. 그러므로 심리치료는 사람마다 서로 다른 뇌 메커니즘에 따라 다르게 작용한다.

심리치료는 약물치료와 다른 회로에 작용한다

심리치료는 사람에 따라 다르게 작용할 뿐 아니라, 약물치료와는 다른 회로에 작용한다. 앞서 언급한 핀란드의 연구에 따르면 심리치료는 세로토닌 수용체에 큰 변화를 일으켰지만 약물치료는 그렇지 않았다.[280] 약물치료를 받은 참가자들도 심리치료를 받은 참가자들과 유사하게 우울 증상이 완화되었으나 세로토닌 수용체에서는 비슷한 변화가 나타나지 않은 것이다. 그 밖에도 심리치료는 변연계의 활동 변화를 초래하지만 약물치료는 그렇지 않다는 것을 보여준 연구들이 있다.[281] 이 결과들은 심리치료와 약물치료가 우울증을 치료하는 방식이 서로 다르다는 것을 시사한다. 그러니까 한 방법이 효과를 보이지 않더라도 다른 방법은 효과를 나타낼 수 있다(그러나 대체로 심리치료와 약물치료를 병행할 때 가장 좋은 효과를 얻는다).

항우울제는 뇌를 어떻게 변화시키나

항우울제는 뇌에 매우 광범위한 효과를 미치기 때문에 상승나선을 비교적 쉽게 가동시킬 수 있는 방법 중 하나이다.

항우울제의 작용 방식

종류에 따라 작용하는 메커니즘은 조금씩 다르지만, 거의 대부분이 세로토닌계와 노르에피네프린계, 도파민계에 영향을 미쳐 약효를 발휘한다. 가장 흔한 항우울제 유형은 선택적 세로토닌 재흡수 억제제SSRIs, Selective Serotonin Reuptake Inhibitors로 렉사프로Lexapro, 프로작, 팍실Paxil, 셀렉사Celexa, 졸로프트Zoloft 등의 약이 여기 속한다. 이들은 시냅스에서 세로토닌을 흡수하는 역할을 맡고 있는 세로토닌 수송체에 달라붙는다. 보통 세로토닌은 시냅스로 방출되어 이웃한 뉴런들을 활성화하는데, 이때 시냅스에 나와 있는 세로토닌을 세로토닌 수송체가 재빨리 치워버리는 것이다. 그러나 세로토닌 수송체를 차단하면 세로토닌은 시냅스에 좀 더 오래 남아 있고, 그럼으로써 좀 더 큰 효과를 발휘할 수 있게 된다.

심발타Cymbalta와 프리스틱Pristiq 같은 또 다른 약들은 그보다 범위를 넓혀 세로토닌계와 노르에피네프린계 모두에 작용한다. 웰부트린은 노르에피네프린계와 도파민계에 함께 작용한다. 자신에게 가장 잘 맞는 약을 찾는 것은 대개 시행착오의 문제다. 자신이 정확히 어떤 신경화학적 구성을 갖고 있는지 알 수 없기 때문이다. 자신에게 잘 맞으면서 달갑지 않은 부작용이 없는 약을 찾을 때까지는 몇 가지 약을 시도해봐야 할 수도 있다.

항우울제가 뇌에 미치는 영향

즉각적으로 수송체들을 차단하는 효과 외에도 항우울제는 뇌에 장기적 변화를 일으킨다. 섬엽, 해마, 편도체, 전방대상피질, 배외측 전전두피질을 비롯한 전두엽과 변연계의 여러 영역에서 일어나는 활동에 영향을 미치는 것이다. 그뿐 아니라 새로운 뉴런의 성장을 돕고 다양한 신경전달물질계, 특히 도파민과 세로토닌에 영향을 미친다.

항우울제는 변연계의 몇몇 영역에서 반응성을 떨어뜨린다. 편도체에서는 감정적인 표정에 대한 반응성을 낮추는데,[282] 이는 자신이 반응하고 있는 감정을 의식적으로 인지하지 못할 때에도 그렇다. 섬엽에서는 불확실한 상황을 경험할 때의 활동을 낮춘다.[283] 2장에서 이야기한 내용을 기억하겠지만, 불확실성은 걱정과 불안을 증폭시키는데, 심지어 긍정적인 결과를 예상할 때에도 그렇다. 항우울제는 전방대상피질의 활동, 특히 부정적인 사건을 예상할 때의 활동을 감소시켜 불안을 가라앉힌다.

또한 항우울제는 통증에 대한 전방대상피질의 반응을 감소시킨다.[284] 다시 말해 통증이 있어도 전방대상피질의 주의를 덜 끈다는 뜻이다. 그렇게 주의를 빼앗는 요소에서 자유로워지면 뇌가 삶의 긍정적인 측면에 더 초점을 맞출 수 있다.

나아가 항우울제는 전두-변연계의 제대로 된 의사소통을 회복시킨다. 우울증일 때는 종종 감정에 주의를 빼앗겨 집중하고 명료하게 사고하는 데 방해를 받는다. 항우울제는 바로 이 문제를 해결한다. 주의의 대상에 초점을 맞추려고 할 때 배외측 전전두피질의 활동을 증가시키고, 주의를 산만하게 해 집중을 방해하던 편도체의 활동을 줄이는 것이다.[285]

다양한 신경화학적 효과

항우울제는 뇌의 신경화학에 영향을 미친다. 뇌가 세로토닌 수용체를 덜 만들게 돕고, 그럼으로써 영구적으로 세로토닌계를 수정하는 것이다. 세로토닌 수용체가 줄어드는 것이 이로운 변화가 아니라고 생각할지도 모른다. 그러나 뇌에서는 아주 많은 영역이 서로 역동적으로 상호작용하기 때문에 뇌에서 일어나는 일 중에는 직관적이지 않고 완전히 이해되지 않는 것도 많다. 이 또한 그런 예 중 하나다.

놀라운 점은 뇌가 약물에 반응할 때 처음 몇 주 동안은 사실상 세로토닌 뉴런의 발화율을 낮출 수 있다는 것이다. 이 때문에 세로토닌 수준은 더 떨어진다.[286] 몇 년 만에 처음으로 몸매를 멋지게 만들려는 사람의 경우에 빗대어 생각하면 쉽다. 건강해진 느낌을 받고 싶지만, 처음 몇 번 체육관에 갔다 오면 오히려 컨디션이 더 나빠진 것처럼 느껴지는 것과 마찬가지다. 그러다 몇 주가 지나면 세로토닌 뉴런의 발화율이 회복되어 다시 세로토닌이 증가한다. 항우울제의 효과가 온전히 나타나기까지 어느 정도 시간이 걸리는 이유는 이렇게 세로토닌 뉴런이 더디게 회복하기 때문이다.

대부분의 항우울제는 도파민계를 표적으로 삼지는 않지만, 그래도 도파민계에 영향을 미칠 수 있다. 항우울제는 도파민 수용체를 민감하게 만들어 낮은 수준의 도파민을 더욱 잘 감지하게 하는데,[287] 그러면 삶을 더 즐겁고 보람되게 느낄 수 있다.

또한 항우울제는 뇌의 비료와 같은 BDNF(뇌유래신경영양인자)를 증가시킨다. BDNF는 특히 전전두피질과 해마에서 새 뉴런을 성장시키고, 오래된 뉴런의 재배선을 도와 전두-변연계의 의사소통을 개선하는 데 일조한다.[288, 289] 반대로 스트레스는 새 뉴런이 자라는 속도를 늦추고 성장을 저지한다. 그러므로 항우울제는 스트레스가 초래하는 신경 손상을 막거나 심지어 되돌릴 수 있다.

마지막으로 항우울제는 수면의 질을 개선한다. 렘수면 양을 줄이고 회복력이 좋은 서파수면의 양을 늘리는 것이다.[290] 이렇게 보면 항우울제에는 운동과 유사한 효과가 있는 셈이다. 그리고 우리는 질 좋은 수면이 상승나선을 만드는 데 크게 기여한다는 사실을 잘 알고 있다.

뇌 자극 기술

지난 몇십 년 동안 심리치료와 약물치료 외에 뇌 활동을 조정할 수 있는 다른 치료법이 늘어났다. 이 새로운 치료법들은 신경 조절neuromodulation의 여러 형식이라고 할 수 있다. 신경 조절이란 '뇌 활동 변화시키기' 또는 '뇌 자극'이란 말을 멋있게 표현한 것이다. 효과가 증명된 것부터 아직 실험 단계인 것, 복잡한 수술이 필요한 것부터 비침습적인 처리법까지 다양하다. 어떤 신경 조절 처리법이 자신에게 맞는지 알려면 정신 건강 전문가를 만나서 알아보는 방법밖에 없다.

경두개 자기자극

경두개 자기자극TMS, Transcranial magnetic stimulation은 자기 펄스magnetic puls를 이용해 신경 활동을 변화시키는 기술이다. 전문 기사가 강력한 펄스가 나오는 전자석electromagnet을 배외측 전전두피질 위에 놓는다. 기본적으로 이게 다다. 이는 뇌 회로에 직접 영향을 가할 방법을 제공하면서도 실제로는 누군가가 이마를 가볍게 톡톡 두드리는 정도의 느낌만 들기 때문에 아주 멋진 기술이다.

한 달 동안 경두개 자기자극 치료를 받으면 우울증을 치료하는 데 도움이 되는 것으로 밝혀졌다. 경두개 자기자극은 배외측 선조체를 비롯해 배외측 전전두피질과 연결된 다른 영역들에도 영향을 미친다.[291] 배외측 선조체를 조절할 수 있다는 것은 오래된 습관을 억제하고 새로운 행동 습관을 만들기가 더 쉬워진다는 뜻이다. 나아가 경두개 자기자극은 내측 전전두피질과 복측 전방 대상피질에서 도파민 분비를 증가시켜[292] 전두-변연계의 균형을 회복하는 데 도움을 준다.

미주신경 자극

미주신경 자극VNS, Vagus nerve stimulation은 짐작할 수 있듯이 미주신경을 자극해 우울증 치료를 돕는 기술이다. 이 방법을 사용하려면 수술로 전기자극기를 목에 이식해야 한다. 이 때문에 엄두도 낼 수 없는 치료술이라 여기고 포기하는 사람도 있다. 그러나 극심한 우울증에 시달리는 환자라면 시도해볼 가치가 있다. 미주신경 자극은 9장에서 이야기한 바이오피드백 접근법과 비슷한 방식으로 미주신경을 통해 뇌 활동을 조절한다. 원래는 간질을 치료하기 위해 개발된 방법이지만 우울증 치료에도 도움이 된다. 특히 뇌가 자아의식을 처리하는 방식에 영향을 미친다.[293]

전기경련요법

전기경련요법ECT, Electroconvulsive Therapy은 머리에 전기를 가해 경련을 유발해 치료하는 기술이다. 정신 치료 약물이 없었던 1930년대에 개발된 방법인데, 개발된 지 얼마 지나지 않아 우울증 환자에게 대단히 효과가 있음이 명백히 드러났다. 다른 정신장애에는 별로 효과적이지 않지만 당시로서는 대안이 없었다. 전기경련요법의 사용을 부정확하고 부적절하게 묘사한《뻐꾸기 둥지 위로 날아간 새》를 비롯해 대중매체가 이 요법을 부정적으로 그리는 바람에 안타깝게도 전기경련요법에 부정적인 이미지가 더해졌다.

1950년대부터는 치료 시 환자가 통증이나 불편함을 느끼지 않도록 마취한 상태에서 시행했다. 전기경련요법 기술은 근래에 더욱 발전해 부작용이 없어졌고, 심한 우울증을 치료하는 데 효과적인 방법임이 지속적으로 증명되었다.[294]

전기경련요법이 효과를 나타내는 정확한 이유는 아직 밝혀지지 않았으나, 뇌에 광범위한 영향을 미치는 것은 분명하다. 항우울제 치료와 비슷하게 BDNF를 증가시켜 새 뉴런의 성장을 돕는다.[295] 또한 옥시토신을 증가시키고 세로토닌 수용체의 기능을 개선해 감도를 더욱 높이며, 선조체에서 도파민 수용체의 기능을 개선한다.[296]

전기경련요법은 식품의약국의 승인을 받은 치료법으로, 대개는 다른 비침습적 치료법이 듣지 않을 경우에만 시행한다. 약물치료와 심리치료, 생활의 변화로도 충분하지 않을 경우 전기경련요법이 우울증 치료에 굉장한 효과를 발휘할 수 있다.

미래의 기술들

지금 이야기할 두 가지 기술은 아직 미국 식품의약국FDA의 승인을 얻지 못했지만, 우리가 계속 이야기해왔던 동일한 회로들을 조절하는 다른 방법을 소개하기 위해 포함시켰다. 경두개 직류전기자극법tDCS, Transcranial Direct Current Stimulation은 전두엽 위의 두피에 전극 두 개를 대고 매우 미세한 전류를 흘려보내는 아주 간단한 기술이다. 경두개 직류전기자극법은 배외측 전전두의 감수성을 증진시켜 그곳의 뉴런들을 더 쉽게 활성화한다. 한 연구에서는 피험자 대부분의 증상이 40퍼센트 정도 줄어들었고 그 효과는 한 달 이상 지속되었다.[297] 물론 그 정도 수치를 두고 경두개 직류전기자극법을 우울증 치료법이라고 확정할 수는 없지만, FDA의 승인을 얻는다면 증상을 완화하는 손쉬운 치료법이 될 것이다.

마지막으로 정말 증세가 심각한 우울증 환자라면 수술로 복측 전방대상피질 옆에 전극을 이식하는 방법이 도움이 될 수 있다.[298] 이러한 뇌심부자극술DBS, Deep Brain Stimulation은 전방대상피질이 관여하는 모든 회로를 직접 조정하는데, 소규모의 여러 연구가 우울증에 극적인 효과를 미칠 수 있음을 증명해왔다. 그러나 그러려면 뇌 수술을 해야 한다. 이 책에서 전방대상피질을 조절하는 대안적인 방법들을 제안한 것도 그 때문이다.

우울증의 하강나선을 돌리는 뇌 회로들을 조정하는 방법에
는 수십 가지가 있다. 처방을 받아야 하는 방법도, 처방 없이 가능
한 방법도 있다. 어쨌든 모두 다 상승나선을 만드는 방법들이다.

그만 침대에서 나와라

우리의 찌그러진 여행 가방은 다시 길 위에 나와 쌓여 있고,
우리에게는 앞으로 갈 길이 더 많이 남았다. 그러나 상관없다.
길이 바로 인생이니까.

—《길 위에서》, 잭 케루악

우리는 여정의 끝에 거의 다 도달했고, 바라건대 우리의 여행 가방에 뇌에 대한 새로운 이해가 가득 차 있으면 좋겠다.

이제 당신은 여러 뇌 영역이 어떻게 상호작용해 우울증이라는 하강나선을 만들어내는지 알고 있고, 그 문제를 해결할 도구도 갖고 있다.

우리는 우울증이 전두-변연계의 의사소통 기능에 이상이 생긴 것임을 알고 있다. 전전두피질이 감정과 욕망의 조절을 도와 미

래를 계획할 수 있게 한다는 것도 안다. 배측 선조체는 오래된 습관을 돌리고, 측좌핵은 쾌락과 충동을 통제한다. 전방대상피질은 부정적인 것이나 긍정적인 것에 대한 주의를 조절하고, 섬엽은 감정이 실린 감각을 담당한다. 편도체는 불안을 매개한다. 시상하부는 다양한 호르몬을 조절하고 스트레스 반응을 통제한다. 편도체와 시상하부에 밀접하게 연결되어 있는 해마는 학습과 기억에 핵심적인 역할을 한다.

우리는 다양한 신경전달물질이 각자 무엇에 기여하는지도 이해하고 있다. 세로토닌은 충동 조절과 의지력, 회복탄력성의 조력자다. 도파민은 쾌락과 습관에 있어 아주 중요한 역할을 맡는다. 노르에피네프린은 주의의 초점과 집중을 조절한다. 옥시토신은 친밀한 인간관계에 꼭 필요하다. 다른 신경전달물질들, 이를테면 가바(불안)와 엔도르핀(고양과 통증 완화), 엔도카나비노이드(식욕과 평화로운 마음)도 중요하다. 그 밖에 BDNF 같은 화학물질은 새로운 뉴런이 성장하도록 돕고, 면역계의 단백질들도 나름의 중요한 역할을 한다. 뇌 전체의 화학적 환경은 세계경제만큼이나 복잡하게 서로 얽혀 있다.

모든 것이 연결되어 있다. 감사는 수면의 질을 높이고, 잠은 통증을 줄인다. 통증이 완화되면 기분이 좋아지고, 기분이 좋아지면 집중하거나 계획 세우기가 잘된다. 집중과 계획 세우기는 의사결정에 도움을 주고, 결정을 내리면 불안이 줄고 즐거움이 늘어난다. 즐거워지면 감사할 일이 더 많아진다. 이렇게 다시 돌고 돌며 상승나선의 추진력이 점점 커진다. 즐거운 마음이 들면 운동을 하거나 사람들과 어울릴 가능성이 더 커지고 이 역시 다시 더 큰 행복으로 돌아온다.

이제 우리는 중요한 모든 회로를 조절하는 방법을 알고 있다. 운동을 해서 도파민과 배측 선조체를 변화시킬 수 있고, 마사지로 세로토닌을 촉진할 수 있다. 결정을 내리고 목표를 세우면 복내측 전전두피질을 활성화한다. 포옹으로 편도체의 활동을 줄일 수 있고, 감사로 전방대상피질의 활동을 늘릴 수 있다. 수면을 취해 전전두 영역의 노르에피네프린을 증진할 수 있다. 열거하자면 끝이 없는 이런 혜택들은 모두 연결되어 더욱더 긍정적인 변화를 가져올 피드백 회로를 이룬다.

우리의 뇌 회로들은 마치 환경처럼 서로 연결되어 있는 그물망이며, 때로는 매우 취약한 생태계이기도 하다. 그래서 우울증이 문제가 되는 것이다. 우울증이 나선을 그리며 하강운동을 시작하면 모든 것이 함께 악화되기 때문이다. 그러나 생활의 작은 변화 몇 가지만으로도 그 흐름을 뒤집을 수 있다. 뇌가 상승나선으로 움직이기 시작하면 뇌라는 생태계의 탄력성이 점점 더 좋아져 앞으로 우울증이 생길 가능성을 예방할 수 있다.

뇌 회로는 모두 서로 영향을 주고받기 때문에 항상 단순명료한 방법으로 문제를 해결할 수는 없다. 사람들과 어울릴 기분이 아닌가? 그러면 나가서 달리기를 하라. 일을 하고 싶지 않은가? 밖으로 나가보라. 잠이 오지 않는가? 감사할 일을 생각하자. 걱정이 너무 많은가? 스트레칭을 하자.

다음번에 또 기분이 처지거든, 뇌가 특정한 활동 패턴에 갇혀 있다는 신호임을 기억하자. 그 패턴을 바꿀 수 있는 일을, 그것이 무엇이 됐든 시작하자. 침대에서 나와야 할 이유를 찾을 수 없다고? 이유는 그만 찾아라. 그냥 침대에서 나와라. 맥락이 달라졌다는 걸 깨달으면 해마가 선조체의 옆구리를 찔러 새로운 습관을 실행하게 하거나 아니면 적어도 전전두피질의 옆구리를 찔러 새로운 이유를 찾아내게 할 것이다. 산책을 나가라. 친구를 찾아가라.

끝이 시작이다

축하드린다. 이제 이 책의 끝에 도달했다. 기억나는 게 하나도 없더라도 이미 당신은 몇 가지 신경과학적 혜택을 거두었다. 당신의 뇌는 이 문장을 읽고 있는 지금도 책 읽기가 끝나기를 기대하며 도파민을 분비하고 있다. 다 읽고 책을 덮으면 도파민을 또 한 번 뿜어내 세상 밖으로 나가도록 당신의 등을 떠밀어줄 것이다.

읽어주셔서 감사하다. 내가 한 이야기들이 회복으로 향한 새로운 길을 닦았기를, 아니면 적어도 조금은 이해하고 받아들이는 데 도움이 되었기를 바란다. 당장은 달라진 게 없다고 느낄지 모르지만, 이미 이 책을 읽으며 생각한 것만으로도 중요한 회로들이 활성화됐다. 믿든 안 믿든 당신의 상승나선은 지금 막 시작되었다.

먼저 UCLA에서 나를 가르치고 응원해준 멘토와 지지자들, 마크 코언, 앤디 룩터, 이언 쿡, 미셸 에이브럼스, 알렉산더 비스트리츠키에게 감사드립니다. 그리고 앤절라 고든과 질 마살, 이 책을 현실로 만들어줘 고마워요. 사랑과 격려를 보내준 나의 가족, 특히 편집과 신경과학에 예리한 감각을 보여준 어머니께 감사합니다. 너무나 소중한 의견을 준 앨릭스 탈러, 제시 데이비스, 샘 토리시, 조이 쿠퍼에게도 고마움을 전합니다. 나에게 사랑과 응원을 보내주고, 글이 뭔지 좀 아는 사람처럼 보이도록 편집해준 엘리자베스 피터슨에게 감사합니다. 대학원 시절부터 내내 나에게 영감을 안겨준 브루인 레이디스 얼티밋 팀원들에게도 감사를 전합니다.

머리말

1   Coan, J. A., Schaefer, H. S., & Davidson, R. J. (2006). 〈손을 빌려주다: 위협에
    대한 신경 반응의 사회적 조절Lending a hand: Social regulation of the neural response to
    threat〉. *Psychological Science*, 17(12): 1032-1039.

2   Fumoto, M., Oshima, T., et al. (2010). 〈페달 운동 중 복내측 전전두피질과
    세로토닌 시스템 활성화가 부정적 기분의 개선을 유도하고 뇌전도의 알파 밴드를
    증가시킨다Ventral prefrontal cortex and serotonergic system activation during pedaling
    exercise induces negative mood improvement and increased alpha band in EEG〉. *Behavioural
    Brain Research*, 213(1): 1-9.

3   Walch, J. M., Rabin, B. S., et al. (2005). 〈햇빛이 수술 후 진통제 사용에 미치는
    영향: 척추 수술 환자들의 전향적 연구The effect of sunlight on postoperative analgesic
    medication use: A prospective study of patients undergoing spinal surgery〉. *Psychosomatic
    Medicine*, 67(1): 156-163.

4   Fredrickson, B. L., & Joiner, T. (2002). 〈긍정적 감정은 정서적 안녕으로
    나아가는 상승나선을 촉발한다Positive emotions trigger upward spirals toward
    emotional well-being〉. *Psychological Science*, 13(2): 172-175.

1장

5   American Psychiatric Association. (2000). 《정신 질환 진단 및 통계 편람 4판
    개정본Diagnostic and statistical manual of mental disorders: DSM-IV-TR》. Washington,
    DC: *American Psychiatric Association*.

6   Schiepers, O. J., Wichers, M. C., & Maes, M. (2005). 〈사이토카인과 주요
    우울증Cytokines and major depression〉. *Progress in Neuro-Psychopharmacology and
    Biological Psychiatry*, 29(2): 201-217.

7   Koenigs, M., & Grafman, J. (2009). 〈우울증의 기능적 신경해부학: 복내측
     전전두피질과 배외측 전전두피질의 뚜렷이 다른 기능들The functional neuroanatomy of
     depression: Distinct roles for ventromedial and dorsolateral prefrontal cortex〉. *Behavioural
     Brain Research*, 201(2): 239-243.

8   Fu, C. H., Williams, S. C., et al. (2004). 〈항우울제 치료로 주요 우울증에서
     슬픈 얼굴에 대한 신경 반응 감쇠: 전향적, 사건 관련적 기능적 자기공명영상
     연구Attenuation of the neural response to sad faces in major depression by antidepressant
     treatment: A prospective, event-related functional magnetic resonance imaging study〉.
     Archives of General Psychiatry, 61(9): 877-889.

9   Buchanan, T. W. (2007). 〈감정적 기억의 인출Retrieval of emotional memories〉.
     Psychological Bulletin, 133(5): 761-779.

10   MacQueen, G., & Frodl, T. (2011). 〈주요 우울증에서의 해마: 정신의학
     연구에서 임상과 생물학의 합류에 대한 증거The hippocampus in major depression:
     Evidence for the convergence of the bench and bedside in psychiatric research?〉. *Molecular
     Psychiatry*, 16(3): 252-264.

11   Cooney, R. E., Joormann, J., et al. (2010). 〈우울증에서 반추의
     신경상관물Neural correlates of rumination in depression〉. *Cognitive, Affective, &
     Behavioral Neuroscience*, 10(4): 470-478.

12   Korb, A. S., Hunter, A. M., et al. (2009). 〈주요 우울증에서 문측
     전방대상피질의 세타파 흐름 밀도, 항우울제와 위약에 대한 반응Rostral anterior
     cingulate cortex theta current density and response to antidepressants and placebo in major
     depression〉. *Clinical Neurophysiology*, 120(7): 1313-1319.

13   Mayberg, H. S., Lozano, A. M., et al. (2005). 〈치료에 내성이 생긴 우울증을
     위한 뇌심부자극술Deep brain stimulation for treatment-resistant depression〉. *Neuron*,
     45(5): 651-660.

14   Wiebking, C., Bauer, A., et al. (2010). 〈우울증에서 섬엽의 비정상적인
     신체지각과 신경 활동: 우울증에 걸린 '물질적인 나'에 관한 기능적 자기공명영상
     연구Abnormal body perception and neural activity in the insula in depression: An fMRI
     study of the depressed "material me"〉. *World Journal of Biological Psychiatry*, 11(3):
     538-549.

15   Pezawas, L., Meyer-Lindenberg, A., et al. (2005). 〈5-HTTLPR(세로토닌
     수송체 관련 전사조절 부위) 유전자 다형성은 인간의 대상-편도체 상호작용에
     영향을 미친다: 우울증의 유전적 민감성 기제5-HTTLPR polymorphism impacts human
     cingulate-amygdala interactions: A genetic susceptibility mechanism for depression〉. *Nature*

Neuroscience, 8(6): 828-834.

16   Talge. N. M., Neal, C., et al. (2007). 〈출산 이전 임신부의 스트레스가 아동의 신경 발달에 미치는 장기적 영향들: 방식과 이유Antenatal maternal stress and long-term effects on child neurodevelopment: How and why?〉. *Journal of Child Psychology and Psychiatry*, 48(3-4): 245-261.

2장

17   Schwartz, B., Ward, A., et al. (2002). 〈극대화 대 만족화: 행복은 선택의 문제Maximizing versus satisficing: Happiness is a matter of choice〉. *Journal of Personality and Social Psychology*, 83(5): 1178-1197.

18   Hsu, M., Bhatt, M., et al. (2005). 〈인간의 의사결정에서 불확실성 정도에 반응하는 신경계Neural systems responding to degrees of uncertainty in human decision-making〉. *Science*, 310(5754): 1680-1683.

19   Fincham, J. M., Carter, C. S., et al. (2002). 〈계획 세우기의 신경 메커니즘: 사건 관련 기능성 자기공명영상을 활용한 컴퓨터 분석Neural mechanisms of planning: A computational analysis using event-related fMRI〉. *Proceedings of the National Academy of Sciences USA*, 99(5): 3346-3351.

20   McLaughlin. K. A., Borkovec, T. D., & Sibrava, N. J. (2007). 〈걱정과 반추가 감정 상태와 인지 활동에 미치는 영향The effects of worry and rumination on affect states and cognitive activity〉. *Behavior Therapy*, 38(1): 23-38.

21   Paulesu, E., Sambugaro, E., et al. (2010). 〈일반 불안장애와 정상 대조군에서 걱정의 신경상관물: 기능적 자기공명영상 연구Neural correlates of worry in generalized anxiety disorder and in normal controls: A functional MRI study〉. *Psychological Medicine*, 40(1): 117-124.

22   Zebb, B. J., & Beck, J. G. (1998). 〈걱정 대 불안: 차이가 있기는 할까?Worry versus anxiety: Is there really a difference?〉. *Behavior Modification*, 22(1): 45-61.

23   Sanderson, W. C., Rapee, R. M., & Barlow, D. H. (1989). 〈이산화탄소를 5.5퍼센트로 강화한 공기를 흡입함으로써 유도한 공황발작에 통제력을 발휘할 수 있다는 생각이 미치는 영향The influence of an illusion of control on panic attacks induced via inhalation of 5.5% carbon dioxide-enriched air〉. *Archives of General Psychiatry*, 46(2): 157-162.

24   Borckardt, J. J., Reeves, S. T., et al. (2011). 〈좌측 전전두피질에 빠르게 반복

경두개 자기자극TMS을 실시하면 통증 경험의 감정적 요소를 통제할 수 있다는 인식이 주는 진통효과가 급격히 억제된다Fast left prefrontal TMS acutely suppresses analgesic effects of perceived controllability on the emotional component of pain experience〉. *Pain*, 152(1): 182-187.

25 Schwartz, et al. (2002). 〈Maximizing versus satisficing〉.

26 Bystritsky, A. (2006). 〈치료저항성 불안장애Treatment-resistant anxiety disorders〉. *Molecular Psychiatry*, 11(9): 805-814.

27 Harris, S., Sheth, S. A., & Cohen, M. S. (2008). 〈믿음과 불신, 불확실성에 관한 기능적 신경영상Functional neuroimaging of belief, disbelief, and uncertainty〉. *Annals of Neurology*, 63(2): 141-147.

28 Cabib, S., & Puglisi-Allegra, S. (2012). 〈스트레스 대처에서 중뇌측 좌핵의 도파민The mesoaccumbens dopamine in coping with stress〉. *Neuroscience & Biobehavioral Reviews*, 36(1): 79-89.

29 Lieberman, M. D., Eisenberger, N. I., et al. (2007). 〈감정을 언어로 옮기기: 감정에 이름 붙이기는 감정적 자극에 대한 반응으로 일어난 편도체의 활동을 방해한다Putting feelings into words: Affect labeling disrupts amygdala activity in response to affective stimuli. *Psychological Science*, 18(5): 421-428.

30 Hoehn-Saric, R., Lee, J. S., et al. (2005). 〈불안을 느끼지 않는 피실험자에게서 걱정이 국소 뇌 혈류에 미치는 영향Effect of worry on regional cerebral blood flow in nonanxious subjects〉. *Psychiatry Research*, 140(3): 259-269.

31 Farb, N. A., Segal, Z. V., et al. (2007). 〈현재 돌보기: 마음챙김 명상이 자기지시의 서로 다른 신경 양식들을 드러내다Attending to the present: Mindfulness meditation reveals distinct neural modes of self-reference〉. *Social Cognitive and Affective Neuroscience*, 2(4): 313-322.

32 Holzel, B. K., Hoge, E. A., et al. (2013). 〈마음챙김 수련 이후 범불안장애 증상이 개선되는 것의 신경적 기제Neural mechanisms of symptom improvements in generalized anxiety disorder following mindfulness training〉. *NeuroImage Clinical*, 2: 448-458.

3장

33 Vuilleumier, P. (2005). 〈뇌는 어떻게 주의하는가: 감정적 주의의 신경 메커니즘How brains beware: Neural mechanisms of emotional attention〉. *Trends in*

Cognitive Sciences, 9(12): 585-594.

34 Mohanty, A., & Sussman, T. J. (2013). 〈감정에 의한 주의의 상의하달식 조정Top-down modulation of attention by emotion〉. *Frontiers in Human Neuroscience*, 7: 102.

35 Sander, D., Grandjean, D., et al. (2005). 〈사회적 인지에서 감정과 주의의 상호작용: 분노 운율체계 처리에 관여하는 뇌 영역들Emotion and attention interactions in social cognition: Brain regions involved in processing anger prosody〉. *Neuroimage*, 28(4): 848-858.

36 Rainville, P., Duncan, G. H., et al. (1997). 〈인간의 전방대상피질에는 암호화되어 있지만 체감각성 피질에는 암호화되지 않은 통증 감정Pain affect encoded in human anterior cingulate but not somatosensory cortex〉. *Science*, 277(5328): 968-971.

37 Carter, C. S., Braver, T. S., et al. (1998). 〈전방대상피질, 실수 감지 그리고 온라인 행동 모니터링Anterior cingulate cortex, error detection, and the online monitoring of performance〉. *Science*, 280(5364): 747-749.

38 Lawrence, N. S., Jollant, F., et al. (2009). 〈아이오와 도박 과제에서 전전두피질 하위영역들의 서로 다른 역할들Distinct roles of prefrontal cortical subregions in the Iowa Gambling Task〉. *Cerebral Cortex*, 19(5): 1134-1143.

39 Maniglio, R., Gusciglio, F., et al. (2014). 〈중립적 표정의 편향적 처리는 정서적 기질로 인해 주요 우울증 위험이 있는 개인들의 우울 증상 및 자살 생각과 연관된다Biased processing of neutral facial expressions is associated with depressive symptoms and suicide ideation in individuals at risk for major depression due to affective temperaments〉. *Comprehensive Psychiatry*, 55(3): 518-525.

40 Siegle, G. J., Steinhauer, S. R., et al. (2002). 〈그 기분을 떨쳐낼 수 없어: 우울증에 걸린 개인들에게서 감정 정보에 대한 반응으로 편도체 활동이 오래 지속되는 것을 사건 관련적 기능적 자기공명영상으로 측정함Can't shake that feeling: Event-related fMRI assessment of sustained amygdala activity in response to emotional information in depressed individuals〉. *Biological Psychiatry*, 51(9): 693-707.

41 Baumeister, R. F., Bratslavsky, E., et al. (2001). 〈나쁜 것이 좋은 것보다 강하다Bad is stronger than good〉. *Review of General Psychology*, 5(4): 323-370.

42 Waugh, C. E., Hamilton, J. P., & Gotlib, I. H. (2010). 〈감정 경험 강도의 신경적 시간적 역학The neural temporal dynamics of the intensity of emotional experience〉. *Neuroimage*, 49(2): 1699-1707.

43 Maratos, E. J., Dolan, R. J., et al. (2001). 〈감정적 맥락의 일화 기억과 관련된

신경 활동Neural activity associated with episodic memory for emotional context〉. *Neuropsychologia*, 39(9): 910-920.

44 Fredrickson, B. L., & Losada, M. F. (2005). 〈긍정적 감정과 인간 번영의 복잡한 역학Positive affect and the complex dynamics of human flourishing〉. *American Psychologist*, 60(7): 678-686.

45 Dannlowski, U., Ohrmann, P., et al. (2007). 〈편도체 반응성이 표정의 감정에 대한 자동적 부정 평가를 예측한다Amygdala reactivity predicts automatic negative evaluations for facial emotions〉. *Psychiatry Research*, 154(1): 13-20.

46 Joormann, J., Talbot, L., & Gotlib, I. H. (2007). 〈우울증 위험이 있는 여자 청소년들의 편향된 감정 정보 처리Biased processing of emotional information in girls at risk for depression〉. *Journal of Abnormal Psychology*, 116(1): 135-143.

47 Karg, K., Burmeister, M., et al. (2011). 〈세로토닌 수송체 관련 전사조절 부위(5-HTTLPR), 스트레스 그리고 우울증 메타분석 재검토: 유전적 조정의 증거The serotonin transporter promoter variant (5-HTTLPR),stress,and depression meta-analysis revisited:Evidence of genetic moderation〉. *Archives of General Psychiatry*, 68(5): 444-454.

48   Perez-Edgar, K., Bar-Haim, Y., et al. (2010). 〈세로토닌 수송체 유전자의 변이는 긍정적이거나 부정적 표정에 대한 주의 편향 패턴과 관련 있다Variations in the serotonin-transporter gene are associated with attention bias patterns to positive and negative emotion faces〉. *Biological Psychology*, 83(3): 269-271.

49 Sharot, T., Riccardi, A. M., et al. (2007). 〈낙천성 편향을 매개하는 신경 메커니즘Neural mechanisms mediating optimism bias〉. *Nature*, 450(7166): 102-105.

50 Korb, A. S., Hunter, A. M., et al. (2009). 〈주요 우울증에서 문측 전방대상피질의 세타파 흐름 밀도, 항우울제와 위약에 대한 반응Rostral anterior cingulate cortex theta current density and response to antidepressants and placebo in major depression〉. *Clinical Neurophysiology*, 120(7): 1313-1319.

51 Pezawas, L., Meyer-Lindenberg, A., et al. (2005). 〈5-HTTLPR 유전자 다형성은 인간의 대상-편도체 상호작용에 영향을 미친다: 우울증의 유전적 민감성 기제5-HTTLPR polymorphism impacts human cingulate-amygdala interactions:A genetic susceptibility mechanism for depression〉. *Nature Neuroscience*, 8(6): 828-834.

52 Hariri, A. R., Drabant, E. M., et al. (2005). 〈정동장애에 취약한 유전자와 인간 해마의 반응A susceptibility gene for affective disorders and the response of the human amygdala〉. *Archives of General Psychiatry*, 62(2): 146-152.

53 Pichon, S., Rieger, S. W., & Vuilleumier, P. (2012). 〈부정적 감정 개념어들로

인해 암묵적으로 점화한 후 인간 편도체가 보인 반응의 지속적인 감정 편향Persistent affective biases in human amygdala response following implicit priming with negative emotion concepts〉. *Neuroimage*, 62(3): 1610-1621.

54　Koster, E. H., De Raedt, R., et al. (2005). 〈불쾌감에서 기분일치주의 편향: 부정적 정보에 대한 지속적 주의와 그 정보로부터 주의를 거두는 능력의 손상Mood-congruent attentional bias in dysphoria: Maintained attention to and impaired disengagement from negative information〉. *Emotion*, 5(4): 446-455.

55　Gotlib, I. H., Krasnoperova, E., et al. (2004). 〈임상우울증에서 부정적 대인 자극에 대한 주의 편향Attentional biases for negative interpersonal stimuli in clinical depression〉. *Journal of Abnormal Psychology*, 113(1): 121-135.

56　Carter, et al. (1998). 〈Anterior cingulate cortex〉.

57　Holzel, B. K., Hoge, E. A., et al. (2013). 〈마음챙김 수련 이후 범불안장애 증상이 개선되는 신경 메커니즘Neural mechanisms of symptom improvements in generalized anxiety disorder following mindfulness training〉. *NeuroImage Clinical*, 2: 448-458.

58　Kerns, J. G. (2006). 〈시몬 과제에서 시행간 조정의 fMRI로 본 전방대상피질과 전전두피질 활동Anterior cingulate and prefrontal cortex activity in an FMRI study of trial-to-trial adjustments on the Simon task〉. *Neuroimage*, 33(1): 399-405.

59　Herwig, U., Bruhl, A. B., et al. (2010). 〈우울증에서 '염세적'태도의 신경상관물Neural correlates of 'pessimistic'attitude in depression〉. *Psychological Medicine*, 40(5): 789-800.

60　Strunk, D. R., & Adler, A. D. (2009). 〈세 가지 예측 과제에서의 인지 편향: 우울증의 인지모델 시험Cognitive biases in three prediction tasks: A test of the cognitive model of depression〉. *Behaviour Research and Therapy*, 47(1): 34-40.

61　Rainville, et al. (1997). 〈Pain affect encoded in human anterior cingulate〉.

62　Strigo, I. A., Simmons, A. N., et al. (2008). 〈열 통증을 예상하고 처리하는 동안 변화된 기능적 뇌 반응과 주요 우울장애의 연관 관계Association of major depressive disorder with altered functional brain response during anticipation and processing of heat pain〉. *Archives of General Psychiatry*, 65(11): 1275-1284.

63　Phelps, E. A. (2004). 〈인간의 감정과 기억: 편도해마복합체의 상호작용Human emotion and memory: Interactions of the amygdala and hippocampal complex〉. *Current Opinion in Neurobiology*, 14(2): 198-202.

64　Macoveanu, J., Knorr, U., et al. (2013). 〈우울증 환자의 건강한 1, 2촌 가족의 안와전두피질과 해마에서 변화된 보상 처리Altered reward processing in the orbitofrontal cortex and hippocampus in healthy first-degree relatives of patients with depression〉. *Psychological Medicine*: 1-13.

65 Harmer, C. J., Shelley, N. C., et al. (2004). 〈건강한 자원 피험자들이 선택적 세로토닌과 노르에피네프린 재흡수 억제제를 복용한 후 증가한 긍정적 감정 인식 대 부정적 감정 인식Increased positive versus negative affective perception and memory in healthy volunteers following selective serotonin and norepinephrine reuptake inhibition〉. *American Journal of Psychiatry*, 161(7): 1256-1263.

66 Morgan, V., Pickens, D., et al. (2005). 〈아미트립틸린은 과민성대장증후군 환자에게서 직장 통증과 연관된 전방대상피질 활성화를 감소시킨다Amitriptyline reduces rectal pain related activation of the anterior cingulate cortex in patients with irritable bowel syndrome〉. *Gut*, 54(5): 601-607.

67 Sharot, et al. (2007). 〈Neural mechanism mediating optimism bias〉.

68 Herwig, U., Kaffenberger, T., et al. (2007). 〈정서가情緒價를 알 수 없는 사건을 예상할 때 '비관적' 태도의 신경상관물Neural correlates of a 'pessimistic' attitude when anticipating events of unknown emotional valence〉. *Neuroimage*, 34(2): 848-858.

4장

69 Moore, C. M., Christensen, J. D., et al. (1997). 〈우울증 환자 기저핵에서 뉴클레오시드 삼인산 수치 저하: 31P 자기공명분광 연구Lower levels of nucleoside triphosphate in the basal ganglia of depressed subjects: A phosphorous-31 magnetic resonance spectroscopy study〉. *American Journal of Psychiatry*, 154(1): 116-118.

70 Scott, D. J., Heitzeg, M. M., et al. (2006). 〈사람의 통증 스트레스 경험의 차이는 복측과 배측 기저핵의 도파민 활성의 영향을 받는다Variations in the human pain stress experience mediated by ventral and dorsal basal ganglia dopamine activity〉. *Journal of Neuroscience*, 26(42): 10789-10795.

71 Schwabe, L., & Wolf, O. T. (2009). 〈스트레스는 인간의 습관 행동을 촉발한다Stress prompts habit behavior in humans〉. *Journal of Neuroscience*, 29(22): 7191-7198.

5장

72   Akbaraly, T., Brunner, E. J., et al. (2009). 〈중년의 식이 패턴과 우울
증상Dietary pattern and depressive symptoms in middle age〉. *British Journal of Psychiatry*,
195(5): 408-413.

73   Colcombe, S., & Kramer, A. F. (2003). 〈건강이 노년의 인지 기능에 미치는
영향: 메타분석 연구Fitness effects on the cognitive function of older adults: A meta-analytic
study〉. *Psychological Science*, 14(2): 125-130.

74   Reid, K. J., Baron, K. G., et al. (2010). 〈유산소운동이 수면과 삶의 질을
향상한다는 노년 불면증 환자들의 자기 보고Aerobic exercise improves self-reported
sleep and quality of life in older adults with insomnia〉. *Sleep Medicine*, 11(9): 934-940.

75   Petruzzello, S. J., Landers, D. M., et al. (1991). 〈급격한 운동과 지속적 운동의
불안 감소 효과에 대한 메타분석. 결과와 기제A meta-analysis on the anxiety-reducing
effects of acute and chronic exercise. Outcomes and mechanisms〉. *Sports Medicine*, 11(3):
143-182.

76   Blumenthal, J. A., Fredrikson, M., et al. (1990). 〈유산소운동은 이전에
심근허혈의 징후가 없던 피험자들에게서 정신적 스트레스에 대한 심혈관과
교감신경의 반응 정도를 낮춘다Aerobic exercise reduces levels of cardiovascular and
sympathoadrenal responses to mental stress in subjects without prior evidence of myocardial
ischemia〉. *American Journal of Cardiology*, 65(1): 93-98.

77   Cotman, C. W., & Berchtold, N. C. (2002). 〈운동: 뇌 건강과 가소성 증진을
위한 행동적 개입Exercise: A behavioral intervention to enhance brain health and plasticity〉.
Trends in Neurosciences, 25(6): 295-301.

78   Leasure, J. L., & Jones, M. (2008). 〈강요된 운동과 자발적 운동은 뇌와 행동에
서로 다르게 영향을 미친다Forced and voluntary exercise differentially affect brain and
behavior〉. *Neuroscience*, 156(3): 456-465.

79   Pretty, J., Peacock, J., et al. (2005). 〈녹색 운동이 주는 정신적, 육체적 건강의
효과The mental and physical health outcomes of green exercise〉. *International Journal of
Environmental Health Research*, 15(5): 319-337.

80   Kaplan, R. (2001). 〈집에서 보이는 자연 풍경: 심리적 혜택The nature of the view
from home: Psychological benefits〉. *Environment and Behavior*, 33: 507-542.

81   Rovio, S., Spulber, G., et al. (2010). 〈중년의 신체 활동이 노년에 뇌의 구조적
변화에 미치는 영향The effect of midlife physical activity on structural brain changes in the
elderly〉. *Neurobiology of Aging*, 31(11): 1927-1936.

82 Balu, D. T., Hoshaw, B. A., et al. (2008). 〈항우울약과 비항우울약 치료의 중심적 BDNF 단백질 농도의 조절 차이Differential regulation of central BDNF protein levels by antidepressant and non-antidepressant drug treatments〉. *Brain Research*, 1211: 37-43.

83 Jacobs, B. L., & Fornal, C. A. (1999). 〈동물의 행동과 연관된 세로토닌성 뉴런의 활동Activity of serotonergic neurons in behaving animals〉. *Neuropsychopharmacology*, 21(2 Suppl): 9S-15S.

84 Rueter, L. E., & Jacobs, B. L. (1996). 〈쥐의 전뇌에서 행동적/환경적 조작으로 유도한 세로토닌 분비에 대한 미소투석 검사A microdialysis examination of serotonin release in the rat forebrain induced by behavioral/environmental manipulations〉. *Brain Research*, 739(1-2): 57-69.

85 Mattson, M. P., Maudsley, S., & Martin, B. (2004). 〈BDNF와 세로토닌: 노화 관련 신경가소성 및 신경변성 장애의 역동적 듀오BDNF and 5-HT: A dynamic duo in age-related neuronal plasticity and neurodegenerative disorders〉. *Trends in Neurosciences*, 27(10): 589-594.

86 Winter, B., Breitenstein, C., et al. (2007). 〈고강도 달리기가 학습을 향상한다High impact running improves learning〉. *Neurobiology of Learning and Memory*, 87(4): 597-609.

87 Winter, et al. (2007). 〈High impact running〉.

88 Janse Van Rensburg, K., Taylor, A., et al. (2009). 〈격한 운동은 흡연과 연관된 이미지들에 대한 반응으로 나타나는 담배에 대한 갈망과 뇌 활성화를 조절한다: 기능성 자기공명영상 연구Acute exercise modulates cigarette cravings and brain activation in response to smoking-related images: An fMRI study〉. *Psychopharmacology (Berl)*, 203(3): 589-598.

89 Boecker, H., Sprenger, T., et al. (2008). 〈러너스 하이: 인간 뇌의 아편 유사 반응 메커니즘The runner's high: Opioidergic mechanisms in the human brain〉. *Cerebral Cortex*, 18(11): 2523-2531.

90 Goldfarb, A. H., Hatfield, B. D., et al. (1990). 〈혈장 내 베타엔도르핀 농도: 운동의 강도와 지속에 대한 반응Plasma beta-endorphin concentration: Response to intensity and duration of exercise〉. *Medicine & Science in Sports & Exercise*, 22(2): 241-244.

91 Sparling, P. B., Giuffrida, A., et al. (2003). 〈운동이 엔도카나비노이드계를 활성화한다Exercise activates the endocannabinoid system〉. *Neuroreport*, 14(17): 2209-2211.

92   Nabkasorn, C., Miyai, N., et al. (2006). 〈운동이 우울 증상이 있는 여자 청소년들의 우울증과 신경내분비 스트레스 호르몬, 생리학적 건강에 미치는 영향Effects of physical exercise on depression, neuroendocrine stress hormones and physiological fitness in adolescent females with depressive symptoms〉. *European Journal of Public Health*, 16(2): 179-184.

93   Fumoto, M., Oshima, T., et al. (2010). 〈페달 운동을 하는 동안 복측 전전두피질과 세로토닌계의 활성화는 부정적 기분을 개선하고 뇌전도에서 알파 밴드를 증가시킨다Ventral prefrontal cortex and serotonergic system activation during pedaling exercise induces negative mood improvement and increased alpha band in EEG〉. *Behavioural Brain Research*, 213(1): 1-9.

94   Reid, et al. (2010). 〈Aerobic exercise improves self-reported sleep〉.

95   Pillai, V., Kalmbach, D. A., & Ciesla, J. A. (2011). 〈우울증에서 수면의 뇌전도 메타분석: 유전적 생체 지표의 증거A meta-analysis of electroencephalographic sleep in depression: Evidence for genetic biomarkers〉. *Biological Psychiatry*, 70(10): 912-919.

96   Sharpley, A. L., & Cowen, P. J. (1995). 〈우울증 환자의 수면에 약물치료가 미치는 영향Effect of pharmacologic treatments on the sleep of depressed patients〉. *Biological Psychiatry*, 37(2): 85-98.

6장

97   Schwartz, B., Ward, A., et al. (2002). 〈극대화 대 만족화: 행복은 선택의 문제Maximizing versus satisficing: Happiness is a matter of choice〉. *Journal of Personality and Social Psychology*, 83(5): 1178-1197.

98   Venkatraman, V., Payne, J. W., et al. (2009). 〈위험한 의사결정에서 선택과 전략적 선호에는 서로 다른 신경 메커니즘이 깔려 있다Separate neural mechanisms underlie choices and strategic preferences in risky decision making〉. *Neuron*, 62(4): 593-602.

99   de Wit, S., Corlett, P. R., et al. (2009). 〈음식 사진을 본 사람의 목적지향적 행동과 습관적 행동에 복내측 전전두피질이 미치는 서로 다른 영향Differential engagement of the ventromedial prefrontal cortex by goal-directed and habitual behavior toward food pictures in humans〉. *Journal of Neuroscience*, 29(36): 11330-11338.

100   Gazzaley, A., Cooney, J. W., et al. (2005). 〈신경 활동 강도와 속도의 하향 증강과 억제Top-down enhancement and suppression of the magnitude and speed of neural

activity〉. *Journal of Cognitive Neuroscience*, 17(3): 507-517.

101 Creswell, J. D., Welch, W. T., et al. (2005). 〈개인적 가치의 긍정은
     신경내분비적, 심리적 스트레스 반응에 완충 역할을 한다Affirmation of personal values
     buffers neuroendocrine and psychological stress responses〉. *Psychological Science*, 16(11):
     846-851.

102 Wykowska, A., & Schubo, A. (2012). 〈행위 의도가 시각적 주의 할당을
     조절한다: 전기생리학적 증거Action intentions modulate allocation of visual attention:
     Electrophysiological evidence〉. *Frontiers in Psychology*, 3: 379.

103 Hemby, S. E., Co, C., et al. (1997). 〈반응의존적·반응독립적 코카인 투여하는
     동안 쥐의 측좌핵 세포 외 도파민 농도의 차이Differences in extracellular dopamine
     concentrations in the nucleus accumbens during response-dependent and response-
     independent cocaine administration in the rat〉. *Psychopharmacology (Berl)*, 133(1): 7-16.

104 Luce, M. F., Bettman, J. R., & Payne, J. W. (1997). 〈감정적으로 어려운
     결정에서 선택의 과정Choice processing in emotionally difficult decisions〉. *Journal of
     Experimental Psychology*, Learning, Memory, and Cognition, 23(2): 384-405.

105 Gallagher, K. M., & Updegraff, J. A. (2012). 〈건강 메시지 프레이밍이 태도와
     의도, 행동에 미치는 영향: 메타분석 검토Health message framing effects on attitudes,
     intentions, and behavior: A meta-analytic review〉. *Annals of Behavioral Medicine*, 43(1):
     101-116.

106 Studer, B., Apergis-Schoute, A. M., et al. (2012). 〈승산은 어떤가? 도박 시
     능동적 선택의 신경상관물What are the Odds? The neural correlates of active choice during
     gambling〉. *Frontiers in Neuroscience*, 6: 46.

107 Rao, H., Korczykowski, M., et al. (2008). 〈인간 뇌 속 자발적·비자발적 위험
     감수의 신경상관물: 풍선 아날로그 위험 과제 수행 시 fMRI 연구Neural correlates of
     voluntary and involuntary risk taking in the human brain: An fMRI study of the Balloon Analog
     Risk Task (BART)〉. *Neuroimage*, 42(2): 902-910.

108 Lieberman, M. D., Ochsner, K. N., et al. (2001). 〈기억상실증 환자는
     인지부조화가 감소하는가? 태도 변화에서 명시적 기억과 주의의 역할Do amnesics
     exhibit cognitive dissonance reduction? The role of explicit memory and attention in attitude
     change〉. *Psychological Science*, 12(2): 135-140.

109 MacLeod, A. K., Coates, E., & Hetherton, J. (2008). 〈목표 설정과 계획
     기술을 가르쳐 행복 증진시키기: 단기 개입의 결과들Increasing well-being through
     teaching goal-setting and planning skills: Results of a brief intervention〉. *Journal of Happiness
     Studies*, 9: 185-196.

110 Dickson, J. M., & Moberly, N. J. (2013). 〈주요 우울증에서 개인적 목표의 구체성과 목표 달성을 위한 설명의 감소Reduced specificity of personal goals and explanations for goal attainment in major depression〉. *PLoS One*, 8(5): e64512.

111 Hadley, S. A., & MacLeod, A. K. (2010). 〈조건부 목표 설정, 개인적 목표와 미래에 대한 절망Conditional goal-setting, personal goals and hopelessness about the future〉. *Cognition & Emotion*, 24(7): 1191-1198.

112 Draganski, B., Kherif, F., et al. (2008). 〈사람의 기저핵에서 분리된 연결 패턴과 통합된 연결 패턴의 증거Evidence for segregated and integrative connectivity patterns in the human basal ganglia〉. *Journal of Neuroscience*, 28(28): 7143-7152.

113 Weiss, J. M., Goodman, P. A., et al. (1981). 〈통제할 수 없는 스트레스 요인이 만든 행동적 우울증: 쥐 뇌의 다양한 영역 속 노르에피네프린, 도파민, 세로토닌 수준의 관계Behavioral depression produced by an uncontrollable stressor: Relationship to norepinephrine, dopamine, and serotonin levels in various regions of rat brain〉. *Brain Research Reviews*, 3(2): 167-205.

114 Wiech, K., Kalisch, R., et al. (2006). 〈전외측 전전두피질은 통증을 통제할 수 있다고 예상하거나 인식함으로써 진통 효과에 영향을 미친다Anterolateral prefrontal cortex mediates the analgesic effect of expected and perceived control over pain〉. *Journal of Neuroscience*, 26(44): 11501-11509.

115 Greenwood, B. N., Foley, T. E., et al. (2003). 〈프리휠 러닝은 학습된 절망감/행동적 우울을 예방한다: 배측 솔기 세로토닌성 뉴런의 역할Freewheel running prevents learned helplessness/behavioral depression: Role of dorsal raphe serotonergic neurons〉. *Journal of Neuroscience*, 23(7): 2889-2898.

116 Yanagita, S., Amemiya, S., et al. (2007). 〈자발적 달리기와 강제적 달리기가 쥐 시상하부의 코르티코트로핀 방출 호르몬 뉴런의 활성화에 미치는 영향Effects of spontaneous and forced running on activation of hypothalamic corticotropin-releasing hormone neurons in rats〉. *Life Sciences*, 80(4): 356-363.

117 Thrift, M., Ulloa-Heath, J., et al. (2012). 〈퍼시픽 아일랜드 대학생들의 직업 개입과 직업에 관한 생각Career interventions and the career thoughts of Pacific Island College students〉. *Journal of Counseling & Development*, 90(2): 169-176.

118 Frost, R. O., & Shows, D. L. (1993). 〈강박적 우유부단함의 특성과 측정The nature and measurement of compulsive indecisiveness〉. *Behaviour Research and Therapy*, 31(7): 683-692.

119 Nofzinger, E. A., Nissen, C., et al. (2006). 〈불면증에서 비렘수면 동안 '수면 후 각성 시간Waking After Sleep Onset'의 국소 뇌 대사상관물Regional cerebral metabolic correlates of WASO during NREM sleep in insomnia〉. *Journal of Clinical Sleep Medicine*, 2(3): 316-322.

120 Pillai, V., Kalmbach, D. A., & Ciesla, J. A. (2011). 〈우울증의 수면 뇌전도 메타분석: 유전적 생물 표지의 증거A meta-analysis of electroencephalographic sleep in depression: Evidence for genetic biomarkers〉. *Biological Psychiatry*, 70(10): 912-919.

121 Sharpley, A. L., & Cowen, P. J. (1995). 〈우울증 환자의 수면에 약물치료가 미치는 영향Effect of pharmacologic treatments on the sleep of depressed patients〉. *Biological Psychiatry*, 37(2): 85-98.

122 Irwin, M., McClintick, J., et al. (1996). 〈부분적 야간 수면 박탈은 인간의 자연살해세포와 분자의 면역 반응을 감소시킨다Partial night sleep deprivation reduces natural killer and cellular immune responses in humans〉. *FASEB Journal*, 10(5): 643-653.

123 Brower, K. J., & Perron, B. E. (2010). 〈향정신성 약물중독 재발을 일으키는 일반적 위험 요인으로서의 수면장애Sleep disturbance as a universal risk factor for relapse in addictions to psychoactive substances〉. *Medical Hypotheses*, 74(5): 928-933.

124 Harrison, Y., & Horne, J. A. (1999). 〈하룻밤의 수면 상실은 혁신적 사고와 유연한 의사결정 능력을 손상시킨다One night of sleep loss impairs innovative thinking and flexible decision making〉. *Organizational Behavior and Human Decision Processes*, 78(2): 128-145.

125 Altena, E., Van Der Werf, Y. D., et al. (2008). 〈수면 상실은 각성에 영향을 미친다: 만성 불면증의 영향과 수면치료Sleep loss affects vigilance: Effects of chronic insomnia and sleep therapy〉. *Journal of Sleep Research*, 17(3): 335-343.

126 Altena, E., Van Der Werf, Y. D., et al. (2008). 〈불면증에서 전전두의 저활성과 활성 회복Prefrontal hypoactivation and recovery in insomnia〉. *Sleep*, 31(9): 1271-1276.

127 Nofzinger, et al. (2006). 〈Regional cerebral metabolic correlates〉.

128 Brown, F. C., Buboltz, W. C., Jr., & Soper, B. (2002). 〈대학생들에게서 나타나는 수면 위생 의식과 수면 위생 실천, 수면의 질 사이의 관계Relationship of sleep hygiene awareness, sleep hygiene practices, and sleep quality in university students〉. *Behavioral Medicine*, 28(1): 33-38.

129 Sivertsen, B., Salo, P., et al. (2012). 〈우울증과 불면증의 양방향적 연관성: 헌트연구(HUNT, Nord-Trøndelag Health Study, 노르트뢰넬라그 보건의료 연구) The bidirectional association between depression and insomnia: The HUNT study〉. *Psychosomatic Medicine*, 74(7): 758-765.

130 Wierzynski, C. M., Lubenov, E. V., et al. (2009). 〈수면 중 해마와 전전두 회로들 사이의 상태의존적 극파시간 관계State-dependent spike-timing relationships between hippocampal and prefrontal circuits during sleep〉. *Neuron*, 61(4): 587-596.

131 Yoo, S. S., Hu, P. T., et al. (2007). 〈수면이 부족하면 새로운 기억을 만드는 능력도 결손된다A deficit in the ability to form new human memories without sleep〉. *Nature Neuroscience*, 10(3): 385-392.

132 Wilhelm, I., Diekelmann, S., et al. (2011). 〈수면은 미래에 관련이 있을 것으로 예상되는 기억을 선택적으로 강화한다Sleep selectively enhances memory expected to be of future relevance〉. *Journal of Neuroscience*, 31(5): 1563-1569.

133 Fischer, S., & Born, J. (2009). 〈보상에 대한 기대가 수면 중 오프라인 학습을 증진한다Anticipated reward enhances offline learning during sleep〉. *Journal of Experimental Psychology, Learning, Memory, and Cognition*, 35(6): 1586-1593.

134 Van Der Werf, Y. D., Altena, E., et al. (2009). 〈수면은 이후의 해마 기능에 유익하다Sleep benefits subsequent hippocampal functioning〉. *Nature Neuroscience*, 12(2): 122-123.

135 Mishima, K., Okawa, M., et al. (2001). 〈불충분한 환경 조명으로 야기된 노인의 멜라토닌 분비 감소Diminished melatonin secretion in the elderly caused by insufficient environmental illumination〉. *Journal of Clinical Endocrinology and Metabolism*, 86(1): 129-134.

136 Lambert, G. W., Reid, C., et al. (2002). 〈뇌의 세로토닌 교체율에 햇빛과 계절이 미치는 영향Effect of sunlight and season on serotonin turnover in the brain〉. *Lancet*, 360(9348): 1840-1842.

137 Walch, J. M., Rabin, B. S., et al. (2005). 〈수술 후 진통제 사용에 햇빛이 미치는 영향: 척추 수술 환자에 대한 전향적 연구The effect of sunlight on postoperative analgesic medication use: A prospective study of patients undergoing spinal surgery〉. *Psychosomatic Medicine*, 67(1): 156-163.

138 Babson, K. A., Trainor, C. D., et al. (2010). 〈불안증과 우울증의 일반 증상 및 구체적 자기 보고 증상에 급격한 수면 박탈이 미치는 영향 시험: 실험적 확장A test of the effects of acute sleep deprivation on general and specific self-reported anxiety and depressive symptoms: An experimental extension〉. *Journal of Behavior Therapy and*

Experimental Psychiatry, 41(3): 297-303.

139   Monti, J. M., & Jantos, H. (2008). 〈수면과 기상 조절에서 도파민과 세로토닌 및 그 수용체들의 역할The roles of dopamine and serotonin, and of their receptors, in regulating sleep and waking〉. *Progress in Brain Research*, 172: 625-646.

140   Dominguez-Lopez, S., Mahar, I., et al. (2012). 〈멜라토닌과 송과체절제가 빛-어둠 주기 전반에 걸쳐 세로토닌 뉴런 활동에 미치는 단기 영향Short-term effects of melatonin and pinealectomy on serotonergic neuronal activity across the light-dark cycle〉. *Journal of Psychopharmacology*, 26(6): 830-844.

141   Pontes, A. L. B., Engelberth, R. C. J. G., et al. (2010). 〈세로토닌과 일주기 리듬Serotonin and circadian rhythms〉. *Psychology and Neuroscience*, 3: 217-228.

142   Murray, G., Nicholas, C. L., et al. (2009). 〈자연의 시계와 인간의 기분: 일주기 시스템은 보상 동기부여를 조절한다Nature's clocks and human mood: The circadian system modulates reward motivation〉. *Emotion*, 9(5): 705-716.

143   Basta, M., Chrousos, G. P., et al. (2007). 〈만성 불면증과 스트레스 시스템Chronic insomnia and stress system〉. *Sleep Medicine Clinics*, 2(2): 279-291.

144   Kim, Y., Chen, L., et al. (2013). 〈만성 수면 제약에서 수면 생체 적응: 노르에피네프린계의 역할Sleep allostasis in chronic sleep restriction: The role of the norepinephrine system〉. *Brain Research*, 1531: 9-16.

145   Monti & Jantos. (2008). 〈The roles of dopamine and serotonin〉.

146   Finan, P. H., & Smith, M. T. (2013). 〈불면증, 만성 통증, 우울증의 동반 질환: 잠정 메커니즘으로서의 도파민The comorbidity of insomnia, chronic pain, and depression: Dopamine as a putative mechanism〉. *Sleep Medicine Reviews*, 17(3): 173-183.

147   McClung, C. A. (2007). 〈일주기 리듬, 중간변연 도파민 회로, 약물중독Circadian rhythms, the mesolimbic dopaminergic circuit, and drug addiction〉. *Scientific World Journal*, 7: 194-202.

148   Finan & Smith. (2013). 〈불면증, 만성 통증, 우울증의 동반 질환The comorbidity of insomnia, chronic pain, and depression〉.

149   Babson, et al. (2010). 〈A test of the effect of acute sleep deprivation〉.

150   O'Brien, E. M., Waxenberg, L. B., et al. (2010). 〈부정적 기분은 만성 통증 환자들에게 빈약한 수면이 통증에 미치는 효과를 가져온다Negative mood mediates the effect of poor sleep on pain among chronic pain patients〉. *Clinical Journal of Pain*, 26(4): 310-319.

151   Smith, M. T., Edwards, R. R., et al. (2007). 〈수면 박탈이 여성의 통증 억제와 자발통에 미치는 영향The effects of sleep deprivation on pain inhibition and spontaneous

pain in women⟩. *Sleep*, 30(4): 494-505.

152 Campbell, C. M., Bounds, S. C., et al. (2013). ⟨수면의 질과 지속의 개인차는
건강한 피험자의 실험실에서 유도된 강직성 통증 중 뇌의 뮤 오피오이드 수용체
결합 전위와 관련 있다Individual variation in sleep quality and duration is related to cerebral
mu opioid receptor binding potential during tonic laboratory pain in healthy subjects⟩. *Pain
Medicine*, 14(12): 1882-1892.

153 Xie, L., Kang, H., et al. (2013). ⟨수면은 성인의 뇌에서 대사산물을
청소한다Sleep drives metabolite clearance from the adult brain⟩. *Science*, 342(6156):
373-377.

154 Brown, Buboltz, & Soper. (2002). ⟨Relationship of sleep hygiene
awareness⟩.

155 Roehrs, T., & Roth, T. (2001). ⟨수면, 졸림, 수면장애와 알코올 사용 및
남용Sleep, sleepiness, sleep disorders and alcohol use and abuse⟩. *Sleep Medicine Reviews*,
5(4): 287-297.

156 Irwin, M., Miller, C., et al. (2000). ⟨1차 알코올중독자들의 수면다원검사와
수면 뇌파 스펙트럼 분석: 알코올 의존과 아프리카계 미국인의 인종성의
상호작용Polysomnographic and spectral sleep EEG in primary alcoholics: An interaction
between alcohol dependence and African-American ethnicity⟩. *Alcoholism Clinical and
Experimental Research*, 24(9): 1376-1384.

157 Reid, K. J., Baron, K. G., et al. (2010). ⟨유산소운동이 수면과 삶의 질을
향상한다는 노년 불면증 환자들의 자기 보고Aerobic exercise improves self-reported
sleep and quality of life in older adults with insomnia⟩. *Sleep Medicine*, 11(9): 934-940.

158 Miro, E., Lupianez, J., et al. (2011). ⟨인지행동 불면증 치료는
섬유근육통증후군 환자에게서 주의 기능을 개선한다: 예비 무작위 대조
시험Cognitive-behavioral therapy for insomnia improves attentional function in fibromyalgia
syndrome: A pilot, randomized controlled trial⟩. *Journal of Health Psychology*, 16(5): 770-
782.

159 Dirksen, S. R., & Epstein, D. R. (2008). ⟨불면증 개입이 유방암 생존자들의
피로와 기분, 삶의 질에 미치는 효능Efficacy of an insomnia intervention on fatigue, mood
and quality of life in breast cancer survivors⟩. *Journal of Advanced Nursing*, 61(6): 664-
675.

160 Armitage, C. J., Harris, P. R., et al. (2008). 〈영국의 사회경제적 지위가 낮은 성인 흡연자들에게서 자기긍정이 건강상 위험에 대한 정보 수용을 높이다Self-affirmation increases acceptance of health-risk information among UK adult smokers with low socioeconomic status〉. *Psychology of Addictive Behaviors*, 22(1): 88-95.

161 Epton, T., & Harris, P. R. (2008). 〈자기긍정은 건강 행동 변화를 촉진한다Self-affirmation promotes health behavior change〉. *Health Psychology*, 27(6): 746-752.

162 Perreau-Linck, E., Beauregard, M., et al. (2007). 〈기분 상태의 급격한 변화 시 C-표식 알파 메틸 L 트립토판의 뇌 내 트래핑 생체 내 측정In vivo measurements of brain trapping of C-labelled alpha-methyl-L-tryptophan during acute changes in mood states〉. *Journal of Psychiatry & Neuroscience*, 32(6): 430-434.

163 Ochsner, K. N., Ray, R. D., et al. (2004). 〈좋은 쪽으로든 나쁜 쪽으로든: 부정적 감정의 인지적 상향 및 하향 조절을 뒷받침하는 신경계For better or for worse: Neural systems supporting the cognitive down- and up-regulation of negative emotion〉. *Neuroimage*, 23(2): 483-499.

164 Soares, J. M., Sampaio, A., et al. (2012). 〈스트레스로 인한 의사결정 능력의 변화는 되돌릴 수 있다Stress-induced changes in human decision-making are reversible〉. *Translational Psychiatry*, 2: e131.

165 Schwabe, L., & Wolf, O. T. (2009). 〈스트레스는 사람의 습관 행동을 촉발한다Stress prompts habit behavior in humans〉. *Journal of Neuroscience*, 29(22): 7191-7198.

166 Norcross, J. C., Mrykalo, M. S., & Blagys, M. D. (2002). 〈올드 랭 사인: 새해 결심을 하는 사람과 하지 않는 사람의 성공 예측 요인, 변화 과정, 결과 자기 보고Auld lang syne: Success predictors, change processes, and self-reported outcomes of New Year's resolvers and nonresolvers〉. *Journal of Clinical Psychology*, 58(4): 397-405.

167 Ayduk, O., Mendoza-Denton, R., et al. (2000). 〈대인 관계적 자아 통제: 거부 민감성에 대처하기 위한 전략적 자기 통제Regulating the interpersonal self: Strategic self-regulation for coping with rejection sensitivity〉. *Journal of Personality and Social Psychology*, 79(5): 776-792.

168 Casey, B. J., Somerville, L. H., et al. (2011). 〈40년 후, 만족 유예의 행동과 신경상관물Behavioral and neural correlates of delay of gratification 40 years later〉. *Proceedings of the National Academy of Sciences USA*, 108(36): 14998-15003.

169 Young, S. N. (2007). 〈약 없이 뇌에서 세로토닌을 늘리는 방법How to increase

serotonin in the human brain without drugs⟩. *Journal of Psychiatry & Neuroscience*, 32(6): 394-399.

170 Field, T., Hernandez-Reif, M., et al. (2005). ⟨마사지 치료 후 코르티솔 감소와 세로토닌 및 도파민 증가Cortisol decreases and serotonin and dopamine increase following massage therapy⟩. International Journal of Neuroscience, 115(10): 1397-1413.

171 Perreau-Linck, et al. (2007). ⟨In vivo measurements⟩.

172 Goto, Y., & Grace, A. A. (2005). ⟨목표지향적 행동에서 도파민 작용을 통한 변연계와 피질의 측좌핵 조절Dopaminergic modulation of limbic and cortical drive of nucleus accumbens in goal-directed behavior⟩. *Nature Neuroscience*, 8(6): 805-812.

173 Feldstein Ewing, S. W., Filbey, F. M., et al. (2011). ⟨사회심리적 알코올중독 개입은 어떻게 작용하는가: fMRI가 알려줄 수 있는 것에 대한 예비적 검토How psychosocial alcohol interventions work: A preliminary look at what FMRI can tell us⟩. *Alcoholism Clinical and Experimental Research*, 35(4): 643-651.

174 Lieberman, M. D., Eisenberger, N. I., et al. (2007). ⟨감정을 언어로 옮기기: 감정에 이름 붙이기는 감정적 자극에 대한 반응으로 일어난 편도체의 활동을 방해한다Putting feelings into words: Affect labeling disrupts amygdala activity in response to affective stimuli⟩, *Psychological Science*, 18(5): 421-428.

9장

175 Shapiro, D., Cook, I. A., et al. (2007). ⟨우울증 보조 치료법으로서의 요가: 치료 결과에 특성과 기분이 미치는 영향Yoga as a complementary treatment of depression: Effects of traits and moods on treatment outcome⟩. *Evidence-Based Complementary and Alternative Medicine*, 4(4): 493-502.

176 Leino, P., & Magni, G. (1993). ⟨요통, 경각통 및 그 밖의 근골격계 질환율의 예측 변수로서의 우울과 스트레스 증상: 금속산업 종사자의 10년 후속 연구Depressive and distress symptoms as predictors of low back pain, neck-shoulder pain, and other musculoskeletal morbidity: A 10-year follow-up of metal industry employees⟩. *Pain*, 53(1): 89-94.

177 Carney, R. M., Blumenthal, J. A., et al. (2001). ⟨우울증, 심박변이도, 급성심근경색Depression, heart rate variability, and acute myocardial infarction⟩. *Circulation*, 104(17): 2024-2028.

178 Nakahara, H., Furuya, S., et al. (2009). 〈음악 연주와 음악 지각 시 감정과 연관된 심박 수 및 심박변이도의 변화Emotion-related changes in heart rate and its variability during performance and perception of music〉. *Annals of the New York Academy of Sciences*, 1169: 359-362.

179 Brown, S., Martinez, M. J., & Parsons, L. M. (2004). 〈수동적 음악 듣기는 자연스럽게 변연계와 부변연계를 끌어들인다Passive music listening spontaneously engages limbic and paralimbic systems〉. *Neuroreport*, 15(13): 2033-2037.

180 Sutoo, D., & Akiyama, K. (2004). 〈음악은 도파민의 신경 전달을 개선한다: 음악이 혈압 조절에 미치는 효과에 근거한 증명Music improves dopaminergic neurotransmission: Demonstration based on the effect of music on blood pressure regulation〉. *Brain Research*, 1016(2): 255-262.

181 Strack, F., Martin, L. L., & Stepper, S. (1988). 〈사람의 미소를 억제하거나 촉진하는 조건: 안면 피드백 가설의 비관여적 시험Inhibiting and facilitating conditions of the human smile: A nonobtrusive test of the facial feedback hypothesis〉. *Journal of Personality and Social Psychology*, 54(5): 768-777.

182 Dimberg, U., & Soderkvist, S. (2011). 〈자발적인 안면 활동 기법: 안면 피드백 가설의 시험 방법The voluntary facial action technique: A method to test the facial feedback hypothesis〉. *Journal of Nonverbal Behavior*, 35: 17-33.

183 Mora-Ripoll, R. (2010). 〈웃음의 의학적 치료 가치The therapeutic value of laughter in medicine〉. *Alternative Therapies, Health, and Medicine*, 16(6): 56-64.

184 Fischer, J., Fischer, P., et al. (2011). 〈내 결정에 힘을 싣자: 확증적 정보 처리에 강력한 몸짓이 주는 효과Empower my decisions: The effects of power gestures on confirmatory information processing〉. *Journal of Experimental Social Psychology*, 47: 1146-1154.

185 Brinol, P., Petty, R. E., & Wagner, B. (2009). 〈자세가 자기 평가에 미치는 영향: 자기 확증 접근법Body posture effects on self-evaluation: A self-validation approach〉. *European Journal of Social Psychology*, 39: 1053-1064.

186 Riskind, J. H., & Gotay, C. C. (1982). 〈자세: 동기부여와 감정에 조절 효과나 피드백 효과를 발휘할 수 있을까?Physical posture: Could it have regulatory or feedback effects on motivation and emotion?〉. *Motivation and Emotion*, 6(3): 273-298.

187 Peper, E., & Lin, I. (2012). 〈우울증을 심화하거나 완화하거나: 자세는 에너지 수준에 어떻게 영향을 미치나Increase or decrease depression: How body postures influence your energy level〉. *Biofeedback*, 40(3): 125-130.

188 Carney, D. R., Cuddy, A. J., & Yap, A. J. (2010). 〈파워 포즈: 짧은 비언어적

표현이 신경내분비 수준과 위험 내성에 영향을 미친다Power posing: Brief nonverbal displays affect neuroendocrine levels and risk tolerance〉. *Psychological Science*, 21 (10): 1363-1368.

189 Larsen, R. J., Kasimatis, M., & Frey, K. (1992). 〈이마 주름지게 만들기: 불쾌한 감정에 적용되는 안면 피드백 가설의 비관여적 시험Facilitating the furrowed brow: An unobtrusive test of the facial feedback hypothesis applied to unpleasant affect〉. *Cognition & Emotion*, 6 (5): 321-338.

190 Duclos, S. E., & Laird, J. D. (2001). 〈표정 조절을 통한 감정 경험의 의도적 조절The deliberate control of emotional experience through control of expressions〉. *Cognition & Emotion*, 15 (1): 27-56.

191 Lewis, M. B., & Bowler, P. J. (2009). 〈보툴리눔 독소 미용치료는 긍정적으로 변한 기분과 관련 있다Botulinum toxin cosmetic therapy correlates with a more positive mood〉. *Journal of Cosmetic Dermatology*, 8 (1): 24-26.

192 Kunik, M. E., Roundy, K., et al. (2005). 〈만성 호흡장애에서 놀랍도록 높은 불안증과 우울증 유병률Surprisingly high prevalence of anxiety and depression in chronic breathing disorders〉. *Chest*, 127 (4): 1205-1211.

193 Kjellgren, A., Bood, S. A., et al. (2007). 〈포괄적인 요가 호흡 프로그램을 통한 건강: 통제된 예비 시험Wellness through a comprehensive yogic breathing program: A controlled pilot trial〉. *BMC Complementary and Alternative Medicine*, 7: 43.

194 McPartland, J. M. (2008). 〈섬유아세포와 근막 조직에서 엔도카나비노이드계의 발현Expression of the endocannabinoid system in fibroblasts and myofascial tissues〉. *Journal of Bodywork and Movement Therapies*, 12 (2): 169-182.

195 Nerbass, F. B., Feltrim, M. I., et al. (2010). 〈관상동맥우회로이식수술 후 마사지 치료가 수면의 질에 미치는 효과Effects of massage therapy on sleep quality after coronary artery bypass graft surgery〉. *Clinics (Sao Paulo)*, 65 (11): 1105-1110.

196 Field, T., Hernandez-Reif, M., et al. (2005). 〈마사지 치료 후 코르티솔 감소와 세로토닌 및 도파민 증가Cortisol decreases and serotonin and dopamine increase following massage therapy〉. *International Journal of Neuroscience*, 115 (10): 1397-1413.

10장

197 Watkins, P. C., Woodward, K., et al. (2003). 〈감사와 행복: 감사의 척도 개발, 감사와 주관적 행복과의 관계Gratitude and happiness: Development of a measure of

gratitude, and relationship with subjective well-being〉. *Social Behavior and Personality*, 31(5): 431-452.

198 Kleiman, E. M., Adams, L. M., et al. (2013). 〈감사하는 사람은 자살하지 않는다: 절망감 및 우울증 증상과 관련된 위험성 완충Grateful individuals are not suicidal: Buffering risks associated with hopelessness and depressive symptoms〉. *Personality and Individual Differences*, 55(5): 595-599.

199 Froh, J. J., Yurkewicz, C., & Kashdan, T. B. (2009). 〈초기 청소년기의 감사와 주관적 행복: 성별 차이 검토Gratitude and subjective well-being in early adolescence: Examining gender differences〉. *Journal of Adolescence*, 32(3): 633-650.

200 Ng, M. Y., & Wong, W. S. (2013). 〈만성 통증 환자들에게서 감사와 수면이 각각 심리적 불편감에 미치는 서로 다른 효과The differential effects of gratitude and sleep on psychological distress in patients with chronic pain〉. *Journal of Health Psychology*, 18(2): 263-271.

201 Hill, P. L., Allemand, M., & Roberts, B. W. (2013). 〈성인들에게서 감사와 자신이 평가하는 신체 건강 정도의 경로 검토Examining the pathways between gratitude and self-rated physical health across adulthood〉. *Personality and Individual Differences*, 54(1): 92-96.

202 Emmons, R. A., & McCullough, M. E. (2003). 〈행운을 꼽는 것과 부담을 꼽는 것: 일상의 감사와 주관적 행복에 관한 실험적 조사Counting blessings versus burdens: An experimental investigation of gratitude and subjective well-being in daily life〉. *Journal of Personality and Social Psychology*, 84(2): 377-389.

203 Wood, A. M., Maltby, J., et al. (2008). 〈사회적 지지의 생성, 스트레스, 우울증에서 감사가 하는 역할: 두 가지 종단 연구The role of gratitude in the development of social support, stress, and depression: Two longitudinal studies〉. Journal of *Research in Personality*, 42: 854-871.

204 Zahn, R., Moll, J., et al. (2009). 〈사회적 가치관의 신경 기반: fMRI 증거The neural basis of human social values: Evidence from functional MRI〉. *Cerebral Cortex*, 19(2): 276-283.

205 Perreau-Linck, E., Beauregard, M., et al. (2007). 〈기분 상태의 급격한 변화 시 C-표식 알파 메틸 L 트립토판의 뇌 내 트래핑 생체 내 측정In vivo measurements of brain trapping of C-labelled alpha-methyl-L-tryptophan during acute changes in mood states〉. *Journal of Psychiatry & Neuroscience*, 32(6): 430-434.

206 Digdon, N., & Koble, A. (2011). 〈건설적 걱정, 심상, 상상, 기분 전환, 감사 등의 개입법이 수면의 질에 미치는 효과: 예비 실험Effects of constructive worry, imagery

distraction, and gratitude interventions on sleep quality: A pilot trial⟩. *Applied Psychology: Health and Well-being*, 3(2): 193-206.

207 Ng & Wong. (2013). ⟨The differential effects of gratitude and sleep⟩.

208 Sharot, T., Riccardi, A. M., et al. (2007). ⟨낙천성 편향을 매개하는 신경기제Neural mechanisms mediating optimism bias⟩. *Nature*, 450(7166): 102-105.

209 Immordino-Yang, M. H., McColl, A., et al. (2009). ⟨존경과 연민의 신경상관물Neural correlates of admiration and compassion⟩. *Proceedings of the National Academy of Sciences USA*, 106(19): 8021-8026.

210 Bartolo, A., Benuzzi, F., et al. (2006). ⟨유머의 이해와 음미: fMRI 연구Humor comprehension and appreciation: An FMRI study⟩. *Journal of Cognitive Neuroscience*, 18(11): 1789-1798.

211 Mobbs, D., Greicius, M. D., et al. (2003). ⟨유머는 중간변연 보상중추를 조절한다Humor modulates the mesolimbic reward centers⟩. *Neuron*, 40(5): 1041-1048.

212 Roth, L., Kaffenberger, T., et al. (2014). ⟨자부심 및 수치심과 관련된 뇌 활성화Brain activation associated with pride and shame⟩. *Neuropsychobiology*, 69(2): 95-106.

213 Emmons & McCullough. (2003). ⟨Counting blessings versus burdens⟩.

214 Lambert, N. M., Fincham, F. D., et al. (2009). ⟨감사는 늘리고 물질주의는 줄이고: 삶에 대한 만족의 매개 역할More gratitude, less materialism: The mediating role of life satisfaction⟩. *Journal of Positive Psychology*, 4(1): 32-42.

215 Takeuchi, H., Taki, Y., et al. (2011). ⟨감정 지능과 연관된 국소 회백질 농도: 복셀 기반 형태 계측에서 얻은 증거Regional gray matter density associated with emotional intelligence: Evidence from voxel-based morphometry⟩. *Human Brain Mapping*, 32(9): 1497-1510.

11장

216 Eisenberger, N. I., Jarcho, J. M., et al. (2006). ⟨육체적 통증과 사회적 거부에 대한 공통 감수성 실험 연구An experimental study of shared sensitivity to physical pain and social rejection⟩. *Pain*, 126(1-3): 132-138.

217 Onoda, K., Okamoto, Y., et al. (2010). ⟨낮은 자존감은 사회적 고통을 심화하는가? 자존감 특성과 따돌림에 의해 유도된 전방대상피질 활성화의

관계Does low self-esteem enhance social pain? The relationship between trait self-esteem and anterior cingulate cortex activation induced by ostracism〉. *Social Cognitive and Affective Neuroscience*, 5(4): 385-391.

218 Tops, M., Riese, H., et al. (2008). 〈젊은 여성들에게서 거부 민감성은 코르티솔저증과 우울한 기분 상태와 관련된다Rejection sensitivity relates to hypocortisolism and depressed mood state in young women〉. *Psychoneuroendocrinology*, 33(5): 551-559.

219 Meynen, G., Unmehopa, U. A., et al. (2007). 〈시상하부 옥시토신 mRNA와 멜랑콜리형 우울증Hypothalamic oxytocin mRNA expression and melancholic depression〉. *Molecular Psychiatry*, 12(2): 118-119.

220 Cyranowski, J. M., Hofkens, T. L., et al. (2008). 〈우울증 여성 환자들에게서 비통제 말초 옥시토신 분비의 증거Evidence of dysregulated peripheral oxytocin release among depressed women〉. *Psychosomatic Medicine*, 70(9): 967-975.

221 Jokinen, J., Chatzittofis, A., et al. (2012). 〈뇌 척수액의 옥시토신 저하는 자살기도자들에게서 높은 자살 의도를 반영한다Low CSF oxytocin reflects high intent in suicide attempters〉. *Psychoneuroendocrinology*, 37(4): 482-490.

222 Heim, C., Young, L. J., et al. (2009). 〈아동기에 학대를 받았던 여성들의 낮은 뇌 척수액 옥시토신 수준Lower CSF oxytocin concentrations in women with a history of childhood abuse〉. *Molecular Psychiatry*, 14(10): 954-958.

223 Thompson, R. J., Parker, K. J., et al. (2011). 〈청소년기 여아들에게서 옥시토신 수용체 유전자 다형성과 가족사적 정신병리 위험성의 상호작용은 우울증과 불안증의 증상을 예측하게 한다Oxytocin receptor gene polymorphism (rs2254298) interacts with familial risk for psychopathology to predict symptoms of depression and anxiety in adolescent girls〉. *Psychoneuroendocrinology*, 36(1): 144-147.

224 Costa, B., Pini, S., et al. (2009). 〈우울증 환자에게서 옥시토신 수용체 다형성과 성인기 애착 양식Oxytocin receptor polymorphisms and adult attachment style in patients with depression〉. *Psychoneuroendocrinology*, 34(10): 1506-1514.

225 Bell, C. J., Nicholson, H., et al. (2006). 〈우울증에서 혈장 옥시토신 수준과 보상 의존의 기질 차원과의 상관관계Plasma oxytocin levels in depression and their correlation with the temperament dimension of reward dependence〉. *Journal of Psychopharmacology*, 20(5): 656-660.

226 Norman, G. J., Karelina, K., et al. (2010). 〈사회적 상호작용은 생쥐의 신경 부상 이후 우울증과 유사한 행동을 예방한다: 옥시토신의 잠재적 역할Social interaction prevents the development of depressive-like behavior post nerve injury in mice: A

potential role for oxytocin⟩. *Psychosomatic Medicine*, 72(6): 519-526.

227 Brown, J. L., Sheffield, D., et al. (2003). ⟨사회적 지지와 실험적 통증Social support and experimental pain⟩. *Psychosomatic Medicine*, 65(2): 276-283.

228 Montoya, P., Larbig, W., et al. (2004). ⟨섬유근육통의 통증 처리와 자기 뇌 반응에 사회적 지지와 감정적 맥락이 미치는 영향Influence of social support and emotional context on pain processing and magnetic brain responses in fibromyalgia⟩. *Arthritis and Rheumatology*, 50(12): 4035-4044.

229 Master, S. L., Eisenberger, N. I., et al. (2009). ⟨사진의 가치: 파트너의 사진이 실험적으로 유도한 통증을 감소시킨다A picture's worth: Partner photographs reduce experimentally induced pain⟩. *Psychological Science*, 20(11): 1316-1318.

230 Borsook, T. K., & MacDonald, G. (2010). ⟨약간 부정적인 사회적 대면이 신체 통증 민감성을 낮춘다Mildly negative social encounters reduce physical pain sensitivity⟩. *Pain*, 151(2): 372-377.

231 Coan, J. A., Schaefer, H. S., & Davidson, R. J. (2006). ⟨손을 빌려주다: 위협에 대한 신경 반응의 사회적 조절Lending a hand: Social regulation of the neural response to threat⟩. *Psychological Science*, 17(12): 1032-1039.

232 Sayal, K., Checkley, S., et al. (2002). ⟨(입원 환자들의) 주말 휴가 동안 사회적 지지가 코르티솔과 우울 정도에 미치는 효과: 예비 연구Effects of social support during weekend leave on cortisol and depression ratings: A pilot study⟩. *Journal of Affective Disorders*, 71(1-3): 153-157.

233 Joseph, N. T., Myers, H. F., et al. (2011). ⟨항우울약 시험 중 대인 관계의 지지와 손상은 증상 개선과 관련이 있다Support and undermining in interpersonal relationships are associated with symptom improvement in a trial of antidepressant medication⟩. *Psychiatry*, 74(3): 240-254.

234 Epley, N., Schroeder, J., & Waytz, A. (2013). ⟨동기가 있을 때의 마음 인지: 애완동물을 사람처럼, 사람을 동물처럼 대하기Motivated mind perception: Treating pets as people and people as animals⟩. *In S. J. Gervais (Ed.)*, 《대상화와 (비)인간화Objectification and (De)Humanization》 (pp. 127-152). New York: Springer.

235 Yoshida, M., Takayanagi, Y., et al. (2009). ⟨생쥐의 세로토닌계 뉴런들에서 발현된 옥시토신 수용체를 통한 옥시토신의 불안 완화 효과 증거Evidence that oxytocin exerts anxiolytic effects via oxytocin receptor expressed in serotonergic neurons in mice⟩. *Journal of Neuroscience*, 29(7): 2259-2271.

236 Heinrichs, M., Baumgartner, T., et al. (2003). ⟨사회적 지지와 옥시토신의 상호관계가 심리사회적 스트레스에 대한 코르티솔 반응과 주관적 반응을

억제한다Social support and oxytocin interact to suppress cortisol and subjective responses to psychosocial stress〉. *Biological Psychiatry*, 54(12): 1389-1398.

237   Domes, G., Heinrichs, M., et al. (2007). 〈옥시토신은 정서가와 무관하게 감정적 표정에 대한 편도체의 반응성을 약화시킨다Oxytocin attenuates amygdala responses to emotional faces regardless of valence〉. *Biological Psychiatry*, 62(10): 1187-1190.

238   Riem, M. M., van IJzendoorn, M. H., et al. (2012). 〈웃을 일 아님: 아기의 웃음을 보는 동안 비강 내에 분비된 옥시토신이 기능적 뇌 연결성을 변화시킨다No laughing matter: Intranasal oxytocin administration changes functional brain connectivity during exposure to infant laughter〉. *Neuropsychopharmacology*, 37(5): 1257-1266.

239   Leuner, B., Caponiti, J. M., & Gould, E. (2012). 〈옥시토신은 스트레스와 글루코코르티코이드 증가 조건에서도 성인의 신경 발생을 자극한다Oxytocin stimulates adult neurogenesis even under conditions of stress and elevated glucocorticoids〉. *Hippocampus*, 22(4): 861-868.

240   Onoda, K., Okamoto, Y., et al. (2009). 〈복측 전방대상피질 활동의 감소는 정서적 지지를 통한 사회적 고통의 감소와 관련 있다Decreased ventral anterior cingulate cortex activity is associated with reduced social pain during emotional support〉. *Social Neuroscience*, 4(5): 443-454.

241   Musick, M. A., & Wilson, J. (2003). 〈자원봉사와 우울증: 다양한 연령집단에서 심리적 사회적 자원의 역할Volunteering and depression: The role of psychological and social resources in different age groups〉. *Social Science & Medicine*, 56(2): 259-269.

242   Fowler, J. H., & Christakis, N. A. (2008). 〈대규모 소셜 네트워크에서 행복의 역동적 확산: 20여 년간의 프레이밍햄 심장 연구 종단 분석Dynamic spread of happiness in a large social network: Longitudinal analysis over 20 years in the Framingham Heart Study〉. *British Medical Journal*, 337: a2338.

243   Baskerville, T. A., & Douglas, A. J. (2010). 〈행동의 근저에 있는 도파민과 옥시토신의 상호작용: 행동장애의 잠재적 원인Dopamine and oxytocin interactions underlying behaviors: Potential contributions to behavioral disorders〉. *CNS Neuroscience & Therapeutics*, 16(3): e92-123.

244   Sarnyai, Z., Vecsernyes, M., et al. (1992). 〈쥐의 혈장 및 상이한 뇌 구조들에서 신경하수체 호르몬의 내용물에 코카인이 미치는 영향Effects of cocaine on the contents of neurohypophyseal hormones in the plasma and in different brain structures in rats〉. *Neuropeptides*, 23(1): 27-31.

245   Carson, D. S., Hunt, G. E., et al. (2010). 〈옥시토신 전신 투여는 시상하부핵과

측좌핵 중심 영역의 메스암페타민 작용을 줄이고 시상하부에서의 옥시토신 뉴런을 자극한다Systemically administered oxytocin decreases methamphetamine activation of the subthalamic nucleus and accumbens core and stimulates oxytocinergic neurons in the hypothalamus⟩. *Addiction Biology*, 15(4): 448-463.

246 Bowen, M. T., Carson, D. S., et al. (2011). ⟨쥐의 청소년기 옥시토신 노출은 불안과 알코올 소비를 영구히 감소시키고 사회성을 증진한다Adolescent oxytocin exposure causes persistent reductions in anxiety and alcohol consumption and enhances sociability in rats⟩. *PLoS One*, 6(11): e27237.

247 Uvnas-Moberg, K. (1998). ⟨옥시토신이 긍정적인 사회적 상호작용과 감정을 매개할 수 있다Oxytocin may mediate the benefits of positive social interaction and emotions⟩. *Psychoneuroendocrinology*, 23(8): 819-835.

248 Williams, L. E., & Bargh, J. A. (2008). ⟨신체가 따뜻하다고 느끼면 대인 관계의 온기가 높아진다Experiencing physical warmth promotes interpersonal warmth⟩. *Science*, 322(5901): 606-607.

249 Lund, I., Ge, Y., et al. (2002). ⟨반복적인 마사지와 유사한 자극은 통각에 대한 장기적 효과를 유도한다: 옥시토신 메커니즘의 기여Repeated massage-like stimulation induces long-term effects on nociception: Contribution of oxytocinergic mechanisms⟩. *European Journal of Neuroscience*, 16(2): 330-338.

250 Field, T., Hernandez-Reif, M., et al. (2005). ⟨마사지 치료 후 코르티솔은 감소하고 세로토닌과 도파민은 증가한다Cortisol decreases and serotonin and dopamine increase following massage therapy⟩. *International Journal of Neuroscience*, 115(10): 1397-1413.

251 Nerbass, F. B., Feltrim, M. I., et al. (2010). ⟨관상동맥우회로이식수술 후 마사지 치료가 수면의 질에 미치는 효과Effects of massage therapy on sleep quality after coronary artery bypass graft surgery⟩. *Clinics(Sao Paulo)*, 65(11): 1105-1110.

252 Eisenberger, N. I., Taylor, S. E., et al. (2007). ⟨사회적 지지와 신경내분비 스트레스 반응의 약화를 연결하는 신경 경로들Neural pathways link social support to attenuated neuroendocrine stress responses⟩. *Neuroimage*, 35(4): 1601-1612.

253 Seltzer, L. J., Prososki, A. R., et al. (2012). ⟨인스턴트 메시지 대 이야기 대화: 호르몬 그리고 우리가 아직 서로의 목소리를 들어야 하는 이유Instant messages vs. speech: Hormones and why we still need to hear each other⟩. *Evolution and Human Behavior*, 33(1): 42-45.

254 Suda, M., Takei, Y., et al. (2010). ⟨대면 대화 시 전두극의 활성화: 근적외분광분석법을 사용한 생체상 연구Frontopolar activation during face-to-face

conversation:An in situ study using near-infrared spectroscopy〉. *Neuropsychologia*, 48(2): 441-447.

255 Seltzer, et al. (2012). 〈Instant messages vs. speech〉.

256 Bernhardt, P. C., Dabbs, J. M., Jr., et al. (1998). 〈스포츠 경기를 관람하는 팬들의 대리 승리와 패배 경험 중 테스토스테론의 변화Testosterone changes during vicarious experiences of winning and losing among fans at sporting events〉. *Physiology & Behavior*, 65(1): 59-62.

257 Karremans, J. C., Heslenfeld, D. J., et al. (2011). 〈안정적인 애착관계를 맺고 있는 파트너는 사회적 배제에 대한 신경 반응을 약화시킨다: fMRI Secure attachment partners attenuate neural responses to social exclusion:An fMRI investigation〉. *International Journal of Psychophysiology*, 81(1): 44-50.

258 Motooka, M., Koike, H., et al. (2006). 〈고령 시민들의 자율신경계 활동에 개 산책이 미치는 효과Effect of dog-walking on autonomic nervous activity in senior citizens〉. *Medical Journal of Australia*, 184(2): 60-63.

259 Nagasawa, M., Kikusui, T., et al. (2009). 〈사회적 상호작용 중에 개가 주인을 바라보는 시선은 주인의 소변 내 옥시토신을 증가시킨다Dog's gaze at its owner increases owner's urinary oxytocin during social interaction〉. *Hormones and Behavior*, 55(3): 434-441.

260 Odendaal, J. S., & Meintjes, R. A. (2003). 〈사람과 개 사이의 친화적 행동의 신경생리학적 상관물Neurophysiological correlates of affiliative behaviour between humans and dogs〉. *Veterinary Journal*, 165(3): 296-301.

261 Colombo, G., Buono, M. D., et al. (2006). 〈반려동물 치유와 시설 거주 노인들: 인지 손상이 없는 144명의 피험자를 대상으로 한 연구Pet therapy and institutionalized elderly:A study on 144 cognitively unimpaired subjects〉. *Archives of Gerontology and Geriatrics*, 42(2): 207-216.

262 Eddy, J., Hart, L. A., & Boltz, R. P. (1988). 〈도우미견이 휠체어를 탄 사람들의 사회적 인정에 미치는 영향The effects of service dogs on social acknowledgments of people in wheelchairs〉. *Journal of Psychology*, 122(1): 39-45.

263 Baskerville & Douglas. (2010). 〈Dopamine and oxytocin interactions underlying behaviors〉.

264 Riem, M. M., Bakermans-Kranenburg, M. J., et al. (2011). 〈옥시토신은 아기의 울음소리에 대한 편도체와 섬엽, 하전두회의 반응을 조절한다: 무작위 통제 실험Oxytocin modulates amygdala,insula,and inferior frontal gyrus responses to infant crying:A randomized controlled trial〉. *Biological Psychiatry*, 70(3): 291-297.

265 Bakermans-Kranenburg, M. J., van IJzendoorn, M. H., et al. (2012).
〈옥시토신은 가혹한 양육 경험이 없는 여성들에게서 아기 울음에 대한 반응으로
손의 악력을 떨어뜨린다Oxytocin decreases handgrip force in reaction to infant crying in
females without harsh parenting experiences〉. Social Cognitive and Affective Neuroscience,
7(8): 951-957.

266 Bartz, J. A., Zaki, J., et al. (2010). 〈옥시토신이 어머니의 보살핌과 친밀함
회상에 미치는 영향Effects of oxytocin on recollections of maternal care and closeness〉.
Proceedings of the National Academy of Sciences USA, 107(50): 21371-21375.

267 Theodosis, D. T. (2002). 〈옥시토신 분비 뉴런: 성인의 시상하부에서 뉴런과
신경교질의 형태적 가소성의 생리학적 모형Oxytocin-secreting neurons: A physiological
model of morphological neuronal and glial plasticity in the adult hypothalamus〉. Frontiers in
Neuroendocrinology, 23(1): 101-135.

268 Panatier, A., Gentles, S. J., et al. (2006). 〈쥐 시상하부의 시교차상핵에서
활동의존적 시냅스 가소성Activity-dependent synaptic plasticity in the supraoptic nucleus
of the rat hypothalamus〉. Journal of Physiology, 573(Pt 3): 711-721.

12장

269 Rush, A. J., Warden, D., et al. (2009). 〈우울증 완화를 위한 연속 대안 치료:
통념 바로잡기STAR*D(Sequenced Treatment Alternatives to Relieve Depression): Revising
conventional wisdom〉. CNS Drugs, 23(8): 627-647.

270 de Maat, S. M., Dekker, J., et al. (2007). 〈우울증 치료에서 심리치료와
병용치료의 상대적 효능: 메타분석Relative efficacy of psychotherapy and combined
therapy in the treatment of depression: A meta-analysis〉. European Psychiatry, 22(1): 1-8.

271 Rush, et al. (2009). 〈STAR*D〉.

272 Buchheim, A., Viviani, R., et al. (2012). 〈15개월 동안 장기 심리치료를 받은 후
주요 우울증에서 전두-변연 기능의 변화Changes in prefrontal-limbic function in major
depression after 15 months of long-term psychotherapy〉. PLoS One, 7(3): e33745.

273 Ritchey, M., Dolcos, F., et al. (2011). 〈우울증에서 감정적 처리의 신경상관물:
인지행동치료를 통한 변화와 치료 반응의 예측 변수들Neural correlates of emotional
processing in depression: Changes with cognitive behavioral therapy and predictors of
treatment response〉. Journal of Psychiatric Research, 45(5): 577-587.

274 Dichter, G. S., Felder, J. N., et al. (2009). 〈주요 우울증에서 보상에 대한 신경

반응에 심리치료가 미치는 효과The effects of psychotherapy on neural responses to rewards in major depression⟩. *Biological Psychiatry*, 66(9): 886-897.

275 Martin, S. D., Martin, E., et al. (2001). ⟨대인 관계 심리치료를 받거나 벤라팍신 하이드로클로라이드를 복용한 우울증 환자의 뇌 혈류 변화: 예비 결과Brain blood flow changes in depressed patients treated with interpersonal psychotherapy or venlafaxine hydrochloride: Preliminary findings⟩. *Archives of General Psychiatry*, 58(7): 641-648.

276 Goldapple, K., Segal, Z., et al. (2004). ⟨우울증에서 피질-변연 경로의 조절: 인지행동치료의 치료 특정 효과Modulation of cortical-limbic pathways in major depression: Treatment-specific effects of cognitive behavior therapy⟩. *Archives of General Psychiatry*, 61(1): 34-41.

277 Farb, N. A., Anderson, A. K., et al. (2010). ⟨자신의 감정 챙기기: 마음챙김 수련은 슬픔의 신경적 표현을 변화시킨다Minding one's emotions: Mindfulness training alters the neural expression of sadness⟩. *Emotion*, 10(1): 25-33.

278 Karlsson, H., Hirvonen, J., et al. (2010). ⟨편지형 논문: 심리치료는 주요 우울증 환자들의 뇌 세로토닌 5-HT1A 수용체를 증가시킨다Research letter: Psychotherapy increases brain serotonin 5-HT1A receptors in patients with major depressive disorder⟩. *Psychological Medicine*, 40(3): 523-528.

279 Lehto, S. M., Tolmunen, T., et al. (2008). ⟨1년간의 심리치료 후 비전형적 우울증 환자의 중뇌 세로토닌 수용체 가용성의 변화Changes in midbrain serotonin transporter availability in atypically depressed subjects after one year of psychotherapy⟩. *Progress in Neuro-Psychopharmacology and Biological Psychiatry*, 32(1): 229-237.

280 Karlsson, et al. (2010). ⟨Research letter⟩.

281 Martin, et al. (2001). ⟨Brain blood flow changes in depressed patients⟩.

282 Sheline, Y. I., Barch, D. M., et al. (2001). ⟨우울증 환자들이 얼굴 윤곽만 떼어낸 감정적 얼굴 표정 사진에 보이는 과도한 편도체 반응을 항우울제 치료로 해결하다: fMRI 연구Increased amygdala response to masked emotional faces in depressed subjects resolves with antidepressant treatment: An fMRI study⟩. *Biological Psychiatry*, 50(9): 651-658.

283 Simmons, A. N., Arce, E., et al. (2009). ⟨아만성 SSRI 투약은 건강한 자원 피험자들이 감정적인 예상을 하는 동안 섬엽의 반응을 떨어뜨린다Subchronic SSRI administration reduces insula response during affective anticipation in healthy volunteers⟩. *International Journal of Neuropsychopharmacology*, 12(8): 1009-1020.

284 Morgan, V., Pickens, D., et al. (2005). ⟨아미트립틸린은 과민성대장증후군 환자에게서 직장 통증과 연관된 전방대상피질의 활성화를 감소시킨다Amitriptyline

reduces rectal pain related activation of the anterior cingulate cortex in patients with irritable bowel syndrome〉. *Gut*, 54(5): 601-607.

285 Fales, C. L., Barch, D. M., et al. (2009). 〈항우울제는 주요 우울증에서 감정 방해를 처리하는 동안 배외측 전전두피질의 과소 활동을 정상화한다Antidepressant treatment normalizes hypoactivity in dorsolateral prefrontal cortex during emotional interference processing in major depression〉. *Journal of Affective Disorders*, 112(1-3): 206-211.

286 El Mansari, M., Sanchez, C., et al. (2005). 〈에스시탈로프람과 시탈로프람의 단기 및 장기 투약이 세로토닌의 신경 전달에 미치는 영향: 쥐 뇌의 생체 내 전기생리학적 연구Effects of acute and long-term administration of escitalopram and citalopram on serotonin neurotransmission: An in vivo electrophysiological study in rat brain〉. *Neuropsychopharmacology*, 30(7): 1269-1277.

287 Willner, P., Hale, A. S., & Argyropoulos, S. (2005). 〈우울증 환자에게서 항우울제 작용의 도파민계 메커니즘Dopaminergic mechanism of antidepressant action in depressed patients〉. *Journal of Affective Disorders*, 86(1): 37-45.

288 Balu, D. T., Hoshaw, B. A., et al. (2008). 〈항우울약과 비항우울약 치료의 중심적 BDNF 단백질 농도의 조절 차이Differential regulation of central BDNF protein levels by antidepressant and non-antidepressant drug treatments〉. *Brain Research*, 1211: 37-43.

289 Bessa, J. M., Ferreira, D., et al. (2009). 〈항우울제의 기분 호전 작용은 신경 발생에 의존하는 것이 아니라 뉴런의 개조와 연관된다The mood-improving actions of antidepressants do not depend on neurogenesis but are associated with neuronal remodeling〉. *Molecular Psychiatry*, 14(8): 764-773, 739.

290 Driver, H. S., & Taylor, S. R. (2000). 〈운동과 수면Exercise and sleep〉. *Sleep Medicine Reviews*, 4(4): 387-402.

291 Knoch, D., Brugger, P., & Regard, M. (2005). 〈습관 억제 대 해방: 전전두 경두개 자기자극의 주파수 종속 효과Suppressing versus releasing a habit: Frequency-dependent effects of prefrontal transcranial magnetic stimulation〉. *Cerebral Cortex*, 15(7): 885-887.

292 Cho, S. S., & Strafella, A. P. (2009). 〈왼쪽 배외측 전전두피질에 대한 반복적 경두개 자기자극은 같은 쪽 전방대상피질과 안와전두피질에서 도파민을 조절한다rTMS of the left dorsolateral prefrontal cortex modulates dopamine release in the ipsilateral anterior cingulate cortex and orbitofrontal cortex〉. *PLoS One*, 4(8): e6725.

293 Nahas, Z., Teneback, C., et al. (2007). 〈치료 저항성 우울증에서 연속적

미주신경 자극의 기능성 자기공명영상Serial vagus nerve stimulation functional MRI in treatment-resistant depression〉. *Neuropsychopharmacology*, 32(8): 1649-1660.

294 Sackeim, H. A., Prudic, J., et al. (2008). 〈펄스 폭과 전극 위치가 전기경련요법의 효험과 인지적 효과에 미치는 영향Effects of pulse width and electrode placement on the efficacy and cognitive effects of electroconvulsive therapy〉. *Brain Stimulation*, 1(2): 71-83.

295 Marano, C. M., Phatak, P., et al. (2007). 〈전기경련요법에서 BDNF의 혈장 내 농도 증가: 주요 우울장애 환자 예비 연구Increased plasma concentration of brain-derived neurotrophic factor with electroconvulsive therapy: A pilot study in patients with major depression〉. *Journal of Clinical Psychiatry*, 68(4): 512-517.

296 Merkl, A., Heuser, I., & Bajbouj, M. (2009). 〈항우울 전기경련요법: 작용기제, 최근의 발전과 한계Antidepressant electroconvulsive therapy: Mechanism of action, recent advances and limitations〉. *Experimental Neurology*, 219(1): 20-26.

297 Boggio, P. S., Rigonatti, S. P., et al. (2008). 〈피질 직류자극의 주요 우울증 치료 효과에 대한 무작위 이중맹검 임상시험A randomized, double-blind clinical trial on the efficacy of cortical direct current stimulation for the treatment of major depression〉. *International Journal of Neuropsychopharmacology*, 11(2): 249-254.

298 Mayberg, H. S., Lozano, A. M., et al. (2005). 〈치료 저항성 우울증을 위한 뇌심부자극술Deep brain stimulation for treatment-resistant depression〉. *Neuron*, 45(5): 651-660.

옮긴이 **정지인**

영어와 독일어로 된 책을 우리말로 옮기는 일을 한다. 옮긴 책으로 《도널드 트럼프라는 위험한 사례》, 《혐오사회》, 《트라우마는 어떻게 유전되는가》, 《여성의 우정에 관하여》, 《무신론자의 시대》, 《무엇이 삶을 예술로 만드는가》, 《사물의 언어》, 《르네상스의 마지막 날들》, 《멀어도 얼어도 비틀거리고》, 《군인은 축음기를 어떻게 수리하는가》, 《죽기 전에 꼭 봐야 할 영화 100》 등이 있다.

우울할 땐 뇌 과학

첫판 1쇄 펴낸날 2018년 3월 20일
        24쇄 펴낸날 2024년 11월 25일

지은이 앨릭스 코브
옮긴이 정지인
발행인 조한나
편집기획 김교석 유승연 문해림 김유진 곽세라 전하연 박혜인 조정현
디자인 한승연 성윤정
마케팅 문창운 백윤진 박희원
회계 양여진 김주연

펴낸곳 (주)도서출판 푸른숲
출판등록 2003년 12월 17일 제2003-000032호
주소 서울특별시 마포구 토정로 35-1 2층, 우편번호 04083
전화 02)6392-7871, 2(마케팅부), 02)6392-7873(편집부)
팩스 02)6392-7875
홈페이지 www.prunsoop.co.kr
페이스북 www.facebook.com/simsimpress   인스타그램 @simsimbooks

ⓒ푸른숲, 2018
ISBN 979-11-5675-734-4 (03180)

심심은 (주)푸른숲의 인문·심리 브랜드입니다.